The 1st step to business of tourism

1からの
観光事業論

高橋一夫
柏木千春 編著

第2版

発行所：碩学舎
発売元：中央経済社

序　文

第２版の発刊にあたって

　『１からの観光事業論』の初版を2016年に刊行しましたが、その４年後には新型コロナによるパンデミックに見舞われました。不要不急の外出自粛を求められ、2019年に3,188万人を数えた訪日外国人客が2021年には99％減の24万5,000人となるなど、観光を学ぶ学生が将来に不安を感じる状況にもなりました。しかし、そんなときも「明るい未来」を信じて学び続けた人たちがいたからこそ、多くの方にお読みいただくことができ、このたび、第２版を発刊することができました。読者の皆さんに感謝を申し上げたいと思います。

　コロナ禍では、デジタルの活用に拍車がかかった感があります。外出自粛要請は、オンラインミーティングを日常のビジネスシーンに織り込んでいきました。遠方にいる人たちとこんなに簡単に顔を合わせ、書類や写真を見せながらスムーズな会議ができるのだということを知る機会となったのです。しかし、コロナ禍が明けてもビジネス出張の一部は戻らないこともわかりました。そのため、観光関連企業は失われた需要を新たな成長戦略で取り戻していこうという経営計画をコロナ禍の最中に取りまとめていきました。

　大手旅行会社は、人の動きが失われていく中でBPO（Business Process Outsourcing　業務プロセスを外部に委託すること）に力を入れていきます。コロナワクチン接種の予約センターや接種会場の運営などを中心に、これまでの接客スキルやイベント運営のノウハウを生かしながら、新たな事業ドメインを開拓していく様子も記されています（第６章）。実際、コロナ禍において過去最高の当期純利益を計上した会社もありました。

　航空会社は従来のフルサービスキャリアとLCC（Low Cost Carrier　低価格航空会社）では捉えきれないマーケット（レジャーを目的とするインバウンドや日本人の中長距離海外旅行）を成長市場ととらえ、ポートフォリオを見直して第三の航空ブランド（JALはZIPAIR Tokyo、ANAはAir Japan）を立ち上げたのでした。確かに、2024年１月～７月までの国際観光客到着数が約７億9,000万人となり、パンデミック前の水準の 96％まで回復（UN Tourism（国連世界観光機関））し

❖ 序　文

たとのことで、日本の航空会社の戦略に沿った市場の動きとなっています。観光事業者には国内市場にとどまらず、グローバルな人の動きをにらんだ戦略策定が求められており、旅行会社のJTBやH.I.S.は国内の少子化を見越して、海外のマーケットを日本行きのみならず第三国への旅行を取り扱うようにするなど、取扱旅行マーケットの拡大が必須になってきています（第3章）。

　一方でこうしたマーケットの変化によって、従来の市場シェアが変動する様子も見てとれます。コロナ禍によって社会生活へのデジタルの浸透速度が速まったことで、楽天トラベルの2023年度の流通総額が1兆円を超えたことが第2章に描かれています。すべてが国内マーケットからのオンライン予約ではないでしょうが、それまで国内旅行の取り扱いが1位と思われていたJTBの2倍以上の取り扱いになっています。B to C-EC（消費者向け電子商取引）の国内市場規模は年々拡大しており、2023年度の伸び率は24.8兆円と前年対比で9％を超える伸びになっています。特に、旅行サービスは35％を超える伸びになっており、旅行サービスとデジタルの親和性を感じます。旅行や飲食サービスはコロナ後の人手不足が深刻で、業界内のDX化でこれを克服しようという動きも見られます。

　こうした事業の高度化は観光庁の地域観光政策の中にも見られます。観光庁は観光まちづくりの司令塔として日本各地にDMO（Destination Management/Marketing Organization　観光地のマネジメント/マーケティング組織）の設立を促すのですが、DMOに対する政策は高度化し、商学や経営学の視座から観光地のマーケティングやマネジメントを求めています。第4章には観光庁の先駆的DMOに認められた和歌山県の田辺市熊野ツーリズムビューローが紹介されています。近年の観光政策の変化は、国も地方も観光にはマーケティングとマネジメントが必須だと指摘し始めたことです。そして、KPI（Key Performance Indicators 重要業績評価指標）を設定し、PDCAを回して成果を上げていこうとしています。特に「地方創生」にあたっては、地域に人の流れを創り上げることが必要であるとし、データを基にマーケティングをマネジメントするように求めています。マーケティングのウイングは、企業だけでなく公の組織にも拡がりを見せているのです。

　また、地域間競争に打ち勝つには、認知度を高め、行ってみたいと消費者に思い起こさせる地域のブランド価値を向上させることも必要です（第14章）。歴史資源や自然景観だけでなく、その地域の様々なコンテンツを磨き上げていき、「住んで良し訪れて良し」だけでなく「稼いで良し」の観光まちづくり（第13章）を進めることも必要なことでしょう。

序　文 ❖

　2024年は訪日外国人旅行者が好調で、2019年を上回る3,500万人が予測されています。消費額も8兆円に達する可能性もあり、インバウンド領域（第15章）は製品輸出に当てはめると自動車に次いで2位の金額になります。そのため、地域の主要産業の1つが観光と言われるようになって久しいのですが、その主たる宿泊業の経営も高度化が求められており、経営学の様々な理論を取り入れた星野リゾートは直営だけでなく運営受託（マネジメント・コントラクト）も行い、その規模は拡大しています（第7章）。

　こうした訪日外国人客を迎え入れるのが国際空港です。関西国際空港は民営空港として1994年に立ち上がりましたが、なかなか黒字化せず2兆2千億の借金が国民負担になる懸念もありました。しかし、2016年から44年間にわたり関西エアポートによるコンセッション（第11章）が始まり、毎年500億円に上る運営権料が支払われています。従来、国や自治体で管理・運営されていた地域観光に大きな役割を果たすインフラも、事業として捉え直すことで、その経営にイノベーションが起きるのです。

　関西国際空港は開業当初に想定したハブ空港ではなく、後背地の京都、奈良、大阪などの観光資源の豊富さが関西国際空港を目的地（デスティネーション）とする空港として、航空便が発着しています。そのため、関西は今後も新たなコンテンツ開発を行うことで、観光インフラの関西国際空港の運営と観光事業者の収益を担保していくことも求められています。2030年に大阪の夢洲に開業が決まったIR（統合型リゾート）もその1つです（第12章）。ギャンブル依存症などの課題を克服し、後々はカジノの売り上げに頼らないIRとして、公共政策を意識した経営が行われることでしょう。

　観光は「21世紀の成長産業の1つ」といわれて20年が経過していますが、その動きが顕在化してきたといってもよいでしょう。さらにその流れを大学の立場から支援できるのは、観光関連産業の国際競争力を高め、観光の振興に寄与することのできる人材を育てることだと考えます。こうした内容を観光の初学者に向けて、マーケティングや経営学の理論を中心に、主な観光産業や地域の観光事業がなぜうまくいっているのかを伝えていきたいと思います。第2版となる本書は、初版からの「グローバル」「イノベーション」「マーケティング」のキーワードは変えることなく、ここまでは紹介したようにコロナ禍による変化を取り込み、事例紹介を核と

iii

❖ 序　文

して解説していきます。

　観光関連産業のみならず日本にも定着し始めた、DMOのマネジメント人材や観光行政に携わることを志す人たちにとって意義ある1冊となればと思っています。

本書の構成

　観光は様々な学問領域の研究対象になっています。社会学、地理学、経済学などの分野からのアプローチも盛んです。先述のように、本書では観光関連企業や地域の観光事業が、なぜうまく経営できているのかを学びたいと思いますので、そのマーケティングのあり方やマネジメントのあり方を中心に学ぶように構成しました。

　観光関連産業、観光振興事業とも事業タイプ別に3部15章で構成しましたが、全体構成については以下のとおりです。

　　第Ⅰ部「観光事業のマネジメント特性」は、観光事業のマネジメントの特性を理解する第1章から始まります。観光事業に特徴的に現れるマネジメント特性を知ることが観光事業の成功につながります。また、本書のキーワードである「グローバル」「イノベーション」「マーケティング」に加え、観光事業と親和性の高いデジタルについても理解を深めていきます。

　　第Ⅱ部「観光関連産業の基幹事業」は、観光関連の主要な業界を紹介しています。旅行事業、ホテル事業、航空輸送業、鉄道事業、テーマパークの5つを取り上げ、それぞれの業界の理解と基本理論を紹介しています。

　　第Ⅲ部「観光事業の展開モデル」は、観光地に観光客を呼び寄せるために必要なインフラである空港の経営、議員立法で法案の成立が図られたIRの他、観光まちづくりの概念、観光の地域ブランド理論、地域でのインバウンド推進事例について理解します。

本書の活用方法

　本書は、観光関連産業や地域の観光事業の事例を通じて最低限の理論を学ぶ工夫がされています。まずは、その事例の面白さや凄さに触れてみてください。そして、興味が高まり関心が深まるようであれば、それを支える理論や学問についてより専門的に学ぶようにしてもらえたらと思います。

　また、インターネットに様々な情報が載るようになり、知識はより簡便に入手できるようになりました。今の時代は、その情報をどう整理し、どう活用するかが問われるようになってきています。本文の事例を通して、理論をどう活用したらよい

iv

のかについても考えるきっかけになったらと願っています。

「コラム」も読んでみる

各章に２つずつ、コラムを設けています。テーマにあったトピックスや基本理論の補足事項が書かれています。本文のテーマや事例の理解に役立ててもらいたいと思います。

「考えてみよう」でテーマを掘り下げる

学んだことを整理し、どう活用するのかのトレーニングとして設問を用意しています。実際の観光事業で直面する課題も設定されており、その章で学んだ理論を応用したり、関連情報を入手したりしながらテーマを掘り下げていくようにして下さい。

テーマについてさらに学んでみたいと思ったら、「次に読んで欲しい本」を各章で紹介していますので、是非チャレンジしてみてください。

観光分野を学ぼうと大学に入学した学生の皆さんは、卒業後の進路と考えている航空会社やホテル、テーマパークなどの明確なイメージや自らの経験による知識を持っていると思います。しかし、仕事の仕組みや事業を行うための知識、理論を学ぶことで科学的な理解につながり、より明確な目標として観光事業を意識することができるでしょう。既に観光関連事業に従事されている皆さんは、ご自身のお仕事や周辺の事業者の方々のビジネスモデルを見直すきっかけにして頂ければと思います。

本書を通じて、観光事業への関心が高めていただければ、執筆者一同感謝に堪えません。

2024年12月

執筆者を代表して

高橋　一夫

❖ 序　文

＊用語の定義

　本書では、「観光」の意味を事業の対象としての観光として捉えており、業務での出張やコンベンションなどへの参加者も含め「ふだん居住している国（地域）以外の国（地域）に24時間以上滞在すること」と定義をしています。目的にかかわらず、訪れた人全体を観光客として捉えるというUN Tourismの考え方に従っています。

　そのため、「観光客」「旅行客」という言い方もすべて「旅行者」で統一し、観光の初学年向けに厳密な分類はしていません。また、「旅行者」になる前の「潜在的旅行者」については「消費者」としています。

CONTENTS

序　文　i

第Ⅰ部　観光事業のマネジメント特性

第1章　観光事業のマネジメント特性 ——————— 3
　　―東京ディズニーリゾートの凄さを知る

　1　はじめに ……………………………………………… 4

　2　ディズニーの集客力の秘密 ………………………… 4
　　キャストのサービス・4
　　集客力のある経営・6

　3　観光事業のマネジメントの特性 …………………… 9
　　サービス・マネジメントの特性・10
　　観光サービスに特徴的に現れる特性・13

　4　おわりに ……………………………………………… 18
　　Column 1 － 1　ホテルのふかふかのタオルは持って帰れない？・11
　　Column 1 － 2　観光の領域と観光産業・14
　　考えてみよう／次に読んで欲しい本・18

第2章　観光事業のイノベーション ——————— 21
　　―楽天トラベルのオンライン旅行販売

　1　はじめに ……………………………………………… 22

　2　旅行業における宿泊販売の仕組み ………………… 22

　3　楽天トラベルの誕生と伸長 ………………………… 23
　　「ホテルの窓口」の開設・23
　　大手旅行会社のオンライン対応・25

1

❖ CONTENTS

　　　楽天トラベルによる統合と性能向上・26

　　　楽天トラベルの伸長・27

　4　イノベーションの理論 ………………………………………… 30

　　　破壊的イノベーションの理論・30

　　　旅行業界における破壊的イノベーション・32

　5　おわりに ……………………………………………………… 34

　　　Column 2 − 1　イノベーションのジレンマ・29

　　　Column 2 − 2　サステナブルな旅行・33

　　　考えてみよう／次に読んで欲しい本・34

第3章　観光事業のグローバル経営 ——————— 37
　　　―JTB Asia Pacificグローバル戦略の展開

　1　はじめに ……………………………………………………… 38

　2　国際観光市場の環境の変化 ………………………………… 38

　　　観光消費の拡大・38

　　　旅行業界の状況・40

　3　アジアにおけるJTBのグローバル戦略 …………………… 41

　　　JTBの海外拠点の展開・41

　　　JTBのグローバル経営環境・42

　　　タイ・チェンマイ近郊の宗教的祭事を素材とした商品開発・43

　　　JTBアジア・パシフィックグループのグローバル戦略・45

　4　グローバル経営理論と観光事業 …………………………… 47

　　　グローバル経営と観光事業・47

　　　グローバル経営分析のフレームワーク ・47

　5　おわりに ……………………………………………………… 51

　　　Column 3 − 1　職場の多様性・46

　　　Column 3 − 2　グローバル経営の法務と税務・49

　　　考えてみよう／次に読んで欲しい本・51

CONTENTS ❖

第4章　観光のマーケティング・マネジメント ──── 53
―聖地巡礼の道「熊野古道」に外国人旅行者を呼び込む

1　はじめに ··· 54

2　「熊野古道」のマーケティング ························ 54

組織設立の背景・54

戦略策定とターゲット設定・56

受け入れ地域の整備・57

マーケティングの内容・58

顧客満足と成果・60

3　旅行目的地マーケティング ·························· 61

旅行目的地マーケティングとその実施主体・61

ターゲットの設定と提供する価値の決定・61

ターゲットに価値を提供する「4P」・64

観光経験の提供・66

4　おわりに ··· 68

Column 4－1　DMOはどのような組織か・62

Column 4－2　マーケティング論の基本的な考え方・67

考えてみよう／次に読んで欲しい本・68

第5章　観光とWebビジネス ──────── 69
―消費者の意思決定プロセスとエクスペディアのマーケティング

1　はじめに ··· 70

2　エクスペディアの成功要因 ·························· 70

エクスペディア・グループによるブランド展開・71

テクノロジーによる差別化・71

リピーターの育成・72

3　消費者の意思決定プロセス ·························· 73

欲求認識（問題認識）・74

情報探索・74

選択肢評価・購買・76

3

❖ CONTENTS

購買後評価・79

消費者の意志決定プロセスとエクスペディアのマーケティング・80

4 おわりに ……………………………………………………………… 81

Column 5 − 1　知覚リスク（Perceived Risk）・75

Column 5 − 2　インスピレーション・80

考えてみよう／次に読んで欲しい本・82

第Ⅱ部　観光関連産業の基幹事業

第 6 章　旅行業 ——————————————————— 85
─大手旅行会社のソリューションビジネスへの進化

1 はじめに ……………………………………………………………… 86

2 進化する大手旅行会社のソリューションビジネス事例 ……… 88

事例 1 ）JTBの生命保険会社の営業社員インセンティブプログラムの事例・88

事例 2 ）日本旅行の防衛省自衛隊東京大規模接種センター等の運営業務事例・89

3 大手旅行会社の競争優位のビジネスモデル変革 ……………… 92

大手旅行会社を取り巻く環境（市場）変化・92

大手旅行会社の事業ドメインの拡張・94

事業ドメインの拡張と営業の役割の変化・96

新事業ドメイン領域の提案によるクライアントからのイメージの変換・97

4 おわりに ……………………………………………………………… 99

Column 6 − 1　Ｂ 2 Ｂビジネスの基本特性・87

Column 6 − 2　モチベーション理論・90

考えてみよう／次に読んで欲しい本・99

CONTENTS ❖

第7章 宿泊業 ———————————————— 101
—星野リゾートのサービス・マネジメント

1 はじめに ……………………………………………… 102

2 星野リゾートの基本戦略の概要 …………………… 102

運営特化による成長・102

ビジョンの設定と変更・104

ブランドの展開・105

OMOブランド：都市型ホテルの新たな観光モデルの創造・107

3 星野リゾートのサービス・マネジメント …………… 108

マネジメント：サービス・プロフィット・チェーンの視点・108

地域性を活かした「おもてなし」のデザイン・112

4 おわりに ……………………………………………… 115

Column 7 − 1　ホテル・旅館の経営方式・103

Column 7 − 2　サービスとホスピタリティの違い・113

考えてみよう／次に読んで欲しい本・115

第8章 航空輸送業 ———————————————— 117
—事業特性とANAのレベニュー・マネジメント

1 はじめに ……………………………………………… 118

2 航空輸送業 …………………………………………… 118

ANAの沿革（日本の航空輸送業の誕生と航空政策の変遷）・118

ANAで見る航空輸送業の事業特性・120

3 収益の最大化を目指すレベニュー・マネジメント ………… 123

導入の背景—制度、技術、需要の側面から・123

レベニュー・マネジメントの仕組み・125

4 おわりに ……………………………………………… 129

Column 8 − 1　エアラインの差別化戦略（機内プロダクト）・124

Column 8 − 2　エアラインの差別化戦略（ネットワーク、マイレージ、アライアンス）・128

考えてみよう／次に読んで欲しい本・129

5

❖ CONTENTS

第9章　鉄道事業 ——————————————— 131
—阪急電鉄の創造的適応

1　はじめに ……………………………………………………… 132

2　観光と鉄道の関係 ……………………………………… 132
観光交通と鉄道・132
鉄道事業の特殊性・134

3　小林一三のビジネスモデル …………………………… 135
阪急電鉄の創業と沿線住宅地開発・135
沿線観光開発・137
梅田ターミナル開発・137
小林一三の鉄道まちづくり・138

4　創造的適応による価値創造 …………………………… 139
創造的適応の概念・139
小林一三モデルの創造的適応・141
これからの鉄道事業・142

5　おわりに …………………………………………………… 142
Column 9 - 1　交通サービスの外部性・140
Column 9 - 2　6次産業化による地域活性化・143
考えてみよう／次に読んで欲しい本・144

第10章　エンターテインメント業 ——————— 145
—テーマパークとしてのハウステンボスの成長と進化

1　はじめに …………………………………………………… 146

2　ハウステンボスの30年 ………………………………… 146
開業、そして破綻・148
投資会社が経営者に・148
H.I.S.によるV字回復・149

3　テーマパークと経験価値 ……………………………… 153
テーマパークの定義・153
経験価値・155

6

ハウステンボスは、まちかパークか・156

4　おわりに ……………………………………………………… 158

Column10−1　損益分岐点・150

Column10−2　遊園地にこそマーケティングを・154

考えてみよう／次に読んで欲しい本・159

第Ⅲ部　観光事業の展開モデル

第11章　グローバル時代の地域観光インフラ(1)
空港経営 ——————————————— 163
─関西エアポートによるコンセッション

1　はじめに ………………………………………………………… 164

2　関西エアポートによる空港経営 ……………………………… 164

所有と運営−上下分離方式・164

伊丹の存続と民営化・166

経営統合から運営権売却へ・166

関西エアポートのコンセッション・167

3　コンセッションによるインフラ民営化 …………………… 168

コンセッションによる空港経営改革・168

コンセッションの効果・171

PPP/PFIとコンセッション・174

インフラとコンセッション・174

空港コンセッションの目的・176

4　おわりに ……………………………………………………… 177

Column11−1　滑走路の向きと意味・169

Column11−2　PPP/PFI事業の広域化・バンドリング・175

考えてみよう／次に読んで欲しい本・177

❖ CONTENTS

第12章　グローバル時代の地域観光インフラ⑵
IR（統合型リゾート）————————— 179
—公共政策としてのIR

1　はじめに ……………………………………………………… 180

2　ケース「大阪IR株式会社」の整備計画 ………………………… 181
IRとは何か・181
大阪IR地域整備計画の内容・182
送客機能施設—日本型IRの独自性・185

3　公共政策としてのIR …………………………………………… 187
なぜ、IRは日本でできなかったのか—民設民営のIR・187
導入反対の意見と対策経費・187
開業後の継続的投資と新たなツーリズムクラスターの予感・190

4　おわりに ……………………………………………………… 192
Column12－1　三店方式－パチンコで換金はできるのか？・188
Column12－2　IRにおける市民の意見とレピュテーション（風評）リスク・191
考えてみよう／次に読んで欲しい本・193

第13章　観光まちづくり ————————————— 195
—城崎温泉の観光まちづくりにみるリーダーシップ

1　はじめに ……………………………………………………… 196

2　城崎温泉の観光まちづくり ……………………………………… 196
人気を保ち続けている城崎温泉・196
みんながひとつになるコンセプト「まち全体がひとつの旅館」・198
「ひとつの旅館」がもたらす城崎温泉らしさ・198
「ひとつ」であり続けることの難しさ・198
「ひとつ」で挑むデジタル・トランスフォーメーション・199

3　観光まちづくりにおけるリーダーシップ …………………… 202
リーダーシップとマネジメントの違い・202
観光まちづくり機能の集合体に見る組織構造・205

CONTENTS ❖

4　おわりに ……………………………………………………………… 207

Column13－1　飽きられない観光地であるために・197

Column13－2　ビジネス・エコシステム・203

考えてみよう／次に読んで欲しい本・208

第14章　デスティネーションのブランディング ──── 209
─香川県直島が世界中で「訪れたい」島となる活動の軌跡

1　はじめに …………………………………………………………… 210

2　直島─世界に知られる現代アートの島 ………………………… 210

直島の概要・210

観光開発から芸術文化を軸とした観光事業へ・211

現代アート集積の創造・212

アート分野での国際的な発信と地域化・214

3　デスティネーションのブランディング ………………………… 216

ブランディングという活動・216

デスティネーションのブランドの特徴・218

ブランド・アイデンティティを伝える構造・222

4　おわりに …………………………………………………………… 223

Column14－1　デスティネーションの対象範囲　行政区域かテーマか・217

Column14－2　地域ブランドの保護と活用のための地域団体商標制度・220

考えてみよう／次に読んで欲しい本・224

第15章　インバウンド事業の理解 ──────── 225
─ハナツアーを通して日本を旅する韓国人旅行者

1　はじめに …………………………………………………………… 226

2　韓国市場とハナツアーの特徴 …………………………………… 227

日本のインバウンドにおける韓国市場・227

韓国人旅行者の特徴・227

韓国旅行市場の個人旅行とパッケージツアー・228

ハナツアーの概要・229

9

❖ CONTENTS

**3　アウトバウンド事業（親会社）とインバウンド事業（子会社）
の実際** ……………………………………………………………… 231
　　商品と流通チャネルの多角化・231
　　日本ツアーの企画と販売・232
　　ハナツアージャパンのインバウンド事業・235
　　インバウンドによる価値創出・235

4　おわりに ……………………………………………………………… 238
　　Column15－1　多言語対応・230
　　Column15－2　ツーリズムバリューチェーン（Tourism Value Chain）・236
　　考えてみよう／次に読んで欲しい本・239

参考文献Webページ
https://www.sekigakusha.com/data/1st_35

第 I 部

観光事業のマネジメント特性

第 **1** 章

観光事業の
マネジメント特性
―東京ディズニーリゾートの凄さを知る

第1章
第2章
第3章
第4章
第5章
第6章
第7章
第8章
第9章
第10章
第11章
第12章
第13章
第14章
第15章

1　はじめに
2　ディズニーの集客力の秘密
3　観光事業のマネジメントの特性
4　おわりに

❖ 第Ⅰ部　観光事業のマネジメント特性

1 はじめに

　世界遺産にも認定された観光資源を抱え、賑わいをつくりたい観光地域、旅行者に客室を提供しているリゾートホテル、あるいは旅行者と観光地を結ぶJRのような鉄道会社などを本書では紹介している。各章では、それらの事業がなぜうまくいっているのか、なぜそんなにすごいことができるのかを、マーケティングや経営学の理論などで説明している。

　同じ業界であっても、うまくいっている観光地や企業はどこが違うのかを私たちは不思議に思うことがある。ヒト、モノ、カネの経営資源を活かす戦略、マーケティングのマネジメント、イノベーションへの対応など様々なことが考えられる。しかし、うまくいっている観光地や企業に共通するのは、観光事業に特有のマネジメント特性が戦略や経営方針に練り込まれており、マネジメントされていることだと気がつく。

　一方で、マネジメント特性を理解するだけでは必ずしもビジネスの成功に結び付くわけではない。航空機を利用してニューヨークに向かう場合、学生は安く行けることに価値を見出すかもしれないが、世界を駆け巡るビジネスマンは正確な乗り継ぎや時間に価値を求めているだろう。ターゲットとする顧客によって求める価値が違うことを理解しなければならない。その時、航空会社はどのようにして収益をあげつつ顧客の求める価値に応えることができるのだろうか。

　この章では、観光関連産業のマネジメントはどのように進めていくことが必要なのかを、東京ディズニーリゾートを経営する株式会社オリエンタルランドを事例に解説を進めていくこととする

2 ディズニーの集客力の秘密

❖ キャストのサービス

　オリエンタルランドが経営する東京ディズニーランドと東京ディズニーシーは、東京ディズニーリゾート（以下、TDR）30周年という節目の2013年には初めて

第1章　観光事業のマネジメント特性

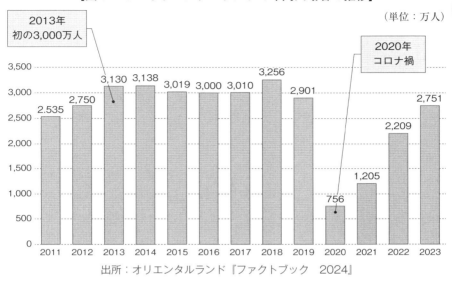

【図1-1　オリエンタルランドの年間入場者の推移】
（単位：万人）

出所：オリエンタルランド『ファクトブック　2024』

3,000万人を超え（3,130万人）、リピート率は両パークともに90％以上となっていた（来園客数はオリエンタルランドの公式Webサイト、リピート率は2013年3月期の決算説明会資料による）。日本の観光施設で、これほど高いリピート率を誇るのはTDRをおいて他にはない。コロナ禍で大きく落ち込んだものの、インバウンドの回復が著しい2023（令和5）年には2,751万人にまで回復した。しかし、コロナ禍の時に1日当たりの入場者数を制限しなければならないため、年間パスポートを休止したことで、リピート率は下がっている。

これほどの人気を保つ理由の1つは、キャストと呼ばれる接客従業員の「感動をあたえるサービス」にあるといわれている。Webサイト上にはキャストの様々な感動のサービスが数多く紹介されている。例えば、ゲスト（TDRを訪れた顧客）が誤って、指輪をディズニーランドにある池の中に落としてしまったとき、キャストになくしたことを告げたものの、見つからないだろうとその場を立ち去ろうとした。すると、キャストが近寄ってきて「見つかりました」と指輪を手渡したという。ゲストが「どうやって見つけたのか」と尋ねると、キャストはこう答えたという。「魔法の国ですから！」

こうしたキャストの対応や気の利いた一言にゲストは感動し、驚きのアトラク

ションや子供のころから慣れ親しんだキャラクター、夢のある雰囲気などのさまざまな要素に、ゲストは楽しく心に残る経験をする。この無形の思い出こそがTDRの生み出す経験価値であり、3,000万人を上回る集客力の源泉なのである。経験価値は、サービスとの接点において肌で感じたり、感動したりすることによって、顧客の感性や感覚に訴える価値のことをいう。こうした経験はキャストとゲストが同時に存在していることが必要で、キャストがサービスを提供する際には、そこには必ずゲストが存在する。ゲストとキャストのコミュニケーションの積み重ねが「ホスピタリティ」の源泉となる。

　誕生日にTDRを訪れて、ゲストリレーションのキャストにもらった「バースデーシール」を胸に貼っていると、それに気づいた園内のキャストから「誕生日おめでとう」と声をかけられる。キャラクターからも祝福をしてもらえ、ゲストは、「誕生日」の主人公の気分を味わうことができる。ゲストもキャストもディズニーの一部だということがわかる。

　しかし、園内のキャストも1人ひとり経験に差があり、その差がゲストの印象に違いをもたらす可能性がある。TDRでは、スタッフの9割がアルバイトで、18,000人が在籍をしている。学生や若者が多く、約半数の9,000人が毎年入れ替わるのだという（福島文二郎『9割がバイトでも最高のスタッフに育つディズニーの教え方』中経出版、2010年）。すなわち、TDRで働いているアルバイトのうちの半数は、働き始めて1年未満なのである。ベテランのキャストなのか、新人のキャストなのかによってゲストへの対応が違っているようでは、サービスに一貫性がなくなりゲストを失望させることになる。このようにキャストがゲストに感動を与えるほどのホスピタリティを持つに至るのは、ミッションと行動指針を理解するための教育の充実、ゲストサービスをはじめとした運営部門のチェック（評価）の仕組みによることが大きい。

❖ 集客力のある経営

　TDRを経営するオリエンタルランドは、ゲストから支持され、集客力のある経営を行っており、そのいくつかの施策をみていきたい。

　現在TDRのある場所は、アサリやハマグリが採れる豊かな海だったという。しかし、周辺に建てられた工場からの廃液で漁業が成り立たなくなり、1963（昭和38）年に埋め立てが始まった。その埋立地がオリエンタルランドに払い下げられ、大規模レジャー施設建設を進めるため、ディズニーランドの誘致を始めたのが

第1章　観光事業のマネジメント特性 ❖

1974（昭和49）年のことである。その後様々な誘致の経緯があったものの、東京都心に近い立地の良さに加え、羽田空港、成田空港とのアクセスもよい舞浜を建設候補地として決定をした。

　このような経緯から、TDRは抜群の立地に広大な土地を自社で所有しているのである。

[TDRの立地条件]
● 広大な土地
　　都心から10kmの場所に約200万㎡のまとまった土地を所有
● 巨大なマーケット
　　半径50km内に可処分所得の高い約3,000万人が居住
● 便利なアクセス
　　東京駅から電車で約15分、羽田・成田空港から直行バスで約30〜60分前後
　　4,000万人に及ぶ関東圏を日帰り商圏とするアクセスの良さ。関東からの訪問
　　客はコロナ禍の2020年、21年を除き、ほぼ60%強で推移している。

　屋外型のエンターテイメント施設は、季節によっての繁閑差があることが指摘されている。しかしながら、オリエンタルランドはオフ期に当たるときにはスペシャルイベント（第1四半期のイースターイベント、第4四半期のキャンパスデーなど）を開催し、季節に偏りのない平準化を目指している。また、こうしたイベントによる平準化対策だけでなく、2021年3月20日からはチケット変動価格制を導入し、価格面から需要の平準化を行おうとしている。2024年3月期の決算においては、最低販売価格7,900円、最高販売価格10,900円と3,000円の差を設けて調整を行っている。

　日帰りのレジャー客が集まる施設や観光地は、通常午後2時が滞留客のピークを迎え、その後減少していくことが知られている。観光施設側とすれば、空いてくる時間帯にも顧客を呼ぶようにすることで、施設の稼働を高めるようにしたい。そのため、TDRは平日の17時からの入場や休日の15時からは入場料金を割り引いて集客を図るようにしている。

　また、TDRは継続的な追加投資を行うことでテーマパークとしての鮮度を保ってきた。何度来園しても新鮮な感動があるというのは、3年〜5年ごとに定期的に新規の大規模アトラクションが導入されているからである（**表1−1**参照）。追加投資にあたっては、5年間のマスタープランを策定し、ゲストのニーズと事業環境

7

❖ 第Ⅰ部　観光事業のマネジメント特性

【表1−1　主な追加アトラクションの投資額】

アトラクション名	オープン年	投資金額
ビッグサンダー・マウンテン	1987年	80億円
スター・ツアーズ	1989年	101億円
スプラッシュ・マウンテン	1992年	285億円
トゥーンタウン	1996年	112億円
ミクロアドベンチャー	1997年	28億円
プーさんのハニーハント	2000年	110億円
バズ・ライトイヤーのアストロブラスター	2004年	50億円
レイジングスピリッツ	2005年	80億円
タワー・オブ・テラー	2006年	210億円
モンスターズ・インクランド&ゴーシーク	2009年	100億円
ミッキーのフィルハーマジック	2011年	60億円
トイ・ストーリー・マニア	2012年	115億円
スター・ツアーズ： ザ・アドベンチャー・コンティニュー	2013年	70億円

出所：オリエンタルランド『アニュアルレポート2014』

を踏まえて毎年プランを更新し、幅広いゲストに対応したクォリティの高い開発が行われる。USJ（ユニバーサル・スタジオ・ジャパン）でも同様で、ハリー・ポッター（2014年）のアトラクションには450億円、スーパー・ニンテンドー・ワールド（2021年）には600億円が投じられている。

　TDRの投資はテーマパークだけではない。テーマパーク内の直営ホテル、隣接する複合商業施設、TDRを周遊するモノレールなどに投資され、ディズニーの統一的なコンセプトのもとで運営されているのである。ホテルに戻ってからも、翌日までその楽しさを保ち続ける秘訣は、統一的なコンセプトと品質管理による没入感をもたらす体験にあるといわれている。ディズニーの映画の世界をテーマにした客室やキャラクターたちがテーブルを訪れる「ディズニーキャラクターダイニング」などは、その代表的な例だろう。

[テーマパーク以外の施設]
● ディズニーホテル─約3,500室を有する直営ホテルは国内有数
　① 東京ディズニーランドホテル
　② 東京ディズニーシー・ホテルミラコスタ

【写真1−1　東京ディズニーランドホテル（左）とディズニーリゾートライン（右）】

ともにキャラクターのモチーフを活かし統一的なコンセプトで運営される
写真提供：筆者撮影

　③　ディズニーアンバサダーホテル
　④　東京ディズニーセレブレーションホテル
　⑤　東京ディズニーリゾート・トイ・ストーリーホテル
　⑥　東京ディズニーシー・ファンタジースプリングスホテル

【宿泊者特典】：対象パークの専用エントランスから一般ゲストの15分前より入園可能な「ハッピーエントリー（一部対象外となるホテルもある）」および滞在中に利用できる入場券が必ず購入できる権利などで、ホテルの価値をテーマパークとともに作っている。

● イクスピアリ
　　ショップやレストラン、シネマコンプレックスなどから構成される複合型商業施設
● ディズニーリゾートライン
　　東京ディズニーリゾート全体を周遊するモノレール

3　観光事業のマネジメントの特性

　TDRを経営するオリエンタルランドの事業を垣間見てきたが、テーマパーク内で感動を生み出すだけではなく、周辺での事業も含め連結売上高で6,185億円、連結営業利益で1,654億円（2024年3月期）の堅実な経営がなされている。オリエ

❖ 第Ⅰ部　観光事業のマネジメント特性

【図1-2　観光事業のマネジメントの特性】

出所：筆者作成

ンタルランドのマネジメントをみると、観光事業のマネジメントの特性がよくわかる。

　観光事業のマネジメントの特性は、次の8つを挙げることができる。このうち、サービス・ビジネスの特性である、①無形性、②不可分性、③異質性、④消滅性の4点と、観光ビジネスに特徴的に表れる、⑤アセンブリー性（集合性）、⑥季節性、⑦立地性、⑧資本集約性の4点が考えられる。

❖ サービス・マネジメントの特性

①　無　形　性

　観光ビジネスが取り扱う商品は、顧客の欲求を満足させるためになされる無形のサービスの集合体である。車などの有体財のように購買前に見ることも触れることもできず、事前に品質評価をすることができない。観光事業では、使用できるという「権利」を販売している。旅館やホテルを利用するときは、事前に特定した日を使用する予約をするだけで客室そのものを購入するのではない（有体財利用権の販売）。そのため、顧客は観光地の旅館やホテルの評判を旅行会社から確認したり、Webサイトでの口コミで確認したりしようとする。

　一方で、旅館やホテルあるいはテーマパークで過ごした後に顧客に残るのは、無形の体験の思い出しかない。このため、観光事業では「経験価値」（第10章参照）が重要視されてきた。

第1章　観光事業のマネジメント特性 ❖

第1章

Column 1 － 1

ホテルのふかふかのタオルは持って帰れない？

　結婚5周年のお祝いにホテルでディナーを楽しみ、宿泊しようということになった。ネットで調べると都内のホテルはいくつも魅力的なところがあり、目移りしてしまう。車を買う時のように試乗をすることもできないし、味見をしてレストランを決めることもできない。口コミサイトを読んで、ようやく新宿の「隠れ家的な」と口コミにあるホテルに決めた。

　高層階で美しい夜景を眺めながらのディナーとモダンなデザイン、「こんにちは○○様」と声をかけてくれる親近感のあるサービスにすっかり満足した。利用して初めてわかった「泊まってみたいホテルNo.1」の価値だった。

　しかし、チェックアウトした時には手元に残ったのは領収書1枚だけ。肌触りの良いバスタオルを持って帰るわけにもいかないし、夜景の見える部屋を切り取って持ち帰れるわけでもない。車もいつものセダンではなく、一度乗ってみたかったスポーツカーをレンタルしたから、もう返しにいかなければいけない。

　自分は何を買ったのだろうかと考えた。ホテルの部屋は一晩限り、レンタカーも2日だけであった。夜景の綺麗な部屋や走りの良い車を買うのと借りるのとでは大きな違いがあるものだ、しかし、「満足はしたなあ」とパートナーと話し合った。

　こんな思いは誰しも持つだろう。この夫婦が購入したのは、表1－2の「有体財利用権」だ。形あるモノ（有体財）を利用する権利で、所有権は移転しない。予約をした日だけ有体財を利用する権利を購入したのだ。観光で購入するのはモノではなく有体財利用権を中心に、旅行前に現地のことを知ろうと購入したガイドブック（効用は本というモノではなく「情報」）やレンタルショップで借りた現地を舞台にした映画（例えば「ローマの休日」・情報利用権）などである。

【表1－2　財の分類】

	効用を発生する源が物質財	効用を発生する源が非物質財
効用を発生する源の所有権の移転あり	有　体　財	情　　　報
効用を発生する源の所有権の移転なし	有体財利用権	サービス情報利用権

　▨ が無体財の領域

出所：山本昭二『サービス・クオリティ』千倉書房、1999年

11

❖ 第 I 部　観光事業のマネジメント特性

②　不可分性

　観光サービスは、生産されたと同時に消費されるものであり、有体財のように生産の時点と消費の時点を分離することはできない。サービスの生産には従業員と消費者が同時に存在し、参加していなければならない。

　従業員だけでなく、同様に顧客も互いに影響しあうことがあるため、顧客も商品の一部と考えられる場合がある。顧客の振る舞いが他の顧客に影響を与えるためだ。「ゲストとキャストのコミュニケーションの積み重ねが『ホスピタリティ』の源泉」というTDRの考え方は、この不可分性から読み解くことができる。

③　異　質　性

　生産されたものを事後に検査することが困難なので、個々のサービス提供者の技量がサービス品質に直接影響する。誰が、いつ、どこで、どのようにサービスを提供するかによってサービスの質が異なる上に、需要が絶えず変動するため需要のピーク時に安定した品質を提供しにくい。

　すなわち、サービスは生産されるその時々においてその品質にばらつきが生じやすく、画一的で均質な品質基準の達成は難しいのである。サービス自体が無形で、かつサービス業が概して労働集約型の業種であり、サービスの提供・配達を人に依存することが多いために一貫性の欠如や品質の変動が起こりやすい。これは顧客の期待を裏切る大きな要因となる。

　TDRは毎年アルバイトスタッフの半分の約9,000人が入れ替わるという。それにもかかわらず、ゲストに感動を与え続けることができるのは、人材育成のシステムがしっかり出来上がっているからである。

④　消　滅　性

　サービスを在庫しておいて、後で販売したりすることができない。今日の午前10時に飛んだ航空便の空席を、明日改めて売ることはできないのである。販売ができなかったことで遺失した利益は、二度と戻ってこない。ホテルの客室も同様で、その日に予約したのに来ない（ノーショウという）顧客に対してキャンセル料を収受するのも観光サービスの消滅性から導かれた制度である。

　TDRが販売するチケットは予約制であり、売れ残ったチケットは持ち越せないため、商品は「消滅」するのである。

第1章　観光事業のマネジメント特性

❖ 観光サービスに特徴的に現れる特性

第1章

①　アセンブリー性

　アセンブリー性は、観光ビジネスにおいては２つの側面がある。観光産業においては、飲食業や土産販売業のように単独の業種で成立するビジネスも存在するが、その大部分はサービスをベースに、複数の業種が組み合わさって出来上がっている産業である。シティホテルを例にすると、宿泊サービスを基軸としながらも宴会、ウェディング、料飲の部門が主要機能としてホテルを支えている。この他にもスポーツ・健康管理・美容サービスなどの施設や、これらの施設の利用を促すインストラクター、マッサージ師などが付加サービス機能としてホテルの価値を高めている。複数の業種を個別のコンセプトで運営するのではなく、一貫性のあるコンセプトでとりまとめ、集合体として全体をマネジメントすることで魅力ある観光ビジネスを行っている。

　TDRでは、テーマパークと統一されたコンセプトのもとでホテルや複合商業施設が運営されており、ディズニーホテルの部屋に備えられたタオルが、ミッキーの顔を造形するディズニーキャラクターのタオルアートで楽しませてくれるなど、細部にわたってコンセプトが生かされている。途切れのない没入感ともいえる体験によって、ホテルの稼働率は98.4％とほぼ満室を維持し、平均客室単価は54,430円と対前年同期比８％増（2023年度実績：オリエンタルランド『ファクトブック2024』）となっている。また、パーク内での2022年の１人当たりの消費単価は約15,700円だが、このうち物販の割合は31％、飲食では20％となっており、入場券関連以外での売り上げが50％を超えている。飲食物販比率の高さは、パークでの滞在時間が長いことを示しており、TDRの魅力があってこその消費額であることは言うまでもない。

　一方、アセンブリー性は地域の観光事業においても同様で、観光地は様々な業種によって旅行者を受け入れている。しかし、経営主体の異なる企業によって地域観光の集合体が出来上がっているため、その集合の境界は極めて曖昧なものとなる。これは旅行者の視点で旅行を組み立ててみるとわかりやすい。京都の老舗旅館に宿泊し、秋の古都を満喫しようという旅行を計画した時、ＪＲや二次交通としてのタクシー会社なども利用することになる。旅館の行き届いたサービスに満足をしても、仮にタクシーの運転手のサービスに良い印象を持たなければ、この旅行全体の印象が良いものにならない。業務利用を中心に仕事を行うタクシーの運転手であったと

13

❖第Ⅰ部　観光事業のマネジメント特性

Column1-2

観光の領域と観光産業

　読者の皆さんは「観光」マーケットの領域をどのように考えているだろうか。各地の名所旧跡を見てまわる、美しいサンゴ礁の海に潜るなどのその土地ならではの体験をする、地域の美食を楽しむというイメージだろうか。こうしたレジャー需要は、コロナ禍が始まった2020年においては「不要不急」と言われ、全く動きがなくなり観光産業あるいは観光関連産業にとって大きな痛手となった。レジャー白書（2019年版）によると、レジャー関連需要は約72兆円（2018年）の経済規模があり、個人消費が約300兆円だからその4分の1近くを占める。しかし、このマーケットは、「コロナ禍が終息したら、再び海外旅行をしたいか」という調査（DBJ/JTBF 2022年）で欧米豪で80％、アジアでは90％に上っていたことからも「戻る需要」と考えられていた。

　一方で、ホテル、航空会社、鉄道会社などはレジャー需要だけを扱っているのではない。出張やMICE参加のビジネストリップ需要も取り扱っている。つまり個々人の旅行目的は問わないで宿泊・移動の取り扱いをしている。これらの業界の企業は、コロナ禍に策定した中期経営計画において、出張需要は元に戻らないことを前提とした施策が記されていた。筆者が複数の会社の経営幹部にヒアリングをしたところ、2019年比の8割までしか戻らないだろうとのことであった。

　国連世界観光機関（UN Tourism、UNWTOから2024年1月に略称表記を変更）

【図1-3　観光の領域】

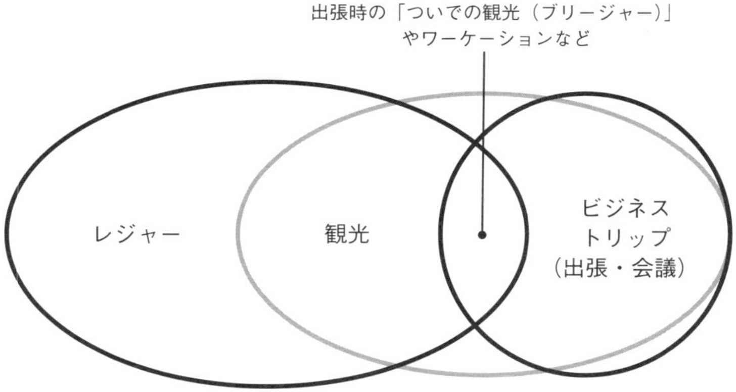

出張時の「ついでの観光（ブリージャー）」
やワーケーションなど

レジャー　　観光　　ビジネストリップ（出張・会議）

出所：筆者作成

14

第1章　観光事業のマネジメント特性 ❖

> では、Touristの定義を「ふだん居住している国（地域）以外の国（地域）に24時間以上滞在する人たち」としており、目的を問うていない。観光産業の視座から顧客を見た時も、旅行目的を問うことはない。コラムの図に描かれたすべてが観光なのである。
>
> 参考文献：株式会社日本政策投資銀行・公益財団法人日本交通公社『DBJ・JTBFアジア・欧米豪　訪日外国人旅行者の意向調査』、2022年

すれば、観光の知識が乏しいことを非難することはできない。観光ビジネスに携わっているか否かは本人の主観的な意識の問題である。その意識がなければこのタクシーの運転手のように観光サービスに対して無頓着になりがちである。旅行者の満足は旅行中の一連のサービスによって規定されるため、個々の事業者の対応だけではうまくいかない。

②　季 節 性

　観光需要は季節や曜日により大きく変動する。この需要変動は、旅行者側の要因と、観光地側の要因が重なりあって生まれる。

　旅行者側の要因の1つは、学校の行事や企業の休暇制度による影響である。たとえば、家族旅行では家族全員が休暇をとりやすいゴールデン・ウィークなどの大型連休や、夏休み時期、年末年始に集中する。これらの時期は、観光需要に加えて、帰省需要も重なるので、鉄道や航空業が繁忙期となる。

　一方、観光地側による需要変動要因は、観光地の気象条件や観光対象の特徴によって影響を受ける。高原や海水浴場においては、夏の観光需要が中心だが、札幌雪まつりのように雪像が観光対象であれば、冬が観光需要の中心となる。

　旅行者側の要因と観光地側の要因によって、繁忙期である「オンシーズン」と、閑散期である「オフシーズン」が生まれる。TDRでは、季節波動のないようにオフシーズンには様々なイベントが用意されていることやチケット変動価格制を導入し、入場客の平準化が図れるような取り組みも進めていることは先述した。

③　立 地 性

　テーマパークや宿泊施設などは、立地条件の善し悪しによって競争力に大きな差がでるビジネスである。バブル期には立地条件を考慮せず、日本各地にテーマパー

15

❖ 第Ⅰ部　観光事業のマネジメント特性

【表1−3　立地条件の分類】

	大立地条件	小立地条件
アクセスの良さ	・市場（特に人口が集積する大都市）からの時間距離、運賃 ・交通機関の利便性、渋滞道路の発生度合いなど ・観光周遊ルート上の位置関係	・観光地の最寄駅やインターチェンジからの道路距離、交通ターミナルや駐車場からの距離 ・その観光地の主要な観光資源との位置関係
環境・資源条件	・地域の自然環境（気候、標高、地形、湿度など） ・地域の観光資源の集積度と特性（特異な自然資源や歴史ある建造物等の文化資源） ・地域の生活文化、特産品（海産物、農産物、地場産品など）	・敷地の広さや地形、植生、景観や眺望 ・周辺の自然環境や街並み景観 ・温泉資源の有無など

出所：大野正人「観光産業の構成と特徴」羽田耕治監修『地域振興と観光ビジネス』JTB能力開発、2008年

【写真1−3　JR舞浜駅に隣接するイクスピアリ】

写真提供：筆者撮影

クが建設されたものの、既に廃業に追い込まれたところは少なくない。TDRとユニバーサル・スタジオ・ジャパンはそのコンセプトの価値の高さのみならず、大商圏を抱える立地とそのアクセスの良さに強みがあらわれている。

第1章　観光事業のマネジメント特性 ❖

第1章

立地条件は、大きくは観光地そのものの立地である「大立地条件」と、観光地の中での当該施設の立地である「小立地条件」に分かれる。TDRでもJR舞浜駅の近くには土産を買ったり、帰りに食事をしたりするためのイクスピアリがある。園内での立地を考慮することで、売り上げに大きな違いが生まれるのである（**表1－3**）。

④　**資本集約性**

ホテル・旅館などの宿泊業や、テーマパーク、スキー場などの大型観光レクリエーション施設は、建設にあたって多額の投資を必要とする産業（資本集約型産業）である。 たとえば、ホテル開業の初期投資は、10年以上かけて回収されるという。このため、社会環境の変化による需要の変動や、計画時に団体客をターゲットとして大宴会場を建設したが、個人客への移行が進んだからといって設備を変更することは容易なことではない。このように、事前のマーケティングの読み違いによってリスクを背負うこともありうる。

TDRは計画的に追加投資が行われていることを述べたが、ディズニーシーの開業にあたっては、日本を代表するメーカーである新日本製鐵や本田技研工業の投資額に匹敵する金額が投下されており、テーマパーク事業の初期投資の大きさを知ることができる。ハイテク（最新の技術）かつハイタッチ（サービスを提供する人の存在）でなければ、テーマパークとしての経営が成り立たないともいえよう。

舞浜ではこれ以上の新規事業が難しいとの判断から、オリエンタルランドは2028年に新造船のディズニークルーズを就航するとの経営方針が示されている。この新事業には、3,300億円の投資が予定されており、TDRの夢の国はさらに拡大していく。

【表1－4　設備投資の比較】

	オリエンタルランド	新日本製鐵	本田技研工業
2000年3月期	1,305億円	2,270億円	2,228億円
2001年3月期	1,822億円	1,573億円	2,857億円

出所：大貫学「テーマパークの経営」、『流通科学大学論集流通・経営編』第20巻第2号、145-165頁、2008年を参考に、各社の2000年3月期、2001年3月期の有価証券報告書から情報収集して筆者作成

❖ 第Ⅰ部　観光事業のマネジメント特性

4 おわりに

　本章では、TDRを事例に、観光事業のマネジメントの特性を整理してきた。それは、サービス・ビジネスの特性である、①無形性、②不可分性、③異質性、④消滅性の4点と、観光ビジネスに特徴的に表れる、⑤アセンブリー性（集合性）、⑥季節性、⑦立地性、⑧資本集約性の4点であった。

　事例として取り上げたTDRが顧客を魅了するのは、サービス・マネジメントの特性を理解したキャストによって創り出されたサービスによるものだが、それはTDRのミッションと行動指針を教える事前教育と就業後にチェックを受ける評価システムによって裏付けられている。また、TDRを経営するオリエンタルランドは、観光のマネジメント特性を理解したマーケティングや運営を展開している。顧客に感動を与える観光産業は、経済的価値をつくることを目的とした活動を行うことで成り立っている。

　観光事業を実践していくにあたっては、それらのマネジメント特性を正しく理解し、そこから生じる課題にいかに適切に対応していくのかが求められる。次章から様々な観光産業や観光事業の事例が紹介されるが、それらの考察を通じて、個別マネジメントの課題への対応や可能性について理解を深めていこう。

？考えてみよう

1．本章で取り上げたテーマパーク以外の観光ビジネスを取り上げ、サービス・ビジネスや、観光ビジネス（観光事業）の特性がどのように当てはまるか考えてみよう

2．観光事業にはどのようなものがあるのか、市場側に存在するものと観光地側に存在するものに分けて整理してみよう

3．地域の観光事業にはどのようなものがあるのか、地域の観光資源と関連付けて整理してみよう

次に読んで欲しい本━━━━━━━━━━━━━━━━━━━━━━●

福島文二郎『9割がバイトでも最高の感動が生まれる ディズニーのホスピタリティ』KADOKAWA/中経出版、2011年

18

第1章　観光事業のマネジメント特性 ❖◆

森岡毅『USJを劇的に変えた、たった１つの考え方　成功を引き寄せるマーケティ
　ング入門』角川書店、2016年
伊藤宗彦・高室裕史編著『１からのサービス経営』碩学舎、2010年

第**2**章

観光事業の
イノベーション
─楽天トラベルのオンライン旅行販売

1 はじめに
2 旅行業における宿泊販売の仕組み
3 楽天トラベルの誕生と伸長
4 イノベーションの理論
5 おわりに

第1章
第2章
第3章
第4章
第5章
第6章
第7章
第8章
第9章
第10章
第11章
第12章
第13章
第14章
第15章

第Ⅰ部　観光事業のマネジメント特性

1　はじめに

　新しい製品やサービスは私たちの生活を便利にしてくれる。わが国でインターネットによるオンライン旅行販売が提供され始めた時期と同じくして、ハーバード大学ビジネススクールのクリステンセンは、1997（平成9）年発表の著書『イノベーションのジレンマ』において以下の理論を示した。「本来競争するうえで有利なはずの既存優良企業が、あるタイプのイノベーションに直面したときに、なすすべもなく敗れ去ってしまうこと（これを破壊的イノベーションと呼ぶ）、そして、それは経営を誤ったからではなく『正しい経営』を行ったことが理由である、という驚くべき理論」である（C. クリステンセンほか『イノベーションの最終解』玉田俊平太解説、翔泳社、2014年）。既存の製品・サービスに改良を重ね、既存の顧客によりよい製品・サービスを提供するという『正しい経営』が、なぜ優良企業の衰退につながるのだろうか。

　旅行業界においては、異業種からの新規参入によりオンライン旅行販売「ホテルの窓口」が誕生し、楽天トラベルへの合併を経て、2010年には伝統ある大手旅行会社を凌ぎ国内旅行取扱い額が第2位となった。なぜ新しい旅行販売の仕組みは異業種から始まり、大手旅行会社は出遅れたのだろうか。本章では、楽天トラベルを事例に旅行業界におけるイノベーションについて考察する。

2　旅行業における宿泊販売の仕組み

　旅行業は、旅行の素材を提供する宿泊業や交通業（以下、サプライヤー）と消費者の間をつなぐ流通の役割を担う。例えば、大手旅行会社の宿泊販売は、サプライヤーである宿泊施設との契約に基づいて一定数の客室を在庫として預かり、販売することで販売手数料の収益を得ている。宿泊施設側のメリットは、旅行会社各店舗による営業としての機能である。宿泊施設自らが全国に営業網を配置しなくても、旅行会社のブランド力や立地の良さ、営業力を活用することで集客する機会を得られる。そこで、インターネットが普及する前の旅行会社は、消費者に対する販売機会を増やしていくために、積極的に店舗網やコールセンターの整備に力を注いだ。

第2章　観光事業のイノベーション

また、全国どこの店舗でも在庫の状況を共有し、営業時間内の消費者の問い合わせに対して即座に予約の回答を可能とするために、独自のコンピューターシステムを開発し、在庫管理を行ってきた。

　しかし、インターネットの普及は、従来の旅行会社に求められた営業機能に代わる役割を果たすことになる。旅行会社の店舗に頼らなくても、インターネット上で情報を発信し、予約から決済まで行うことができるようになった。ただし、宿泊施設自体の知名度が高くなければ、旅行を計画している消費者が自社のWebサイトにたどり着くのも容易ではない。そこで、宿泊施設は、インターネット上で宿泊をはじめとした旅行関連事業者の情報発信・予約・決済まで行うことのできるプラットフォーム型のサイト（楽天トラベル、じゃらんなど）に自社の客室を掲載して販売の機会を得ることを選択するようになった。

　そもそも、旅行会社の行う予約・販売とは、サプライヤーが直接消費者に提供するサービスを「利用する権利（有体財の利用権）」を扱う。実際のところ、この利用権は、店舗がなくても商品説明や販売ができる。それに加え、旅行パンフレットの紙面よりもインターネットであれば多くの情報をリアルタイムで掲載できることから、オンライン販売が適合しやすいという特徴がある。

　オンライン旅行販売は、インターネット上にサプライヤーの情報を掲載する「場」を貸し、サプライヤーの意思で在庫の管理、価格設定、販売する内容を決定してもらう代わりに、販売手数料を収受する。このようなモデルは、急速に従来の在庫管理型を中心とする旅行会社とサプライヤーとの商習慣を大きく変えていくこととなる。

3 楽天トラベルの誕生と伸長

❖「ホテルの窓口」の開設

　わが国で本格的なオンライン旅行販売が始まったのは1996年の「ホテルの窓口」の開設である。後に国内最大の旅行販売サイトとなるこのサービスは、もともとは造船業の不況の中、日立造船の子会社である日立造船情報システム内の1つの新規事業として始まった。従来、電話やファックスで行われていた出張旅行時のホテル手配を容易にできないかという着想から生まれたのである。システム開発が本業で

23

ある同社にとってWebサイト開発は技術的にさほど労を要するものではない。また、新たに物流機能への投資を必要とするものではなく、自社で保有するパソコンやサーバーを再活用し、システムが組まれたことから開発費用も少ない。システム開発の面から見ると新規参入の障壁は低いものであった。しかし、旅行業は予約システムの開発だけで営業できるものではない。業界では門外漢である同社が新規参入できた要因は、消費者とホテルに対する画期的で新たな便益の提供にある。

　消費者側には、インターネット環境があれば、旅行会社の窓口に行かなくても自宅から24時間、複数のホテルを比較しながら即時予約できるサービスを提供した。また、サービス開始当初から宿泊客同士が情報交換できる掲示板「情報交換の広場」を開設し話題を呼ぶ。宿泊者の「クチコミ」は、消費者の実体験による生の声であり、旅行会社の窓口で得られるものではない。その声が集積することにより旅行サイトが1つのメディアとして生成され、価値を高めていった。

　サプライヤー側には、提供客室の自由度を高め、手数料（システム利用料）を安く設定した。従来の在庫管理型モデルの場合、旅行会社との契約に基づき提供した客室はホテル側が販売したくとも一定期限までは容易に返室はできず、その上販売されなかった客室に対して旅行会社は金銭的負担を負わない契約であった。ところが、「ホテルの窓口」はホテル側が自社で提供客室数をコントロールできる仕組みを提供した。よって、自社で販売可能な場合は提供客室数を減らすことにより旅

【写真2－1　オフィスの片隅に置かれた開発用PCとサーバー】

写真提供：楽天グループ株式会社

第2章 観光事業のイノベーション ❖

会社への手数料を減らすことができ、また売れ残っている場合は、提供客室数を増やすことにより直前まで販売できることから、販売窓口を拡大したいというホテル側の理解が得られやすかった。旅に付加価値を付けて販売するという旅行会社に対して、宿泊施設と消費者を結ぶシステムを提供するというスタンスで旅行業界に参入したのである。

❖ 大手旅行会社のオンライン対応

　旅行業界最大手の株式会社JTBにおいてもインターネットへの取り組みは素早かった。当時はホームページから情報を参照するのみであり、予約・決済ができる販売サイトではなかったが、1995年にWebサイトを開設し、翌年には宿泊商品の情報を掲載した。しかし、インターネットによる流通構造の変化は、従来から旅行会社が培ってきた機能や存在意義を脅かしかねない。よって、あくまでも店舗販売に力点を置き、営業日・営業時間の拡大やグループ会社による出店の加速を積極的に行った。その一方で、販売拡大には営業時間が限られた店舗だけでは限界もあることから、コンビニエンス・ストアの端末による宿泊旅行やレジャーチケットの販売に力を注いだ。当時は、インターネット上でのクレジットカード決済は取引の安全性から日本の商習慣に馴染まないという判断もあり、コンビニエンス・ストアでの支払いを重視したのである。

　こうした中、オンライン旅行販売は機能を充実させながらさらに勢いを増し、また異業種からの新規参入が相次いだ。1999年にはホテル予約に限定していた「ホテルの窓口」が、航空券やレンタカー予約、旅行ルート検索機能を拡充し、「旅の窓口」という総合的な旅行販売サイトに変わっていく。大手旅行会社は、主要顧客である個人観光旅行の分野においても浸食され始めたことから、相次いでオンライン販売の強化に取り組んだ。

　JTBは1998年にWebサイト「JTB INFO CREW」を開設し、会員制を採用することでようやくインターネット上の予約とクレジットカード決済を可能とした。2000年には、ビジネスホテルの間際需要吸収を目的に「e-Hotel」を開設し、提供客室や客室料金の管理をすべて施設側がWebサイト上で行う方式を採用した。しかし、大手旅行会社の対応は遅きに失し、2001年3月期の「旅の窓口」の年間予約取扱額は約200億円と「JTB INFO CREW」の6倍以上の差となっていた。その後、「旅の窓口」の運営は、2000年に日立造船情報システムからマイトリップ・ネットとして分社独立し、2001年6月末時点では、105万人以上の会員ユー

❖ 第Ⅰ部 観光事業のマネジメント特性

ザーを持つまでに成長した。

❖ 楽天トラベルによる統合と性能向上

　楽天トラベルは、1997年創業の楽天における宿泊予約、総合旅行サイトとして、2001年にサービスを開始した。競争が激化するオンライン販売市場において、オンライン旅行販売は特に成長が見込まれる分野である。楽天は、2003年に国内最大の旅行販売サイト「旅の窓口」の買収に成功し、翌年9月に楽天トラベルへ統合した。インターネット・ショッピングとオンライン旅行販売双方の強みを活かした魅力あるサービスは、既存の旅行会社にはないものであり、ますます消費者やサプライヤーに支持され成長していく。

　その1つはポイント・プログラムである。利用金額に応じて付与される「楽天ポイント」は、旅行で貯めたポイントを旅行だけではなく、例えば日用品や特産品などインターネット・ショッピングでも使えるという利便性がある。さらに、楽天グループ株式会社が提供するデジタル・コンテンツや金融など様々なサービスでポイントが使える「楽天経済圏」を形成し、会員がメリットを感じる企画を打ち出すことにより、経済圏内でのサービス利用や回遊性を促進している。実際に約8割近い会員が楽天経済圏内の2つ以上のサービスを利用しているという。また、楽天グループ内だけでなく、提携加盟店などグループ外のスーパー・マーケット、コンビニエンス・ストア、ドラッグ・ストアなどでも「楽天ポイント」が使える。大手旅行会社においてもポイント・プログラムはあるが、当初は貯まったポイントはあくまでも自社の旅行関連商品の購入にしか使えなかった。楽天トラベルは、旅行による消費を生活の中に溶け込ませる仕掛けにより消費者の支持を得ることに成功した。インターネット・ショッピングの普及・定着とともにその魅力は拡大し、ますます消費者に近い存在となっていく。

　もう1つのサービスは宿泊施設への支援である。旅館はもともと家業から始まったところが多く、中小零細企業である場合が多い。よって、システム開発に大きな投資も行えず、情報発信力や商品企画力も大手ホテルチェーンと比較して不足しがちである。楽天トラベルは、消費者への利便性を高めるだけでなく、宿泊施設に対しても便利で販売につながる独自のシステムを開発することで関係を強化していく。ここには、楽天の理念である「エンパワーメント」がある。一般的には「力をつけさせること」と訳されるが、小さな良い商品・サービスに光を当て、自立自走できるよう支援するという考え方である。同社の顧客満足の考え方からすると、最終消

第2章　観光事業のイノベーション

【写真2−2　「楽天トラベルアワード」にて高い評価を得た宿泊施設を表彰する様子】

写真提供：観光経済新聞社

費者だけでなく宿泊施設などの出店者も顧客である。宿泊施設に販売サイトづくりの裁量をある程度委ねることで個性を引き出し、サイトの魅力を向上させ、消費者を旅行へ誘引している。また、宿泊施設のモチベーションを高めるために、評価の高い宿泊施設を毎年表彰する制度（楽天トラベルアワード）も用意されている。

❖ 楽天トラベルの伸長

　消費者と宿泊施設に新たな価値を創造した楽天トラベルは、インターネット商取引の拡大の波に乗り、大きく成長している。予約流通総額は2001年の315億円から2014年には6,380億円まで伸長した。さらに2023年には、同社広報は追認をしていないが、同社の三木谷浩史会長兼社長のSNSでの発言から流通総額が1兆円を超えたことが推測される（図2−1）。2010年度には、日本旅行や近畿日本ツーリストという伝統ある大手旅行会社を凌ぎ、楽天トラベルは国内旅行取扱額第2位になったが、2023年においては、JTBの国内旅行取扱額が4,592億円（2024年3月期決算概要）であったことから、同取扱額第1位になったと見込まれる。

　旅行業界最大手のJTBにおいてもオンライン旅行販売では大きな差をつけられている。JTBは1996年頃からオンライン販売による流通形態の変革を脅威として認識していた。しかし、「インターネットで販売すると店舗で売れなくなる」とい

❖ 第Ⅰ部　観光事業のマネジメント特性

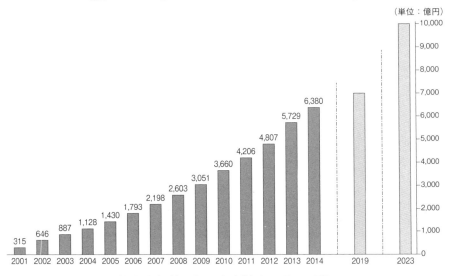

【図2－1　楽天トラベルの予約流通総額の推移】

（単位：年度〔楽天グループの事業年度は1月〜12月〕）

注1）　予約流通総額とは、予約受付ベースのキャンセル前取扱高を示す。
注2）　2001年はマイトリップ・ネットの数値。2002〜2004年はマイトリップ・ネットと楽天トラベル合計の数値。
注3）　2015年以降は楽天トラベル単体での数値未発表のため記載なし。
注4）　2023年の数値は、楽天グループ代表取締役会長兼社長三木谷浩史氏の2024年3月11日「X」投稿コメント「楽天トラベルの年間流通総額が遂に1兆円を超えました。トラベルを始めてから22年、ご愛顧ありがとうございます。」というコメントから1兆円と推測し作成。
注5）　2019年の数値は、楽天グループ2023年決算資料にて、楽天トラベル国内宿泊流通総額が対2019年比で42.5％増加した旨の記載を参考に、2023年の推測値から割り戻してイメージとして作成。
出所：楽天グループ決算資料等を使用し筆者作成

うマーケット不在の社内論理を優先したが故にオンライン旅行販売の対応が遅れ、結果、他のオンライン販売系各社の急速な成長に遅れをとることになった。また、そこには「業界トップである驕り、それ故の変革に対する恐怖」があったと振り返っている（志賀典人・藤崎勝『新たなグループ経営体制の構築』研究叢書No.134経営革新推進実践事例集、一般社団法人企業研究会、2006年）。実際にJTBは2000年代前半に「無視できない存在になった」OTA（Online Travel Agent）台頭の危機感から、成長著しい「旅の窓口」の買収を計画したが、条件面で折り合いがつかず、買収に失敗し楽天が獲得した。当時の役員は、先方からの断

28

第2章 観光事業のイノベーション ❖

> **Column 2 − 1**

イノベーションのジレンマ

第2章

　アメリカのイーストマン・コダック社は1880（明治13）年に創業したアメリカの映像機器メーカーである。1935（昭和10）年にカラー写真フィルムを販売し大成功を収め、業界の名門企業として君臨してきた。しかし、デジタルカメラの普及に向けた対応の遅れから、2012年に米国連邦破産法の適用を申請するまでに至った。

　コダックは、1975年に世界初のデジタルカメラの開発に成功し、早くからデジタル画像の脅威を認識していた。また、日本においても同じく写真フィルムを販売する富士フイルムが、1988年にメモリーカードを使った世界初のデジタルカメラを開発した。コダックのデジタルカメラは商用化には至らなかったが、両社はデジタルカメラ時代を見据えた対応にいち早く取り組んでいたのである。

　デジタルカメラの普及は、両社の主力商品である写真フィルムの販売を減少させ、経営を揺るがしかねない事態となる。デジタルカメラに対するその後の両社の対応は、企業の明暗を分けることとなった。富士フイルムは、キヤノン・ソニーなど日本企業と凌ぎを削りながらデジタルカメラ開発の攻勢を進めていく。しかし、コダックは、あくまでも市場シェアが高く、高収益である写真フィルムにこだわった。そこには、フィルム写真好きの顧客の声に応えていくという既存優良企業ならではの慣行がある。また、デジタルカメラは高価であるため、安価なフィルム写真と共存するというコダックの判断があったが、それが結果的にデジタルカメラへの対応を遅らせたのである。

　その後、デジタルカメラは一気に普及する。その背景には、カメラ性能の向上と低廉化や携帯電話のカメラ機能の進化が影響を与えた。加えて、プリンター印刷技術の向上と低廉化が家庭での写真印刷を可能とし、コダックのこだわり続けた写真フィルムの需要は一気に駆逐されるに至った。このように、デジタルカメラの普及という破壊的イノベーションに直面したコダックは、主力商品である写真フィルムに注力するが故に、新市場への対応が遅れてしまったという"ジレンマ"を抱え、衰退していった。富士フイルムが、いち早く本格的にデジタルカメラ事業に取り組み、その後の発展を遂げたこととは対照的な結果となった。

参考文献：日本経済新聞電子版2011年10月４日、日本経済新聞2012年１月20日

❖ 第Ⅰ部　観光事業のマネジメント特性

りの電話を受けた際、「残念な気持ちである一方で、胸をなでおろし」、他の役員においても「ホッとした表情」を浮かべたように見えたと回顧している（毎日新聞『ネット時代　戦略に迷い』企業報道特集「変革」、2018年12月25日）。変革の必要性を認識しながら、店舗販売に大きな価値観を置いている当時に異を唱えることは簡単ではなく、こうした状況は経営の意思決定においてもジレンマを引き起こすものである。「こうした新たな市場を創造するイノベーションは、組織のあり方や意思決定のプロセス、意思決定の際の価値基準まで変えていかなければできない（高橋一夫編著『旅行業の扉　JTB100年のイノベーション』碩学舎ビジネス双書、2013年）と指摘している。

　なお、JTBはその後法人営業に活路を求め、MICE、地域交流、BPOなど旅行外だけで5,000億円以上の取り扱い（2022年度）を実現することになるが、その詳細は第6章に譲る。

4 イノベーションの理論

❖ 破壊的イノベーションの理論

　イノベーション（Innovation）を『広辞苑』で引くと、①刷新。革新。新機軸。②生産技術の革新・新機軸だけでなく、新商品の導入、新市場・新資源の開拓、新

【表2－1　クリステンセンによるイノベーションの分類】

持続的イノベーション よりよい製品を既存市場にもたらすもの		「既存市場に改良を加えるもの」 既存の製品・サービスで顧客が重視する特性に改良を加えるもの	既存企業が新規参入企業に勝つ可能性が高い
破壊的イノベーション 新しい価値提案を実現するもの	ローエンド型	「既存市場を大きく変えるもの」 過剰満足の顧客をターゲットに安い製品・サービスを提供することで既存企業を浸食	既存企業は新規参入企業にほぼ必ず負ける
	新市場型	「新しい市場を生み出すもの」	

出所：C.クリステンセンほか『イノベーションの最終解』玉田俊平太解説、翔泳社、2014年
　　　を参考に筆者作成

しい組織の形成などを含む概念、と説明する。一般的には「新しい技術やアイデアを取り入れて、世の中に普及・定着することで新しい価値を生み出すもの」であり、種類も様々である。

クリステンセンによると「イノベーション」はまず大きく２つに分類される。１つは、業界の主力企業が環境の変化への対応に成功し企業が存続し続ける「持続的イノベーション」である。もう１つは、成功したビジネスモデルの有効性を破壊するような「破壊的イノベーション」である。さらに、「破壊的イノベーション」は「ローエンド型」と「新市場型」の２つに分類される（**表２－１**）。

「ローエンド型」は、既存顧客が使いこなせる以上に製品・サービスの性能が過剰に上回り高価になりすぎたとき（顧客が過剰満足の状態のとき）に起きる。この際、性能は劣るが既存顧客の求める必要最低限の価値を提供し、しかも競合先よりも低価格で提供する製品・サービスが生まれる。一方で、「新市場型」は既存顧客が無消費・無消費者（消費がない・特定の人しか消費できない）の状況を開拓することから起こる。この際、利便性、新規性、多くの人にとって消費しやすい低価格

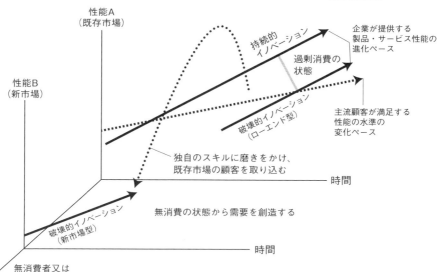

【図２－２　新市場型破壊的イノベーションによる需要創造】

出所：C.クリステンセンほか『イノベーションの最終解』玉田俊平太解説、翔泳社、2014年の掲載図を加筆修正し筆者作成

❖ 第Ⅰ部　観光事業のマネジメント特性

といった既存企業が提供していない「異なる性能」を持つ新しい製品・サービスが生まれる（**図２－２**）。特に「新市場型」が普及・定着してくると大きく世の中の価値観を変えていく。

　では、なぜこうした破壊的イノベーションが生じ、新規参入企業が勝利するのだろうか。クリステンセンは、新規参入企業が「非対称性」を有利に活用するからだと指摘する。具体的には、「非対称的な動機づけ（他社が関心を示さないことを行うこと）」と「非対称的なスキル（他社にはできない自社の製品やサービスの強みを持つこと）」である。既存優良企業は、既存の市場で常に上位市場（より性能の高い製品・サービスの提供）へ向かう動機を持つ。なぜなら、企業は競争にさらされるものであり、その競争に打ち勝ち事業を持続させていくために、顧客の厳しい要求に応え続けるからである。よって、新規参入企業に魅力的な新市場やローエンド市場は、既存優良企業から見ると市場規模が小さく販売単価も低いなど、魅力が低く積極的に取り組む動機に欠ける。ここに、既存優良企業と新規参入企業の間で「非対称的な動機づけ」が現れる。

　また、新規参入企業は、新たなニーズに応えるうちに他社にはできない能力（非対称的スキル）に磨きをかけていく。新規参入企業は、既存優良企業が関心を示しにくい市場を足がかりに、徐々にまたは早い速度で独自の市場を築きながら能力を高めていく。また、徐々に既存優良企業の顧客を取り込みながら、既存優良企業が気づいたときには手遅れの状態まで市場を侵食していくのである。

❖ 旅行業界における破壊的イノベーション

　前述した楽天トラベルの事例は、クリステンセンの新市場型破壊的イノベーションを説明できる。オンライン旅行販売は技術開発当時、出張でのホテル利用という限られたユーザーを対象にサービスが開発された。これは、インターネット予約への不安や店舗利用による手厚い人的サービスを求める既存旅行会社の主要顧客には受け入れられるサービスではなかった。こうした段階では、既存旅行会社は破壊的技術であるオンライン販売の投資へ積極的な関心が向かず、自社の店舗網やコールセンター、店舗とコンビニエンス・ストアとのクロスチャネルという持続的な技術開発を推し進める。これは、主要顧客の声に耳を傾け、自社の強みを活かしたサービスを開発していくという既存優良企業ならではの慣行である。しかし、クリステンセンは既存優良企業の正しい経営慣行が、新規企業の参入を許し、企業経営の失敗につながることを指摘した。

第2章　観光事業のイノベーション ❖

Column 2 − 2

サステナブルな旅行

　国内外で人の移動が拡大する中、将来的な持続可能性を考慮した観光振興が世界的な課題となっている。国連世界観光機関（UN Tourism）では、持続可能な観光（サステナブル・ツーリズム）の定義について、旅行者、地域、観光産業が「現在および将来の経済、社会、環境への影響を十分に考慮する観光」としている。具体的には、観光振興に不可欠な地域資源を環境に配慮し、最適な形で活用すること、受入れ地域側の社会文化、伝統的な価値観を尊重し、安定した雇用や収益の機会をつくることが求められる。また、旅行者側も、地域のコミュニティや環境に対し配慮する旅行者（「責任ある旅行者（レスポンシブル・トラベラー）」）が増え、地域や企業の活動を注視すると共に、観光振興に活かす取り組みに関心が集まっている。

　こうした中、楽天トラベルは、宿泊施設のサステナビリティへの取り組みが一目で把握できる「サステナビリティアイコン」の表示を2022年からスタートしている。アイコンの表示は、「廃棄物」「水資源」「エネルギー」「自然環境」「食」「伝統/歴史」「多様性」「地域貢献」の8つのカテゴリに分かれており、宿泊施設が申告した取り組み内容を基に、サステナビリティへの取り組みが一定の基準を満たしている宿泊施設に「サステナブルトラベルバッジ」を付与し、特集ページでの紹介や検索時に絞り込んで選択できる。また、登録宿泊施設向けにサステナビリティへの取り組みを推進するための「ハンドブック」を作成し公開しており、サステナブルな旅行を宿泊施設と共同で推進している。

　これらの評価基準は、持続可能な旅行と観光のための世界基準を設定、管理しているGSTC[注]の基準を元に自社で独自に作成しており、より多くの宿泊施設の取り組みを掲載できるよう働きかけていきながら、観光地や宿泊施設の持続的な成長と発展、地球環境の保全に取り組んでいる。

[注] GSTC：グローバル・サステナブル・ツーリズム協議会。持続可能な旅行と観光のためのグローバルスタンダードであるGSTCクライテリア（基準）を設定、管理している国際非営利団体。

　その後、破壊的技術であったオンライン旅行販売は、その利便性から出張利用のみならず、個人の観光旅行利用まで対応できるよう性能を上げていく。そこに至るまでには、ポイント・プログラムの充実や宿泊割引クーポンなど、既存旅行会社に

❖ 第Ⅰ部　観光事業のマネジメント特性

ないスキルが磨かれていく。さらに、宿泊施設等サプライヤーにも裁量権を与え使い勝手の良いシステムを提供していく。こうして無消費から新市場を創造してきたサービスが上位市場へ移行、すなわち既存旅行会社の主要顧客に浸透していく段階で、既存旅行会社も本格的にオンライン旅行販売に参入した。しかし、既に大きく出遅れ、業界の構造を大きく変えるまでに至った。

5 おわりに

「イノベーション」とは、これまで見てきたように単に発明や特許等、技術の問題だけではなく、その技術をいかに経営に活かしていくかという「意思決定」に大きく関わっている。本章で取り上げた破壊的イノベーションの理論は、クリステンセンの長年にわたる企業の観察から、イノベーションに直面した際の新規参入企業や既存優良企業に見られる行動パターンを整理したものである。そこには、新規参入企業の戦略と優良企業ならではの経営慣習が鋭く観察されている。わが国のインターネット黎明期の旅行業界における破壊的イノベーションもまたその１つであろう。

　グローバルな競争が激化する中で、真の観光立国となるためには、観光事業の競争力強化が欠かせない。そのためにも、絶え間のない観光事業におけるイノベーションへの挑戦とともに、イノベーションを起こす人材の育成が欠かせない。

？考えてみよう

1．なぜ既存優良企業が新規企業の参入により衰退するのか、クリステンセンの理論から説明してみよう。
2．持続的イノベーションと破壊的イノベーションを起こした他の企業のビジネス事例を挙げてみよう。
3．2．で挙げた破壊的イノベーションの事例は、ローエンド型だろうか、新市場型だろうか。その理由も考えてみよう。

次に読んで欲しい本

玉田俊平太監修『クリステンセン教授に学ぶ「イノベーション」の授業』翔泳社、
　2014年

第2章　観光事業のイノベーション ❖

高橋一夫編著『旅行業の扉　JTB100年のイノベーション』碩学舎、2013年

三木谷浩史『楽天流』講談社、2014年

第**3**章

観光事業の
グローバル経営
—JTB Asia Pacific
グローバル戦略の展開

1 はじめに
2 国際観光市場の環境の変化
3 アジアにおけるJTBのグローバル戦略
4 グローバル経営理論と観光事業
5 おわりに

❖ 第Ⅰ部　観光事業のマネジメント特性

1 はじめに

　多くの日本人が海外旅行で現地の異文化や人々の考え方に触れ、感動や驚きを覚えることがあるだろう。逆に訪日外国人旅行者が日本国内にやってきて、楽しんでいる姿を見かけることも日常的な光景となった。国際的な相互理解や文化交流など、社会的価値の視点からも観光の存在感は大きい。観光を事業として捉えると、旅行者が訪れる地域においては、観光関連産業、すなわち宿泊・飲食・物販・エンタテインメント等の事業者や、発地側の旅行会社からの依頼で旅行先のホテル・飲食などの旅行素材を包括して予約・手配する旅行会社（ランドオペレーター）が、訪日外国人旅行者の受け入れ（インバウンド）を行っている。一方で、海外から日本を訪問する旅行者を送り出す（アウトバウンド）機能を持っている交通機関や旅行会社は、発地側でそのビジネスを展開する。

　改めて、各地域の旅行者の増減等の変化に対応して、受け入れ体制や送り出す機能を整えるビジネスの仕組みを考えると、商習慣の違う海外企業との連携をしたり、文化や属性の異なる人々のニーズを把握したりすることは容易ではない。しかし、海外の企業や消費者との取引を成立させるのは苦労が多いのも事実だが、国内の市場縮小を考えると、観光事業の成長にはグローバル市場は魅力的な領域である。そのために本章では、最初に近年の国際観光市場と旅行業界の状況がどのように変化しているのかを把握する。次に、訪日外国人旅行者の増加だけに頼るのではなく、海外拠点の機能を活用した旅行会社のＪＴＢグループ（以下、JTB）の事例を通して、グローバル経営の実際を見ていくこととする。

2 国際観光市場の環境の変化

❖ 観光消費の拡大

　日本国内では、人口減少や少子高齢化が進む中、2007年に観光立国推進基本法が施行され、交流人口の拡大と地域の発展を基盤とした我が国の成長戦略の柱として、観光産業が期待されるようになった。その翌年には観光庁が設置され、観光立

国実現に向けた施策を強力に推進するための組織として、その役割を果たしている。東日本大震災（2011年）の影響やコロナ禍の期間を除き、旅行者数の増加とそれに伴う観光消費は近年、安定した成長を続けてきている。

　観光庁によると、コロナ禍前の2019年には、日本国内の雇用環境の改善やLow-cost carrier（LCC）を含めた海外航空路線の充実等、海外旅行が容易な環境整備が進んだことから、20代女性の旅行者数が大幅に増加、訪日旅行の増加と対を成す形でアジアへの旅行者数が厚みを増し、日本人海外旅行者数も初めて年間2,000万人の大台に乗った。

　またUN Tourism（世界観光機関：2024年1月に略称をUNWTOから変更）は、コロナ禍前にアジアの国々を訪れる国際旅行者到着者数は10年連続で増加して2019年にはその数が3億6,200万人に達し、特にその中でも東南アジアは前年比8％と高い伸びを示すとしている。図3－1に示した年代別の方面別日本人海外旅行者数の変化においても、2010年からの10年間に台湾、香港、タイ、ベトナムなど東南アジアの国々を訪れる旅行者数が著しい伸びを示している。また、コロナ禍が沈静化した2022年のASEAN主要6か国の実質GDP成長率は、インドネシア

【図3－1　年代別にみた方面別旅行者数の変化（2010年と2019年の比較）】

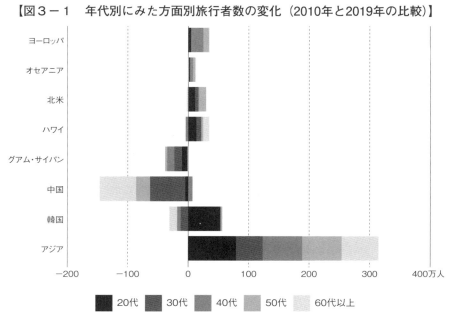

出所：『JTB REPORT　2020日本人海外旅行のすべて』のデータから筆者作成

❖ 第Ⅰ部　観光事業のマネジメント特性

（+5.3%）、タイ（+2.6%）、マレーシア（+8.7%）、シンガポール（+3.6%）、フィリピン（+7.6%）、ベトナム（+8.0%）と各国で前年から加速し、総じて高い成長率となっている（経済産業省『通商白書2023年版』）。こうした市場環境から、日本の旅行会社が海外進出するにあたっては、東南アジアが有力な地域となっている。

❖ 旅行業界の状況

　国内外の観光需要が成長を遂げている一方で、図3－2に示すように、JTBを含めた日本の従来型の主要旅行会社（オンライン予約を事業の中心としていない店舗と渉外営業をメインの形態とする旅行会社）は、市場に対する取扱いシェアを年々減少させている。

　その原因は、航空会社やホテルが自社サイトからの予約画面の操作性の向上や口コミ情報機能の充実により、旅行会社を通さない直接予約を重視したこと、および消費者自身がSNS等のデジタル媒体から旅行先情報の収集が容易になったことで、従来型の旅行会社を利用しない消費者が増えたことにある。更に、ネット専業の旅行会社（OTA）との競争もその一因である。消費者も便利なネットでの予約に急速にシフトしており、従来型の旅行会社は変革を迫られていた。

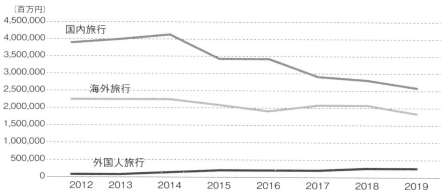

【図3－2　主要旅行会社の部門別取い扱額の推移（コロナ禍前）】

出所：観光庁観光統計「旅行業者取扱額」資料に基づき筆者作成（主要旅行業者2012年～2013年58社、2014年50社、2015年～2016年49社、2017年50社、2018年49社、2019年48社）

第3章　観光事業のグローバル経営

3　アジアにおけるJTBのグローバル戦略

❖ JTBの海外拠点の展開

　前述した市場環境の変化にあって、日本国内の消費者への価値を提供できること、つまりネット予約やOTA等との差別化を実現できる手段の1つが、海外旅行中の安全・安心を担保できる自社海外拠点ネットワークの存在である。

　東日本大震災や台風等の災害時や海外での交通事故等、楽しいはずの海外旅行時の予期しない状況に、JTB等の旅行会社の海外拠点は大きな役割を果たしている。筆者が赴任していたJTBタイランドでも不幸にして起こってしまった交通事故等の際には、間髪を入れずに現地情報の収集、関係者との連絡等の対応を行い、日本国内の関係者への安心を提供した。

　今西（2015）はJTBの海外拠点の展開について、市場の変化に合わせて同社が、どのような特徴的な取り組みをしてきたのかを述べている（今西珠美「ジェイティービーのグローバル戦略」『流通科学大学論集―流通・経営編―』第27巻第2号、pp.169-193、2015年）。JTBは、旅行会社の海外進出の先駆けとして、日本人海外旅行市場の拡大する需要をターゲットとした時期、すなわち1970年代か

【写真3-1　観光時の集合場所で使用されたJTBロゴ（タイ・チェンマイ市近郊の寺院）】

写真提供：筆者撮影（2017年）

❖ 第Ⅰ部　観光事業のマネジメント特性

ら2000年代までは、欧米を中心とした地域に自社海外拠点を拡大し、日本的なサービスを日本人海外旅行者に提供してきた。この日本的なサービスとは、現地の醍醐味・現地ならではの観光素材を楽しんでもらうために、海外であっても快適に過ごすことができるよう、不自由や不安を軽減し、日本人の好みに合わせたサービスである。例えば、宿泊の手配では、日本語対応可能なスタッフが常駐し、日本語放送のテレビ番組を視聴できる清潔なホテルを探し、シャワーだけではもの足りないためバスタブ付きツインルーム手配を確約するといった、きめ細かな配慮・心遣いを含むようなサービスである。同社の現地参加型のオプショナルツアー「My Bus（マイバス）」も日本的サービスの1つである。世界各国を訪れても日本の旅行者にわかりやすいJTBのブランドによる現地企画商品として、半日観光や日帰り観光のパッケージツアーを造成している。日本国内のJTBの知名度を活かし、**写真３－１**のように日本で見慣れたロゴの表示は、旅行者の海外での不安を軽減する取組みとなっている。

　日本市場の縮小に危機感を持つJTBは、2010年代に入ると、資金力によって海外拠点網の拡大をスピードアップし、現地企業とのM&A・合弁を通じた現地商品の開発力の強化・企画力の高度化を進めた。特に2010年から2015年の5年間に230億円以上を投資し、東南アジアではスターホリデーマート社やシンガポールアライブ社、ダイナスティインターナショナル社（いずれも本社・シンガポール）の株式を取得、ミャンマーポールスタートラベル＆ツアーズ社（本社・ヤンゴン）と合弁会社を設立した。この頃からJTBは日本国内のマーケット縮小に対応するため、M&Aや合弁先企業の現地人材によって現地マーケットの開発と浸透を強化するため、段階的なグローバル展開による戦略の実行に着手した。

❖ JTBのグローバル経営環境

　日本の旅行会社の海外進出は、古くは1950年代から始まった。1980年代にはプラザ合意後の円高の影響による日本人の海外旅行ブームへの対応等、日本の旅行会社が必要に迫られて海外進出を拡大した時期を迎えた。なかでもJTBは早くから海外進出し、コロナ禍の影響を受け拠点数を縮小した現在（2023年9月30日時点）でも、海外35の国と地域の80都市に、自社ネットワーク159拠点を展開している。

　近年のJTBのグローバル戦略について、今西（2015）は2000年代以降の同社の経営体制改革の中で、企業の成長戦略として地域交流ビジネス戦略・ウェブ戦

略・グローバル戦略の３つが相互に関連し、対象市場に合わせた価値創造を実行する組織を目指すという全体像を明らかにしている。JTBは2006年の日本国内での分社化を含めた同社の経営改革とともに、グローバル化を促す４つの要因、すなわち、①旅行市場の変化（日本市場の縮小化）、②旅行形態の変化（団体旅行から個人旅行へ）、③流通構造の変化（オンラインでの消費者からの直予約）、④業界構造の変化（OTAの台頭）に対応するため、グローバル事業を「海外における日本からのインバウンド（在外拠点を基準にした旅行者の流れ）以外の業務」と再定義した。これは、それまで取り扱いが少なかった海外から日本への送客、つまり「海外拠点にとってのアウトバウンド業務」に加えて、「海外拠点間のアウトバウンド／インバウンド両業務」という新事業を、新たなドメインとして目指すということを意味している。そのためJTBの海外事業会社は独自に市場分析・マーケティング活動・商品造成・販売・現地運営等の業務を推進することになった。つまり各国のローカルマーケットの取り扱いを本格化する方向性を表明し、その実現のために海外拠点間のネットワークの強化と、日本に依存しない自立性が海外事業会社に求められたのである。

❖ タイ・チェンマイ近郊の宗教的祭事を素材とした商品開発

皆さんは、タイの伝統的なロイクラトン祭り・コムローイ上げ（ランタン）をご

【写真３−２　イーペンランナー・ワットドイティ夜空のランタン】

写真提供：タイ王国ランプーン県ワットドイティにて筆者撮影（2017年）

❖ 第Ⅰ部　観光事業のマネジメント特性

存知だろうか。日本の精霊流しに似ている部分もあるが、タイ東北地方にあった古都「ランナー」の王朝時代に広まったと言われる宗教的なお祭りである。

　一斉にランタンを上げる光景は素晴らしく、ディズニー映画の「塔の上のラプンツェル」のワンシーンでも有名である。

　儀式の計画・実施に当たっては、チェンマイ近郊の地域でのみ行政からの許可制で開催可能となっている。上空へ多くのランタンが飛散するので、チェンマイ空港の約4～5時間にわたる航空管制停止と連動するためである。

　JTBが2017年から主催するイーペンランナー・ワットドイティ（ドイティ寺院で実施する宗教的なお祭り）のパッケージツアーは、地元ランプーン県の知事も参加して、タイの人たちと一緒に交流するお祭りが商品の中心となっている。これは、日本の旅行業法における旅行主催（募集型企画旅行）を意味するだけではない。タイ国内で歴史的に受け継がれてきたYee Peng Lanna（イーペンランナー）という宗教的な儀式を寺院に依頼し、それを中核としたお祭りそのものも主催するのである。現地法人であるJTBタイランドが現地の行政、寺院、地元の観光協会・高校・各種団体、イベント制作会社を統括する。参加者が千名を数えるお祭り全体の企画・運営、収支に対する責任、アジア各国とタイ国内からの集客も行う。こうし

出所：JTB Thailandの資料をもとに筆者作成

第3章　観光事業のグローバル経営 ❖◆

たビジネススキーム（事業を推進するための仕組みや体制）を、現地スタッフを中心に自社で構築している（**図3-3**参照）。

　図3-3の灰色部分で示されるセクションやチームのメンバーは、タイ国内のマーケットおよび現地のランドオペレーションをよく理解するローカル人材で構成されており、このビジネススキームを進めるメンバーの中心となっていた。

❖◆ JTBアジア・パシフィックグループのグローバル戦略

　JTBは2010年にグループ本社内に設置されたグローバル事業本部が、アジア各国の拠点同士での連携、各拠点での旅行者ニーズ把握、現地独自の商品開発と運営機能を成立させるために、本社から現地法人への権限移譲を進めていた。JTBが置かれた環境やグローバル経営方針から、権限移譲された現地法人であるJTBアジア・パシフィックグループおよびJTBタイランドが現地法人として果たすべき重要なポイントは3つある。

　その1つは、イーペンランナー・ワットドイティのように、タイ特有の体験プログラムを構築しJTBタイランドの独自性を持つことである。前項で紹介した新商品開発のビジネススキームを基盤として、幅広いコンテンツ開発を行うことが求められている。

　2つ目は、タイを旅行目的地とする日本およびそれ以外の第三国からの旅行者に対し、それぞれの国・民族のニーズに合ったランドオペレーション業務が実施できることである。日本やアジア各国からのインバウンド旅行の取り扱いだけでなく、タイ人の国内旅行取り扱いなど、旅行行動は国籍、民族によって異なるため、同一の内容で取り扱うことはできない。寝食・衛生・安全などの旅行における基本的欲求や旅行日数・形態・価格帯などの嗜好性は、それぞれの旅行者ごとのニーズに提供する内容をフィットさせ、保証していくことが求められる。こうしたオペレーションをタイ人同士の交渉で取りまとめていくことが必要で、ローカル人材の育成が求められている。

　3つ目は、上記の2点を日本本社に頼らずに、現地法人が「ひと・もの・かね」の経営資源を負担し、独立しての経営が展開できることを求められている。しかし、完全に自立した現地経営を行うことは異文化への適応などで時間もかかり容易ではないことから、どうしても本社からの指示や意見は出てくる。そのため、本社と在外拠点との役割分担やそれに見合った機能は何か、それを完成していくためのプロセスをどうしていくのかなどの議論と実行が必要である。

45

❖ 第Ⅰ部　観光事業のマネジメント特性

Column 3 - 1

職場の多様性

　経済産業省では、ダイバーシティ経営を「多様な人材を活かし、その能力が最大限発揮できる機会を提供することで、イノベーションを生み出し、価値創造につなげている経営」と定義している。「多様な人材」とは、性別、年齢、人種や国籍、障がいの有無、性的指向、宗教・信条、価値観などの多様性だけでなく、キャリアや経験、働き方などの多様性も含む。皆さんも近年はダイバーシティやLGBTQという言葉を目にするだろう。

　ところで、タイには性別が18種類あるという俗説を、タイ現地勤務時に多くの社員に確認してみたところ、「そうだけど、それが何か？」という反応だった。性別に関する多様性を既に認めている社会では、それが常識である。逆に外部から来た人々の常識とのギャップが様々な問題を生むことを、理解するべきであろう。

　タイ国民の多くはお互いにそれぞれの働き方を認め合うが、グローバル経営の観点や人材活用の観点では、その働き方をどのようにとらえるべきか悩ましい部分である。

　たとえば、ジョブホッピング（転職）の増加は、海外に限らず日本でも多くなっているが、タイでは低賃金が不満で辞めるし、給料が上がれば次の転職先への交渉材料になるので辞める。大雨の多い地域ゆえ、朝の通勤時間帯に豪雨になると、始業時間を2～3時間遅らせることが多く、終業時間は変わらない。交通渋滞や電車遅延が尋常でないため仕方ないのである。日本本社との共同業務等も日本人同士の締め切りの感覚で行うと大変である。2～3日遅れでもマイペンライ（仕方ないね）の精神が根付いているので、この文化を乱すと組織内で反乱が起きかねない雰囲気だ。日本には日本の、タイにはタイの固有の文化があることを忘れてはいけない。

　余談ではあるが、JTBに限らず様々な企業の現地拠点の駐在員の間では、本社の無理解とイラダチを起因とする現地経営に対する口出しのことをOKY（O（お前が）K（ここへ来て）Y（やってみろ））という共通の隠語で表現する。この事象は、それほど両者の間に意識のギャップがあることを示している。

第3章　観光事業のグローバル経営 ❖

4　グローバル経営理論と観光事業

❖　グローバル経営と観光事業

　単に海外進出するだけではなく、現地マーケットを把握し、取引先を開拓しながら、人材教育を行うことが必要になる等、グローバル経営は様々な要素が求められるが、日本の消費者に特化してサービスを提供してきた観光事業において、JTBのように、旅行会社が事業戦略・組織体制に適応させる場合、どのようにとらえるべきかを考察する必要がある。

　浅川（2003）は、「世界市場を単一市場として捉え付加価値活動を1か所で集中的に行い、経済効率性や規模の経済性を享受する戦略」や「いくつかの機能領域において世界規模のオペレーションを標準化し、かつ世界中のオペレーションを統合するマネジメント」がグローバル経営の定義に含まれるとしている。

　日本人海外旅行者に向けて日本的サービスを提供するだけなら、旧来の旅行会社の海外拠点の機能でも対応できた。しかし、日本人以外のマーケットへの対応を含むグローバル経営は、日本とは違う文化や情報で育まれたニーズに対するサービス提供や経営課題への業態変革が求められる。具体的には、日本人の海外旅行の受け入れのために開設した旅行会社の海外拠点が、どのようにローカルマーケットを開発するのか。そのために現地で雇用する人材を活用し、独自の商品開発やマーケティング活動および新たなランドオペレーションのための取引先拡大を行うことが求められている。旅行会社の海外拠点に求められる役割と機能は大きく変化したと言えるだろう。前述のJTBの例では、同社がどのようにグローバル経営における組織と戦略を実行してきたのか、I-Rフレームワーク（Integration-Responsiveness framework）を用いて説明する。

❖ グローバル経営分析のフレームワーク

　グローバル経営においては、グローバル本社と現地法人との間の集権・分権の問題、つまり経営資源の最適な配分や、各組織における効率性の追求などを目的としたグローバルな統合と現地のナレッジの利用や、迅速な意思決定を狙うローカルへの適応についてバランスをとる必要がある。

47

❖ 第Ⅰ部　観光事業のマネジメント特性

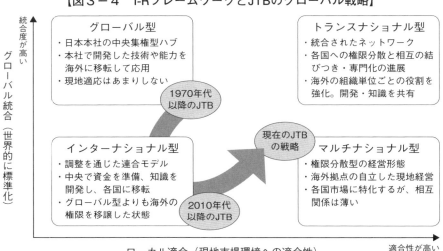

【図3－4　I-RフレームワークとJTBのグローバル戦略】

出所：C.A.バートレット／S.ゴシャール『地球市場時代の企業戦略　トランスナショナルマネジメントの構築』吉原英樹監訳、日本経済新聞社、1990年を基に筆者作成

　グローバル経営に関しては、多くの先行研究があるが、バートレットとゴシャールの多国籍企業の「戦略と組織のモデル」を類型化した理論、I-Rフレームワークを用いて考えてみよう。

　I-Rフレームワークは、日本の多国籍企業にみられる「グローバル型」、アメリカの多国籍企業にみられる「インターナショナル型」、ヨーロッパの多国籍企業にみられる「マルチナショナル型」、そして、それらの統合モデルである「トランスナショナル型」の4つの型を説明している。

①　グローバル型（中央集権型ハブ）

　日系企業に多い、新技術による効率化や規模による競争優位を築く戦略で、コスト上の優位性と品質の保証を重視する必要がある。したがって、新規商品開発、流通、商品提供に向けて日本の本社によるコントロールが行われ、この戦略を実現するためには「日本本社の中央集権型のハブ」と呼ばれる組織を構築する。

　JTBが1970年代以降、海外拠点数を拡大し、現地受入れ機能を強化した例がこれに該当する。この戦略は日本人の海外旅行者に対応した場合は良かったが、様々な国籍のターゲット顧客に対して、満足度の高いサービス商品を現地の受け入れ体

第3章　観光事業のグローバル経営 ❖

Column 3 − 2

グローバル経営の法務と税務

　日本の国税庁のWebサイトには、18世紀のアメリカ独立戦争は母国イギリスの不当な課税が原因で始まったことや、納税の義務は法律だけでなく「憲法」でも定められていることが掲載されている。その国の法律遵守（コンプライアンス）や、適正に税金を納めることは、事業を運営する前提条件であるが、経営課題に直結する場合も多い。

　タイでは主に、国際会計基準（IFRS）のタイ版TFRS（Thai Financial Reporting Standard）が適用されているが、税務に対応した会計基準となっている。

　一方、日本の会計基準は管理会計を主体として発展してきたため、財務諸表のPL（損益計算書）やBS（貸借対照表）の形式が異なるのである。日本本社を中心とするグローバルな経営管理のために、タイの現地法人では会計・経理担当者（多くの場合、タイ人社員）が、タイの株主と日本の株主（多くの場合、日本本社）と両方に対応する財務諸表を作成する必要があるということである。作業量が多く面倒なため、日系企業での会計担当者の離職率は総じて高い。

　また、日本の会社法に当たるタイの民商法典は、明文化されていない運用規則が多い。たとえば、旅行業の現地会社は、法人株主が認められず、一般個人の株式保有（株を購入）が規則となっている。つまり、大規模な外国企業が設立できないようにした国内産業保護政策が背景にあるのだ。これは、タイ人個人に会社を乗っ取られる危険と隣り合わせである。更に、株式の第三者割当の制度がないため、資金が枯渇しても増資ができない。資金調達手段が金融機関等からの借入金に限定されると、新規事業の開発には融資してもらえなかったり、資金繰りに新たなローンが組めなかったり、経営状況が困窮するケースも少なくない。更に、多くのサービス業の従業員の採用に関しても、タイ人の雇用が優先で、日本人1人を現地で就業させる場合は、タイ人従業員4人を必ず雇用しなければならないのである。

　日本ではコンプライアンスを改めて重視しているが、対象法令の理解があってこそ、である。グローバル経営における、コンプライアンスは重要課題である。

制を調整しながら進めることは、非常に厳しい条件となる。

❖ 第Ⅰ部　観光事業のマネジメント特性

②　インターナショナル型（調整を通じた連合）

インターナショナル戦略は、他国を圧倒する資金・技術で、現地に経営責任を委譲するが、高度な経営システムと本社の専門職スタッフを通じて総合的なコントロールを維持し、新しい製品、プロセス、アイデアについては本社に依存する度合いが高い「調整を通じた連合」と呼ぶモデルである。2010年以降のJTBの2010年代の積極的なM&Aや合弁によるグローバルネットワークの構築による現地進出・拡大後の状況は、そのような総合的なコントロールと並行して依存・調整を完全にコントロールする必要に迫られる。更には、旅行事業のような業界参入が比較的容易な観光事業は、各国における各種の産業保護政策等、法令による規制・商習慣での障壁等の課題も大きく、現実的には、この戦略を採用することは、難易度が非常に高く難しいと考えられる。

③　マルチナショナル型（権限分散型の統合）

マルチナショナル企業は、市場を確保するために、各国に海外拠点を築き、様々な各国市場のニーズに応えるために、商品供給とマーケティング戦略を柔軟に変更するモデルである。前述のJTBタイランドの事例のように、この戦略に沿って構成する組織および経営の形態は、それぞれの主要市場に焦点を絞って経営を進める独立性の高い各国拠点を、ゆるやかにまとめる日本本社が基盤となる。本国本社と各国支社との連携は、資金の流れがほとんどであり、知識の開発、維持は各部門に任される。新規市場や新たな商品の開発が求められる今後の旅行会社において適した戦略と考えられる。

④　トランスナショナル型（統合されたネットワーク）

バートレットとゴシャールは、多くの多国籍企業は、グローバル、インターナショナル、マルチナショナルの形態から、トランスナショナルの形態へ移行するという仮説を提示している。成功のためには、効率性、各国対応、世界規模の学習のいずれか１つを追求するのではなく、三つの能力を同時に実現することが求められているとし、その理想形として、「統合されたネットワーク」という組織モデルをP&Gやフィリップスのケースを用いて示した。各国、各地域で革新に取り組む研究機能やマーケティング部門は、相互に関連し、資源と能力を分配し、真の国際企業を築き上げることとしたのである。JTBを含めた旅行会社のみならず観光産業のグローバル経営が最終的に目指すのはこのような状況に到達し、維持し続けるこ

第3章　観光事業のグローバル経営 ❖

とである。

5 おわりに

　日本の企業が海外進出を図る場合、本国の延長線上の事業を行うことが多い。だがJTBは、早くから世界に視点を移し、現地の異文化の相違性を理解して活用するという強みをグローバル戦略の中心に据え、経営拠点をネットワーク化し、既存事業を活用しながら新市場・新商品開発を推進した。

　その一例として、タイ北部（チェンマイやスコータイ等の古都）発祥の宗教的儀式や祭りが発展し、700年前の首都Lannaにちなんだ「イーペンランナー」というインバウンド型のイベントを企画・集客・運営し、独占的な旅行商品を造成したケースの事業モデルを紹介した。入念な市場調査とターゲットの選定、そこにマッチする商品開発に必要な現地ネットワークを構築することが重要なポイントになることは言うまでもなく、アジアで狙うターゲットは、国内近隣・国内遠方・近隣外国・グローバル本社国内等の広域に在住する消費者にすることが不可欠であるが、事前情報の理解度が違う属性の消費者でもある。更に、今回のケースの場合、宗教的儀式というセンシティブなコンテンツであることから、現地の人々に対するリスペクトや現地事業者への様々な共有が前提条件であり、従来とは異なる新たなネットワークを構築する必要がある。

　日本人向けの現地企画商品「My Bus」や「イーペンランナー・ワットドイティ」の事業モデルで示したように、変化する各国市場のニーズに応えるために、JTBは海外におけるネットワークを進化させ、商品供給とマーケティング戦略を柔軟に変更するモデルであるマルチナショナル戦略を採用してきたのである。

？考えてみよう

1．観光に対する各国の旅行者のニーズ（国と地域別の観光の目的、満足したこと・次に来た時にしてみたいこと等）の分析結果を日本政府観光局（JNTO）のWebサイト等で調べてみよう。

2．海外で働く場合に気を付けたほうが良いと思うことをダイバーシティ（国籍・年齢・障がい・性的指向・宗教・価値観・キャリア・経験・ライフスタイル）の観点から、関連する情報を集め、再考してみよう。

51

❖ 第Ⅰ部　観光事業のマネジメント特性

3．国内の旅行会社のWebサイト（企業情報や経営計画）で旅行事業以外にどの
　　ような新事業開発や多角化を進めているのか調べてみよう。

次に読んで欲しい本

浅川和宏『グローバル経営入門』日本経済新聞出版、2003年

今西珠美『旅行企業の国際経営』晃洋書房、2001年

高橋一夫編著『旅行業の扉　JTB100年のイノベーション』碩学舎、2013年

第**4**章

観光のマーケティング・マネジメント
―聖地巡礼の道「熊野古道」に
外国人旅行者を呼び込む

1 はじめに
2 「熊野古道」のマーケティング
3 旅行目的地マーケティング
4 おわりに

❖ 第Ⅰ部　観光事業のマネジメント特性

1　はじめに

　地域の人たちが、日本国内や海外からの旅行者を呼び込むとき、何をすべきだろうか。必要なのはマーケティングである。みなさんも、テーマパーク・旅行会社・ホテル・航空会社などの広告を目にしたことがあるだろう。こうした広告は、マーケティングの一部にあたる。

　マーケティングというと、広告だけを想像する人もいるかもしれないが、実際にはもっと多くの活動が関係している。具体的には、旅行商品を企画したり、幅広い価格帯のサービスを用意したり、予約する場所や方法を決めるのもマーケティングである。そうした活動がうまく組み合わさったとき、旅行者を呼び込むことができる。

　近年では、観光事業を行う企業（テーマパークや旅行会社など）だけでなく、地域における観光事業でもマーケティングが活用されるようになってきた。地域の人たちが遠方に住む消費者（旅行者）に向けて行うマーケティングを「デスティネーション（以下、旅行目的地）マーケティング」という。マーケティング・マネジメントは、マーケティングの実施主体が、マーケティングを計画し、実行し、うまくできたかどうかを評価する一連のプロセスを指す。

　それでは、旅行目的地において、誰がどのように旅行目的地マーケティングを計画し、実行しているのか。本章は、旅行目的地マーケティングのマネジメントについて解説する。

2　「熊野古道」のマーケティング

❖ 組織設立の背景

　和歌山県田辺市は、和歌山県南部に位置する人口6万7千人余り（2024（令和6）年3月末現在）のまちである。田辺市とその周辺エリアは、2004（平成16）年に「紀伊山地の霊場と参詣道」としてユネスコ世界遺産に登録されたことで、世界的に注目を集めるようになった。

54

第4章 観光のマーケティング・マネジメント

　紀伊山地には仏教（高野山）、神道・熊野信仰（熊野大社・熊野速玉大社・熊野那智大社の3社と青岸渡寺・補陀洛山寺の2寺からなる熊野三山）、修験道（奈良県の吉野・大峯）などの霊場が点在している。それらの霊場を結ぶ複数の参詣道が「熊野古道」と呼ばれる。熊野古道は千数百年の歴史をもち、中世の皇族・貴族らの熊野詣の参詣道として利用され、江戸時代には多くの庶民も参詣道を歩いたと記録されている。1980年代以降には熊野古道の修復が進み、保存と活用が求められていた。

　田辺市中心市街地は、熊野古道のうちの3つの道（紀伊路・中辺路・大辺路）の分岐点に位置する。特に、中世の主要参詣道であった中辺路は、田辺市中心市街地から熊野本宮大社まで、田辺市を東西に貫くように続いている。そのため、田辺市は中辺路を中心とした熊野古道で、ロングトレイル（「歩く旅」のために作られた道を歩きながら、地域の自然・歴史・文化に触れること）による観光振興を進めようとした。

　熊野古道の観光振興を進めた組織は、田辺市熊野ツーリズムビューロー（以下、ビューロー）であった。ビューローは当初、2006（平成18）年に任意団体として設立されたが、後に観光庁が推進する「日本版DMO」（Destination Management

【図4−1　熊野古道と周辺の地図】

出所：田辺市熊野ツーリズムビューロー提供

【写真4－1　田辺市熊野ツーリズムビューローの外観】

写真提供：田辺市熊野ツーリズムビューロー

/Marketing Organization）に登録された。DMOとは観光地域づくりを進める地域の中核組織である。その役割は、持続可能な観光地域づくりにむけて、地域の多様な組織や住民をたばねて活動をマネジメントするとともに、地域外の消費者にマーケティングを行って、旅行者として誘客することである。ビューローによる観光地域づくりの取り組みは国内外で高く評価されている。ここでは、その取り組み内容を概観する。

❖ 戦略策定とターゲット設定

　ビューローが設立された頃、熊野古道に観光公害が広がっていた。世界遺産登録によって観光バスが何十台も押し寄せるようになり、住民たちの生活空間にまで多くの旅行者が入り込んできた。熊野古道の路面は革靴の底やハイヒールのかかとで削られて、その後の雨で道が崩れていった。熊野古道を歩き終えた旅行者は、再びバスに乗り込んで別の地域へ移動してしまい、宿泊施設の利用増にはつながらない状況であった。

　こうした状況を改善すべく、地域住民、田辺市役所、ビューローが話し合いを進め、観光戦略の基本方針を策定した。その方針は、田辺市が①世界遺産登録による観光ブームをつかもうとしたり、団体旅行者を呼び寄せるために乱開発を進めたり、地域経済への大きな効果を求めたりしないこと、②熊野古道・熊野三山のルーツを

守り、その意味を理解してくれる個人旅行者を呼び込むこと、③地域の自然・居住環境を保つことで、地域経済への効果は小さくても、その効果を長期間にわたって生み出せるようにすることであった。田辺市はこの方針にもとづいて、「世界に開かれた持続可能で質の高い観光地（観光地域）」をつくることを目指し、ビューローがそれを実現するための取り組みを担当することになった。

　それでは、熊野古道のような参詣道を何日も歩き、霊場を巡る旅を楽しむ人は、どんな人であろうか。それは、旅慣れた海外の個人旅行者（Foreign Independent Travel：FIT）である。特にヨーロッパ・アメリカ・オーストラリア（欧米豪）のFITであれば、宗教的にも聖地巡礼になじみがあり、熊野の歴史・宗教・自然にも関心をもって楽しんでくれるのではないかと考えられた。2004年に「紀伊山地の霊場と参詣道」が世界遺産に登録されたことは、熊野古道の価値を伝えて欧米豪の人々を呼び込む格好のチャンスでもあった。こうして、熊野古道に欧米豪のFITを迎え入れる準備が2006（平成18）年に始まった。

❖ 受け入れ地域の整備

　ビューローの最初の仕事は、旅行者に対して情報収集を行い、地域の人たちとFITの受け入れにむけた準備を進めることであった。これら2つの取り組み内容を見てみよう。

　第一の取り組みは、外国人旅行者に対して行われた情報収集であった。アンケー

【写真4－2　熊野古道の様子】

写真提供：田辺市熊野ツーリズムビューロー

❖ 第Ⅰ部　観光事業のマネジメント特性

ト調査を実施すると、特に道路標識・路線バスの時刻表・料金表などの英語表記の充実、英語版のガイドブック・地図を求める声が多く上がってきた。熊野古道に関する英語表記が統一されていないことも地域内で指摘されており、FITのための情報提供が十分ではなかったことが明らかになった。そこで、ビューローが熊野古道に関する英語表記の統一や英語による情報提供の充実を提案したところ、その提案が自治体や多くの団体に受け入れられ、英語による情報提供が地域全体で進むようになった。

　第二の取り組みは、地域の人たちとともに話し合いを重ねたことであった。ビューローの職員は、田辺市がFITに合わせた観光地域をつくろうとしていることを伝え、FITの受け入れ体制を整えることの重要性を地域の人たちに理解してもらった。

　その過程で、ビューローは地域の課題を聞き出した。特に大きな課題は、地域の人たちが英語での接客に慣れていないことであった。さっそくビューローの外国人スタッフが講師となり、レベルアップ研修を始めた。研修は延べ約60回も開催され、民宿・旅館の経営者・女将さん、路線バス会社の乗務員、神社の巫女や神職、観光案内所のガイド、田辺市役所の観光関連職員らが、外国人との接し方やおもてなしの方法を学んだ。その研修のなかで、ビューローの職員が「指さし英会話ツール」を開発したことで、多くの外国人と会話しなくてはならない宿泊業の従業員の不安が軽減されるようになった。

❖ マーケティングの内容

　ビューローは英語での情報提供を開始し、地域の受け入れ体制を整えたことで、本格的にFITを呼び込むことにした。この段階の取り組みが、旅行目的地マーケティングである。ここでいうマーケティングとは、ターゲットとなる消費者にむけて熊野古道の情報を発信し、旅行予約を受け付け、実際に来て楽しんでもらうまでの一連の取り組みを指す。それらの取り組みを順番に見ていこう。

①　製　　品

　ここで、熊野古道を１つの製品に見立ててみよう。製品の中核は、熊野古道とその周辺の歴史・文化であろう。それに加えて、地域の旅館・ホテル、交通機関、観光施設、そこで働くサービス提供者も観光地域を成り立たせる重要な要素となる。ビューローは様々な要素で成り立つ熊野古道を、１つの製品としてFITに向けて

第4章　観光のマーケティング・マネジメント

マーケティングしようとした。

　その際、熊野古道という名前を、旅行目的地ブランドとして広く知ってもらうことが有効である。ビューローは熊野古道に「Kumano Kodo Pilgrimage Trails（熊野古道　巡礼の道）」というブランド名をつけ、「Pilgrimage to Japan's spiritual origins（日本の精神的原点への巡礼）」というスローガンを用意した。こうしたブランド名やスローガンは、Webサイトや印刷物に掲載された。デザイン面では、熊野古道の神話に登場する黒い「八咫烏」をロゴマークに採用し、すべてのWebサイトに奥深い青色を使って、統一感を出すようにした。こうしてビューローは、熊野古道のイメージを作り出すとともに、キリスト教や仏教の聖地巡礼路とは異なる歴史を持った巡礼路であることを全面に打ち出すようにした。

②　インターネットによる情報発信と営業活動

　ビューローは、熊野古道のブランドとデザインを保ちながら、熊野古道に関する積極的な情報発信を行った。その方法は、インターネットによる情報発信と対面による営業活動であった。

　前者のインターネットでは、ビューローのWebサイトをとおして多言語で情報発信を行った。その内容は、熊野古道の歴史や文化についての基本的な情報はもちろんのこと、熊野古道に関心をもったFITに対して旅の計画を支援するような情報も提供した。Webサイトに掲載された情報は、熊野古道の音声・映像ガイド、熊野古道への行き方、旅行日程に合わせたモデルコース、温泉・アクティビティ・宿泊施設・食事処等のサービス内容と価格、最新の地図と運賃・時刻表など、熊野古道への旅を実現するために必要となる情報であった。FITは、ビューローから提供された情報をもとに、熊野古道での旅を現実的に思い描けるようになった。

　後者の営業活動は、国内外で進められた。国内ではプレス向けの現地紹介を行うことで、ビューローのWebサイト以外の媒体（旅行情報誌やWeb記事等）で熊野古道の情報発信をしてもらえるようにした。海外では旅行業界のイベントへの出展や、旅行会社への訪問を行ったりして、熊野古道の魅力を直接海外の人々に伝えた。海外で熊野古道の情報が広まると、海外の記者やライターが雑誌やWebの記事で熊野古道を紹介するようになったり、旅行会社が消費者に熊野古道への旅を販売してくれるようになった。

59

❖ 第Ⅰ部　観光事業のマネジメント特性

③　流　　通

FITが「熊野古道に行こう」と決めたときに、すぐに予約できれば便利である。そこで、ビューローは熊野トラベルという旅行会社を設立し、熊野古道とその周辺への旅の予約・決済を受け付けるようにした。このサービスは、熊野古道に点在する旅館・ホテル・民宿だけでなく、オプショナルツアーの手配や荷物の運搬予約・決済もできる。いうなれば、熊野古道への旅の予約・決済をワンストップで完結できるサービスであった。

❖ 顧客満足と成果

以上のようなマーケティングを実施したことで、熊野古道には多くのFITが訪れるようになった。2010年には2,510人であったが、2015年には21,536人に、コロナ禍直前の2019年には50,926人にまで増加した。

多くの旅行者は熊野古道を歩く準備を整え、JR紀伊田辺駅（中辺路への入口となる駅）にやってきた。駅のすぐ横にはビューローが運営する観光案内所が設けられており、旅行者は英語でロングトレイルのガイダンスを受けてから出発する。旅行者が熊野古道を気持ちよく歩いた後は、宿泊施設で温かいおもてなしを受け、美味しい食事と温泉で心も体も癒やされる。旅行者が熊野古道の素晴らしい経験をSNSで共有することで、熊野古道の魅力はさらに多くの人々に伝わった。

もちろん、旅行者の不満や要望がビューローに送られてくることもある。そんなとき、ビューローの職員はすぐさま観光地域やサービスの改善に努め、旅行者の不満をなくし、要望に応えられるようにした。その結果、おもてなしの質は確実に高まっていった。

こうした好循環が生まれたことで、海外での熊野古道に対する評価は飛躍的に高まった。具体的には、海外の観光ガイドブック『ミシュラン・グリーンガイド・ジャポン』で三つ星として評価されるとともに、世界最大シェアの観光ガイドブック『ロンリープラネット　ジャパン』で、熊野古道が本格的に紹介されるようになった。以上のように、ビューローが上質な観光地域をつくり、マーケティングを行って旅行者に満足を提供し続けたことで、世界的に競争力のある観光地域の1つになることができたと言える。

第4章　観光のマーケティング・マネジメント ❖

3 旅行目的地マーケティング

❖ 旅行目的地マーケティングとその実施主体

　旅行目的地は、旅行者の滞在する地理的範囲である。地理的範囲は、国、県（州）、都市、そのなかの小さな地区といった多様な広がりで捉えることができる。たとえば、私たち消費者が自分の住まいを出て、ハワイに着いて観光すると、ハワイが旅行目的地となる。

　旅行目的地マーケティングを考えるときには、旅行目的地（ハワイ）の立場から、私たち消費者（日本人旅行者）のことを考える必要がある。フィリップ・コトラーらは旅行目的地マーケティングを「供給（デスティネーションの特徴やベネフィット）と需要（旅行者のニーズやウォンツ）を体系的に結びつけ、持続可能な方法でデスティネーションの競争力を高めること」と定義している。その実施主体は、国・県（州）・市単位のDMOである（**Column 4 - 1**）。

❖ ターゲットの設定と提供する価値の決定

　それではDMOは、旅行目的地マーケティングをどのように計画し、実行するのだろうか。主に考えるべきポイントは、①セグメンテーション（Segmentation）、②ターゲット市場の設定（Targeting）、③ポジショニング（Positioning）（以上の英語の頭文字を取って「STP」と呼ばれる）、④ターゲットに対して価値を提供する「4P」である。本項では①②③を、次項では④を、DMOの立場から学んでいこう。

①　観光市場のセグメンテーション

　観光市場は、売り手と買い手が出会って、観光に関する商品・サービスを取引する場である。旅行目的地マーケティングの文脈で観光市場を捉えると、売り手が旅行目的地にあるDMOで、買い手が消費者（旅行者）となる。DMOは、消費者に自らの地域を売り込み、旅行先として選んでもらわなくてはならない。そのために実施する最初の活動が、セグメンテーションである。

　セグメンテーションは、消費者を同質的なニーズをもった集合（セグメント）に

61

❖ 第Ⅰ部　観光事業のマネジメント特性

Column 4 － 1

DMOはどのような組織か

　DMOは観光地域をつくるための組織である。DMOはもともと欧米各国の国・州・市単位に存在しており、多くは官民連携で運営されていた。そうした欧米のDMOの考え方をもとに、日本政府によって導入された組織が日本版DMOである。ここでは、日本版DMOについて説明しよう。

　日本版DMOは、多様な関係者と協働しながら、明確なコンセプトに基づいた観光地域づくりを実現するための戦略を策定するとともに、戦略を着実に実施するための調整機能を備えた法人と定義される。この定義にもとづけば、DMOは以下のような役割を果たす。

　観光地域をつくるためには、DMOが観光市場のニーズに合わせて「どのような観光地域をつくるか」を示した戦略を作っておく必要がある。その際、DMOは地域の企業・経済団体・住民などの様々なアクターと協力し、合意形成をすることが不可欠となる。DMOは戦略の実現にむけて評価基準を設定し、それを達成できるように、様々なアクターが関与する観光事業をマネジメントする。そうした観光事業で旅行者を呼び込むために活用される考え方が、本章で学んだマーケティングである。

　2024（令和6）年3月現在、日本版DMOの名称は登録DMOに変更されており、302団体が国に登録されている。それらの団体を3種類に分けてみよう。第1は複数の都道府県にまたがる区域を対象とした「広域連携DMO」（10団体）である。第2は複数の地方公共団体にまたがる区域を観光地域とした「地域連携DMO」（121団体）である。第3は市町村を単位とした「地域DMO」（217団体）である。本章で取り上げたビューローは、地域DMOにあたる。

　ビューローのように華々しい成果をあげるDMOが存在する一方、多くのDMOは運営資金の確保、マーケティングの専門知識を有する職員の確保、人材育成などの面で課題を抱えている。地方創生のために観光振興は欠かすことができないため、その司令塔となるDMOをどのように維持・発展させるかが問われている。

参考文献：日本政策投資銀行地域企画部『観光DMO設計・運営のポイント』ダイヤモンド社、2017年
　　　　　国土交通省観光庁「観光地域づくり法人（DMO）」、https://www.mlit.go.jp/kankocho/seisaku_seido/dmo/index.html（2024年5月7日取得）

第4章　観光のマーケティング・マネジメント

分類して市場を理解しようとする考え方である。ここでは、代表的な2つのセグメントを見てみよう。

第一は、団体旅行（Group Inclusive Tour: GIT）をしたいというセグメントである。このセグメントは、企業の慰安旅行や学校の教育旅行など、なんらかの目的を持って身近な人々と旅行にでかける消費者の集合である。ほかにも、旅行会社が販売する募集型企画旅行（旅行商品）に旅行者が参加し、見ず知らずの人といっしょに同一行程を旅する人々もいる。

第二は、家族・友人同士、あるいは一人で旅をしたいという少人数・個人旅行（Independent Tour: IT）のセグメントである。少人数旅行は、家族や友達の趣味・趣向に合わせて、自由に旅程を組み立てることができる。たとえば、田舎に泊まって農村観光を楽しんだり、何日もかけてハイキングをしたり、多様な目的で旅行をする人が存在する。こうしたセグメントは、有名な観光地域や景勝地を見て回ることもするだろうが、その土地ならではの文化的な体験をしたり、食べ歩きをしたりと、様々な楽しみ方をする。

②　ターゲットの設定

DMOは、観光市場にどのようなセグメントがあるのかを把握したうえで、DMOの立地する地域に好んで来てくれそうなセグメントを1つか複数選ぶ必要がある。こうして選ばれたセグメントは、ターゲットと呼ぶ。

ターゲット選択の方法は2つある。1つ目は、既存顧客のなかからターゲットを選ぶ方法である。この方法では、現在、地域を訪れている旅行者にアンケート調査などを実施して、旅行者の情報を集めて分析し、ターゲットを選ぶ。2つ目は、地域外の消費者のなかからターゲットを選ぶ方法である。この方法は、地域の観光資源を見直して、それらに興味を持つ可能性のあるセグメントをターゲットにするやり方である。

いずれの方法でも、アンケート調査を実施することが多い。旅行者の情報を集める際には、旅行者の居住地、来訪理由、旅行者の特徴（性別・年齢層・同行者・滞在日数）といった基本的な属性と、旅行者の満足度、訪問回数、地域内での消費金額などを質問する。地域外の消費者へのアンケートでは、ターゲットにできそうなセグメントを対象に調査を実施し、地域の観光資源に何を求めるかといったニーズを把握する。そうして集めた情報をDMOが分析したうえで、自らの地域に来て満足し、経済効果をもたらしてくれそうなセグメントをターゲットに設定する。

63

❖ 第Ⅰ部　観光事業のマネジメント特性

③　ポジショニング

　これまでは消費者のことを考えてきたが、ここでは他の観光地域、すなわち競争相手のことを考える。観光地域は日本中に多く存在するため、DMOの管轄する地域がどのような特徴をもった観光地域なのかを理解しておくことが大切である。それと同時に、同じような特徴を有する観光地域と比べて、自らの観光地域がどのような違いを持っているのかも明らかにする必要がある。このように自らの観光地域の特徴を際立たせ、同種の観光地域との違いを明確にすることが、ポジショニングである。ポジショニングが定まると、DMOが旅行者に提供する価値をはっきりと伝えられるようになる。

❖ ターゲットに価値を提供する「４P」

　DMOがターゲットに提供する価値を定めたら、次にターゲットに価値を提供するために「４P」という枠組みを使って活動内容を決める。４Pとは製品（Product）、価格（Price）、プロモーション（Promotion）、流通（Place）の英語の頭文字をとったものである。具体的な活動内容は、ブランドを定め、観光名所を巡る楽しい旅のパッケージ（旅行商品やモデルコース）をつくり、様々な価格の選択肢を用意し、それらの情報を消費者に伝えるとともに、パッケージを流通させて予約を受け付けて、旅行者を自らの地域に来てもらえるようにすることである。これらの手段（活動）を、順番に確認しよう。

①　製品としての旅行目的地

　旅行目的地は、様々な観光資源と人々の集合体である。実際には、それぞれの資源や人々の活動が組み合わさって、観光・宿泊ルートとしてのパッケージ、イベント・祭りなどのプログラムなどが形作られる。そのため、旅行目的地は、有形無形の構成要素が相互に依存しつつ、混ざりあってできたものだといえる。

　旅行目的地をマーケティングしようとするとき、旅行目的地を個別の構成要素に分けて考えるのではなく、できる限り、特徴のある１つの製品としてまとめてマーケティングするほうが効率的である。そのとき、旅行目的地のブランドをつくる方法と、パッケージにする方法が採られる。

　第一に、ブランドは、売り手の商品やサービスを識別し、競合他社と差別化することを意図した名称、用語、記号、シンボル、デザインなどの要素の組み合わせである。旅行目的地ブランドは、地域名そのものがブランドとなったものである。単

64

第4章　観光のマーケティング・マネジメント

なる地域名であるが、その名前から消費者は様々なことがらをイメージする。たとえば、「熊野古道」であれば、巡礼の道や日本の精神的原点というイメージを連想させるであろう（ブランドの詳細については、第14章で解説する）。

第二の有効な方法は、パッケージを提供することである。ここでいうパッケージとは、旅行目的地に存在する観光資源やその旅路を快適にするサービスを組み合わせた旅行商品やモデルコースを指す。

たとえば、ターゲットの好みそうな観光資源を組み合わせたパッケージを用意して、消費者のニーズをつかむことは有効な方法である。ほかにも、バス会社が様々な現地ツアーを用意していることを伝えて、旅行目的地を選ぶことのメリットを理解してもらう方法もありうる。こうしたパッケージが用意してあると、消費者は他の旅行目的地と比較したり、旅行目的地に着いた後の楽しみ方を具体的に想像したりできるので、旅行目的地が選びやすくなる。

② 価　　格

DMOがパッケージをつくるときには、多様な価格帯の宿泊施設やサービスを用意しておくことが重要である。なぜなら、外国人のなかには、ラグジュアリーなホテルを好む人もいれば、安宿を泊まり歩くという人もいる。日本人でも一泊二食・温泉付きの旅館に泊まりたい人もいれば、ビジネスホテルに泊まって安く済ませようとする人もいるだろう。多様な旅のニーズに応えるためにも、消費者の選択肢を用意しておくことがDMOに求められる。

③ プロモーション

DMOが旅行目的地のブランドやパッケージを用意したら、消費者にブランドを認知してもらい、旅行目的地の選択の際に思い出してもらえるようにしなくてはならない。そのための取り組みがプロモーションである。

プロモーションは、ブランドやパッケージなどの情報を消費者に伝えるためのコミュニケーション活動である。DMOが消費者に伝えることは、旅行目的地の地名やその特徴、スローガンやロゴのほか、その旅行目的地がどのような価値を提供するのか、どのようなパッケージが用意されているのかといった情報である。

プロモーションは、広告や人的販売などの手段で行われる。DMOが広告をするとき、チラシ・ポスターといった紙媒体に加えて、Webサイト、SNS、動画サイトなどのインターネットを活用して情報を発信することが多い。人的販売であれば、

❖ 第Ⅰ部　観光事業のマネジメント特性

DMOの職員が展示会に赴いたり、旅行会社を訪問したりして、旅行目的地の情報を旅行業界の関係者に直接伝えようとする。DMOはほかにも多様な手段を活用して、自らの情報発信に努めている。

④　流　　通

　消費者が旅行目的地を選ぶと、旅程を組んで予約をする段階に入る。そこでDMOが検討すべきことは、消費者に向けてどのようにパッケージを流通させるかである。ここでの選択肢は、間接流通と直接流通である。

　消費者が予約をするとき、オンラインかリアル店舗の旅行会社で予約を進める。DMOは旅行会社へ地域の情報を提供しておくことで、消費者が予約しようとするときに、必要な情報と適切な選択肢を旅行会社から消費者に提供してもらうことができる。こうした流通は、DMOから見ると第三者に予約（販売）を代行してもらうため、「間接流通」と呼ばれる。

　DMOのなかには、自らが旅行会社となって予約を受け付け、「直接流通」に乗り出す組織も存在する。本章で取り上げたビューローも、熊野トラベルという旅行会社を設立して、熊野古道の旅行に関連する予約を受け付けている。直接流通であれば、DMOは旅行者の情報を直接入手することができて、その顧客情報をサービス提供時に活かすこともできるため、旅行会社を設立するDMOも増えている。

❖ 観光経験の提供

　以上のような４Pを計画し、それを実行することで、多くの旅行者が地域に来てくれれば、DMOの旅行目的地マーケティングはひとまず成功したといえる。しかし、それ以降に行われる「おもてなし」も重要である。

　旅行者が地域にやってきた後は、地域の人々が旅行者と直接的なコミュニケーションを行う。地域の人々が旅行者の期待したような経験を提供し、旅行者に満足してもらうことができれば、地域の評判は高まるはずだ。そうした良い評判を生み出すためにも、DMOは地域の人々と協力しておもてなしの質を高める取り組みを欠かすことができない。

第4章　観光のマーケティング・マネジメント ❖

> ### Column 4 － 2

マーケティング論の基本的な考え方

　マーケティングは20世紀初頭のアメリカの製造業で生まれた。製造業のマーケティングの考え方は、やがて大学の研究や授業で取り上げられるようになった。その考え方をまとめて体系化した知識が、マーケティング論と呼ばれる。マーケティング論の基本的な考え方は、顧客のニーズに合わせて製品を開発し、その製品が自然と売れる仕組みをつくることである。その仕組みを考えるときの枠組みが「STP＋4P」である。

　STPは、セグメンテーション、ターゲティング、ポジショニングという英語の頭文字を取ったものである。企業は類似したニーズをもつ消費者をグループ化してセグメントをつくる（S）。そのうえで、企業は成長性があって将来有望なセグメントのなかから1つか複数をターゲットに選ぶ（T）。ただし、有望なセグメントは他社も狙っていることが多いため、企業は他社の製品と差別化したうえで、顧客に価値を提供しようとする（P）。

　企業はその価値を提供すべく、4Pを使って製品が売れる仕組みを作る。4Pは、製品政策（Product）・プロモーション政策（Promotion）・流通政策（Place）・価格政策（Price）の頭文字をまとめた言葉である。①製品政策では、自社がどのような製品を提供していくかを決める。②プロモーション政策では、自社の製品に関する情報を消費者との間でいかにコミュニケーションしていくかを決める。③流通政策では、どのような卸・小売を通して製品を消費者に届けるかを決める。④価格政策では、製品をどのような価格で展開するかを決める。これら4つのPを適切に組み合わせることで、マーケティングがうまく機能する。

　マーケティング論の考え方は製造業以外にも広まり、サービス業、非営利組織、そして、観光業界の多くの企業でも採用されている。近年では、DMOにおいてもマーケティングが不可欠とされ、多くの組織で実践されている。

参考文献：三好宏「マーケティング論の成り立ち」石井淳蔵・廣田章光・清水信年編著
　　　　　『1からのマーケティング〔第4版〕』碩学舎、2019年
　　　　　清水信年「マーケティングの基本概念」石井淳蔵・廣田章光・清水信年編著
　　　　　『1からのマーケティング〔第4版〕』碩学舎、2019年

❖ 第Ⅰ部　観光事業のマネジメント特性

4 おわりに

　DMOの役割は、地域の人々を束ねてその土地ならではの観光経験を提供できる体制を整え、旅行目的地の情報を消費者に伝えて、実際に呼び込むことであった。そのなかでも旅行目的地マーケティングは、DMOの中核的な活動だと言える。主な活動内容は、セグメンテーション、ターゲティング、ポジショニング、ターゲットに価値を提供する４Ｐ（製品、価格、プロモーション、流通）を計画し、実行することであった。本章で見たように、DMOが地域の人々と協力して旅行者を満足させることができれば、旅行者が好意的な口コミをネット上に流してくれる。その結果、地域の評判は高まり、より多くの旅行者を引きつけることができるようになる。

　こうした事例と理論を見ると、マーケティングは広告だけではないことが、よくわかるだろう。広告以外にも、マーケティングを進めるうえで大切な活動はほかにも存在する。それらをうまく組み合わせることが、マーケティングを成功させる鍵となるのだ。

❓考えてみよう

1．ビューローのWebサイト（https://www.tb-kumano.jp/）を開いて、その内容が、どのマーケティング活動に該当するかを考えてみよう。
2．「熊野古道」のように、外国人をターゲットにして集客している地域を調べてみよう。そのうえで、その地域がどのようなマーケティングをやっているか、考えてみよう。
3．あなたの生まれ育った地域へ外国人を呼び込もうとしたら、どんな観光資源を活かして、どんなマーケティングをしたら良いか、考えてみよう。

次に読んで欲しい本

高橋一夫編著『観光のマーケティング・マネジメント』JTB能力開発、2011年

高橋一夫『DMO 観光地経営のイノベーション』学芸出版社、2017年

宮崎裕二・岩田賢編著『DMOのプレイス・ブランディング』学芸出版社、2020年

第**5**章

観光とWebビジネス
—消費者の意思決定プロセスと
エクスペディアのマーケティング

1　はじめに
2　エクスペディアの成功要因
3　消費者の意思決定プロセス
4　おわりに

❖ 第Ⅰ部　観光事業のマネジメント特性

1　はじめに

　まとまった休日に友人との旅行を企画していることを想像してみよう。交通機関、宿泊施設、アクティビティなどの旅行に関する情報を集めたり、航空券やホテルを予約したりする際に、私たちにとってインターネットは欠かせない情報源や予約手段になっている。

　経済産業省の調査によると、2022（令和4）年の日本国内において、インターネットを中心とした消費者向け電子商取引（B to C-EC）の市場規模は、22兆7,449億円（前年比110%）であり、堅調に拡大している。市場規模の内訳は、物販系分野が13兆9,997億円（前年比105%）、サービス系分野が6兆1,477億円（前年比132%）、デジタル系分野が2兆5,974億円（前年比94%）となっている。サービス系分野に含まれる「旅行サービス」は2兆3,518億円（前年比 168%）であり、新型コロナウイルス感染症拡大の影響により大幅に落ち込んだ販売も急速に回復している。

　生成AIによる対話機能をはじめ、旅行を検討する消費者にとって有用なサービスが次々と生まれている。企業は、新たなサービスを継続的に提供することにより、差別化優位性を築く必要がある。そのためには、消費者のニーズや行動を知り、適切なマーケティングが求められる。

　本章では、最先端のテクノロジーを用いたサービスを提供することで消費者から支持されている「エクスペディア」を事例にとりあげる。旅行を検討する消費者の意思決定プロセスに沿って展開されるWebビジネスについて理解を深めていこう。

2　エクスペディアの成功要因

　航空券、ホテル、レンタカー、観光地のアクティビティなど、旅行に関するサービスをインターネット上で取引する企業は、「オンライントラベルエージェント（OTA）」といい、OTAが運営するWebサイトは「旅行予約サイト」とよばれている。「エクスペディア」はエクスペディア・グループが所有するOTAであり、旅行予約サイトのブランド名でもある。ブッキング・ホールディングスが所有する

70

第5章　観光とWebビジネス ❖

「ブッキングドットコム」やトリップドットコム・グループが所有する「トリップ
ドットコム」とともに、エクスペディアは世界有数の旅行予約サイトの1つとなっ
ており、現在、世界70か国以上でサービスを展開している。

　エクスペディアが消費者から支持され続けている主な理由として、①エクスペ
ディア・グループによるブランド展開、②テクノロジーによる差別化、③リピー
ターの育成があげられる。加えて、後述するように、意思決定プロセスに沿った緻
密なマーケティングも、消費者から選択される要因である。

❖ エクスペディア・グループによるブランド展開

　エクスペディアは、1996（平成8）年にマイクロソフトの一部門として設立さ
れ、1999年の独立後も、旅行予約サイト利用率の高まりとともに急成長した。
2011（平成23）年に本格的に日本で営業を開始し、2013年に「トリバゴ」、
2015年に「バーボ」を買収するなど順調に事業を拡大させている。2018年には、
エクスペディア・グループに名称を変更した。エクスペディア・グループは、航空
券と宿泊施設をセットにしたパッケージを販売するブランド、宿泊施設を専門に販
売するブランド、宿泊施設の料金比較を提供するブランドなどから構成される世界
最大級の旅行プラットフォームを築いている。パッケージを販売するブランドには、
本章で中心的にとりあげる「エクスペディア」、米国を中心にサービスを提供して
いる「トラベロシティ」などがある。宿泊施設を専門に販売するブランドには、ホ
テルや旅館、一棟貸しなどを扱う「ホテルズドットコム」、ビーチハウスやキャビ
ン、コンドミニアムなどを扱う「バーボ」などがある。宿泊施設の料金比較を提供
するブランドには、「トリバゴ」がある。「旅は人生を豊かにする」というエクスペ
ディア・グループの信念のもと、グローバルにさまざまな消費者に受け入れられる
よう、多様なブランドを展開している。さらに、ロイヤルティプログラムでは、エ
クスペディア・グループのブランド間の連携による新しいサービスを提供すること
によって、特定ブランドのリピーター化とともに、グループ全体で消費者をサポー
トできる仕組みを講じている。

❖ テクノロジーによる差別化

　長年にわたって消費者から支持される理由の1つとして、旅行を検討する消費者
のニーズや行動に対してエクスペディアがテクノロジーを用いて寄り添ってきたこ
とがあげられる。例えば、航空券と宿泊施設の両方の予約が可能なアプリを開発し

71

❖ 第Ⅰ部　観光事業のマネジメント特性

てリリースしたり、旅行予約後も消費者をサポートするアプリの機能を充実させたりなど、消費者の意思決定プロセスを意識したマーケティングをエクスペディアは実践してきた。近年では生成AIであるChatGPTによる対話型AI機能をいち早くアプリに導入している。エクスペディア・グループが世界14地域、2万人を対象に調査（2023年9月12日〜10月5日）を行ったところ、消費者の半数は、旅行計画時にAIを用いることに興味をもっているという。消費者がChatGPTを活用するメリットは2つある。1つは、旅行計画から予約にかかるまでの膨大な時間を効率よく短縮できることであり、もう1つは、旅行先を含めて新たなアイデアを得られることである。エクスペディアにとっては、ChatGPTを通じて消費者との対話を繰り返すことにより、これまで以上にパーソナライズされたサービスや旅行計画の提案を行うことができるようになる。このようなエクスペディアによるテクノロジーを用いたサポートは、旅行を検討する消費者の満足度を高めるとともに、競合他社との差別化にもつながる。

❖ リピーターの育成

　エクスペディアは、旅行後のサポートも充実させている。オーストラリア、カナダ、フランス、日本 、メキシコ、英国、米国の7つの市場、5,713人を対象としたエクスペディア・グループの調査（過去6か月以内にオンラインで旅行を予約した消費者を対象。実施期間は2023年3月24日〜4月19日）によると、旅行予約サイトのロイヤルティプログラムの会員になっている79%の消費者は、その旅行予約サイトで予約すると答えている。さらに、58%の消費者は、価格が多少高くてもその旅行予約サイトで予約すると答えている。次回予約時に利用可能なポイントなどの特典を獲得することができたり、新たに個人情報の入力などを行うわずらわしさを避けることができたりするという消費者の心理がうかがえる。旅行予約サイトにとっては、ロイヤルティプログラムを充実させることが選ばれるブランドになることにつながる。エクスペディアは「One Key（ワン・キー）」というロイヤルティプログラムを提供している。このプログラムは、エクスペディアだけでなく、ホテルズドットコム、バーボの3つの主力ブランドをまたいで利用することができる。これまではエクスペディア独自のロイヤルティプログラムであったため、ステータスやポイントをホテルズドットコムやバーボと共有したり、交換したりすることができなかった。「One Key」の提供によって、消費者はどのブランドで予約してもポイントが貯まるため、これまでよりも多くのポイントを獲得でき、結果的

に上位ステータスに早く到達することが可能になった。つまり、ロイヤルティプログラムを充実させることは、消費者が継続してエクスペディアを利用する動機につながる。

次節からは、消費者の意思決定プロセスとそのプロセスに沿ってエクスペディアが行っている具体的なマーケティングについてみていこう。

3 消費者の意思決定プロセス

旅行に行きたいと思う理由は人によって様々だが、例えば、「テスト勉強で疲れたのでリフレッシュしたい」「家族と楽しい思い出をつくりたい」などの欲求や問題を認識しているという点においては一致している。その欲求認識に応じて交通機関や宿泊施設をはじめとした旅行に関する様々な情報を集める。次に集められた複数の選択肢の中から自分自身にとって最もふさわしい答えを出し、交通機関や宿泊施設などの旅行に関する予約をする。さらに、旅行中や旅行後に、受けたサービスが満足に値するものだったか否かについて評価する。このような時間的な流れから消費者の行動を捉えると、その行動は意思決定の連続であると言える。消費者の意思決定プロセスには図5－1のような段階があると言われている。

【図5－1　消費者の意思決定プロセス（簡略図）】

出所：杉本徹雄「消費者の意思決定過程」杉本徹雄編著『新・消費者理解のための心理学』福村出版、2012年、50頁をもとに筆者作成

❖ 第Ⅰ部　観光事業のマネジメント特性

このような消費者の意思決定プロセスを理解した上で、それぞれの段階に応じた最適なマーケティングが企業には求められる。エクスペディアによるマーケティングをみていくと、意思決定プロセスに沿った策を講じることの重要性がわかる。

❖ 欲求認識（問題認識）

欲求認識は、意思決定の最初の段階であり、問題認識とよばれることもある。欲求認識には、「テスト勉強で疲れたのでリフレッシュしたい」というような、現実の状態が一定の水準より下がることで欲求を認識する場合と、「家族と楽しい思い出をつくりたい」というような、より上位の状態を意識することで欲求を認識する場合とがある。また、欲求認識のきっかけには、消費者自らが気づく内的刺激と、企業のプロモーションのように外から与えられた情報によるものである外的刺激とがある。

「いつものそとへ」というブランドメッセージのもと、エクスペディアはテレビ、ラジオ、ソーシャルメディア、OOH（Out of Home：屋外広告）などを横断した新たなプロモーションを開始している。グローバルに伝えたいメッセージと、ローカルに関連するメッセージとのバランスを重視した結果、グローバルで展開するブランドメッセージ「Made to Travel」を日本市場に合わせて「いつものそとへ」にしたという背景がある。テレビCMでは、単調な毎日を過ごしている女性がエクスペディアのアプリをきっかけに旅行に出かけることを決意する、という消費者の感情や想いに焦点が合わされ、旅行に対する本質的な欲求を思い出させるメッセージが込められている。つまり、エクスペディアによるプロモーションが外的刺激となることで、旅行への欲求を認識させることを狙っている。

❖ 情報探索

情報探索は、認識した欲求の解決に至るための意思決定に必要な情報を集める段階である。情報探索は内部情報探索と外部情報探索に分けられる。内部情報探索は、「以前利用した旅行予約サイト」のように、消費者が記憶として既に有している情報を利用するものである。外部情報探索は、企業が発信する様々な広告や友人のクチコミなどの情報を利用するものである。消費者は、当初感じた欲求を満たすための選択肢を得るため、先に内部情報を探索し、その情報で十分満足のいく決定ができない場合、外部情報の探索を行うことになる。また、購買に際して消費者が抱く不安は知覚リスクとよばれ、そのリスクが高い場合、多くの情報が集められること

74

第5章　観光とWebビジネス ❖

Column 5 − 1

知覚リスク（Perceived Risk）

　知覚リスクとは、消費者が製品やサービスの購買の際にもつ不安を意味する。高価格だったり、購入を失敗すると評判を落とす可能性があったり、商品の品質がわかりにくく変動が大きかったりする場合は、知覚リスクが高まると考えられている（山本、2007）。例えば、衣服のように周りから評価が可能な商品や、旅行商品のように品質のばらつきが大きい場合、知覚リスクは高くなる。モノとサービスを比較した研究では、消費者は高いリスクをサービスに感じているという。その理由として、「無形性」「不可分性」「異質性」「消滅性」というサービスの特徴に関係することが指摘されている。例えば、サービス提供者によってサービスが変化し得ること（異質性）は、消費者のもつ知覚リスクを高めることになる。サービスの中でも特に旅行商品に対する知覚リスクは高いと言われている。航空や鉄道などの交通機関、ホテルや旅館などの宿泊施設、旅行先での観光施設などはそれぞれがサービスを提供している。サービスの特徴からそれら個々においても、知覚リスクは高いことが理解できるが、旅行商品はそれらの束であることから、知覚リスクはより一層高まると考えられるためである。

　一般的に知覚リスクには経済的リスク（金銭的損失に対するリスク）、社会的リスク（自己イメージへの悪影響に対するリスク）、心理的リスク（購買の失敗に伴う自尊感情の低下に対するリスク）、パフォーマンスリスク（期待はずれのパフォーマンスに対するリスク）、身体的リスク（身体への危害に対するリスク）というタイプがあるとされている（前田、2012）。旅行商品においては、それらに加えて時間的リスク（時間をロスすることに対するリスク）、コミュニケーションリスク（意思疎通に対するリスク）が指摘されている（田中、2011）。観光にかかわる企業は、他のモノやサービスを提供する企業よりも一層、消費者のもつ知覚リスクを下げる努力を求められると言えるだろう。

参考文献：田中祥司「知覚リスクの構造―旅行商品購買を中心に―」『早稲田大学商学研
　　　　　究科紀要』第73号、pp.173-187、2011年
　　　　　前田洋光「消費者の関与」杉本徹雄編著『新・消費者理解のための心理学』
　　　　　福村出版、2012年
　　　　　山本昭二『サービス・マーケティング入門』日本経済新聞出版、2007年

第5章

❖ 第Ⅰ部　観光事業のマネジメント特性

になる。

　先に紹介したエクスペディアの７つの市場を対象にした調査によると、消費者は旅行予約前の45日間に、平均で303分を旅行コンテンツの閲覧に費やしていた。またその旅行コンテンツに費やした時間は、旅行予約サイト（160分）、航空会社のWebサイト（128分）、旅行比較サイト（120分）の順に多かった。さらに、ほとんどの消費者は、特定の旅行予約サイトに偏ることなく、別の旅行Webサイト（航空会社、ホテル、旅行比較サイトなど）を閲覧しているという。つまり、外部情報探索の多くは旅行予約サイトのコンテンツに割かれていることがわかる。消費者の閲覧対象となるためには、「既に知っている」というように内部情報として消費者の記憶に保たれ、思い出してもらえるブランドになることが重要となる。同時に、旅行予約サイトの広告をみた消費者から、例えば、「自分の気持ちを理解してくれる」というように、外部情報として信頼されるブランドになることも重要だと言える。

　「欲求認識」で紹介したエクスペディアによるプロモーションは、旅行を喚起する外的刺激となるだけではない。多様なメディアを用いて複数の接点をもつことによって、消費者の記憶に留めてもらい、旅行に対する欲求をもった際に思い出してもらえるブランドになることや、旅行を思い立ち、情報を集める際に頼れる旅行予約サイトだと消費者から評価してもらうことも狙っている。

❖ 選択肢評価・購買

①　選択肢評価

　選択肢評価は、いくつかの候補のうち、どれを選択するのが良いのかといった答えをみつける段階である。選択肢を評価するためのルールには、補償型意思決定ルールと非補償型意思決定ルールがある。補償型意思決定ルールは選択基準が劣っていた場合、他の優れた選択基準で埋め合わせする（補償する）という考え方である。非補償型意思決定ルールは選択基準が劣っていた場合、それを理由に除外するという考え方である。複数の旅行予約サイトから１つを選択する際に、例えば、掲載されているホテルの価格が他の旅行予約サイトよりも高くても、旅行予約サイトAを利用したほうが簡単でスムーズなため、サイトAを通じてホテルを予約するといった場合は補償型意思決定ルールにもとづいた決め方となる。一方、低価格であることが最も重要な基準のときは、ラグジュアリーホテルを専門に扱う旅行予約サイトBは最初から除外し、別の旅行予約サイトの評価へ移るといった場合は非補償

第5章　観光とWebビジネス

型意思決定ルールにもとづいた決め方となる。

　エクスペディアによる調査を解説したフェリックス・オーバーフォルツァー・ジーによると、いくつかの旅行予約サイトを比較し、最終的にどの旅行予約サイトで予約するのかを決定する際、消費者は「バリューフォーマネー」「時間の節約」「お金の節約」「スムーズな旅行」「サービス」「インスパイア」「信頼」「得られたもの」という順で重視するという。消費者から支持されるためには、一つの基準が秀でているだけでは十分ではなく、複数の基準で評価される必要がある。エクスペディアは、「時間の節約」「お金の節約」という基準において競合他社よりも高い評価を得ている。この消費者による評価の背景には、テクノロジーを用いつつ、常に消費者の視点に立ったエクスペディアによるサービス提供がある。

　例えば、近年では次のようなものがあげられる。「ChatGPTを使った対話型の旅行プランニング」は、消費者による旅行計画がより直感的でスムーズにできることに重点を置いたサービスである（**写真5－1**）。チャット上で勧められたアクティビティは、ホテルなどの情報と合わせてアプリ上に自動的に保存されるため、空席状況などの追加情報を探す際に再度探す必要がなく便利になる。さらに、いつ

【写真5－1　ChatGPTを使った対話型の旅行プランニング】

写真提供：エクスペディア

77

❖ 第Ⅰ部　観光事業のマネジメント特性

でも同じチャット上に戻って会話を続けることや、提案されたプランの1つを選んで新たなチャットを始めることが可能になっているなど、簡単に操作ができ、効率的な旅行計画につながる。

　他に「トリッププランナー」という機能がある。この機能を使うと、航空券、宿泊施設、現地ツアー、レンタカーの全てにおいて、保存した候補や予約された内容を1つにまとめて確認することが可能になる。同行する友人や家族を編集に招待することにより、旅行計画に対してコメントや「いいね」ができたり、予約の確認が可能になったりする。このようなサービスも「時間の節約」につながる。

　②　購　　買

　購買時に活躍する「プライストラッカー」は「お金の節約」になる機能である（写真5-2）。

　この機能は、機械学習機能を活用し、消費者が検索しているルートの航空券の価格が上下した際にアプリ上でプッシュ通知を送信するものである。これにより、常に航空券の価格をチェックする必要がなくなり、お得だと思うタイミングで予約を

【写真5-2　プライストラッカー】

写真提供：エクスペディア

第5章　観光とWebビジネス ❖

することができる。また、航空券とホテルを合わせて予約することでセット割引が設定されているため、さらにお得になる。

❖ 購買後評価

　購買後評価は、これまでの意思決定が適切であったか否かを消費者が評価する段階である。購買前の期待水準を上回った場合は満足であると評価する。一方、下回った場合は不満足だと評価をくだす。満足度が高い場合、同じブランドが購買される可能性が高くなったり、他者にそのブランドをすすめたりすることにもつながる。満足度が低い場合、次回の購買へつながる可能性が下がったり、苦情行動や他者に否定的なコメントをしたりすることにつながることもある。このため、消費者の購買後の評価を高める工夫が企業に求められる。

　購買されたブランドがすぐに消費される（例えば、飲食）こともあれば、ある程度時間をおいてから消費されることもある。旅行は後者にあたり、さらに①予約から旅行出発、②旅行出発から旅行中、③旅行終了後、というように購買後は３つの段階に分けられる。この購買後の３つの段階それぞれに対応したサービスを加えることで、エクスペディアは他社との差別化を図っている。

　例えば、①予約から旅行出発に有用なものとして、「AI回答機能」が加えられた（2024年５月時点において英語のみ対応）。ホテルのプールやレストランなど、宿泊施設の設備やサービスに関する質問に対して、生成AIが宿泊施設の設備やサービスについて書かれたクチコミを参照し、回答を見つけ出すため、旅行が近づいてきた消費者は、この機能を使うことで知りたい情報をストレスなく得ることができる。他に朝食を提供している宿泊施設であれば、チェックインの前日まで、いつでも追加することができる朝食追加機能というものもある。②旅行出発から旅行中には、「ダイナミック旅行ガイド」がサポートしてくれる。この機能は、目的地の天候や混雑具合など、世界中の主要都市に関する情報をアプリ内で簡単に確認することができるものである。また、年中無休の「日本語対応カスタマーサポート」があることで旅行中の不安も解消できる。③旅行終了後は前述したロイヤルティプログラム「One Key（ワン・キー）」が提供されている（2024年５月時点において英語のみ対応）。このようなサービスは消費者の満足度を高め、リピートのきっかけや他者への良いクチコミにもつながる。

79

❖ 第Ⅰ部　観光事業のマネジメント特性

Column 5 − 2

インスピレーション

　ソーシャルメディアの写真やコメント、テレビのCMなどを偶然見たことがきっかけで「旅行に出かけてみたい」「写真と同じホテルに泊まってみたい」と思ったことはないだろうか。このような「新しく得たアイデアを行動に移そうと、人を駆り立てる一時的な動機づけの状態」は「インスピレーション」と呼ばれており、日本語では「ひらめき」と訳されることもある。本文で紹介した７つの市場を対象としたエクスペディア・グループの調査によると、旅行のきっかけは、「家族との会話」「定期的な旅行または休暇」「特定のイベントまたはお祝い」「広告、ソーシャルメディア、またはその他のコンテンツ」の順だった。一方、消費者の５人に３人近くは、旅行を思い立った時点で特定の目的地を意識していないか、複数の目的地を検討していたという。消費者が旅行について初めて検討し始めてから旅行のためのアイデアを探す期間は平均して33日間であり、この間、旅行のアイデア探しのためにソーシャルメディアが最も多く利用されていた。

　上述をふまえると、例えば、DMOは、旅行を計画していない消費者にソーシャルメディアを用いて旅行そのものに対する「インスピレーション」を与え、次に（もしくは同時に）旅行アイデアを探す消費者に自身の観光地に対する「インスピレーション」を与えることによって、選ばれる観光地になり得る。

　本文では、合理的で、分析的で、熟考する消費者を想定しながら消費者の意思決定について紹介した。一方で、「インスピレーション」が起点になって直感的で、発見的で、感情に左右される消費者の意思決定もある。後者の「インスピレーション」に関する研究は近年になって始まったばかりであるが、研究と実務の双方の視点から概念化が進められることによって、より意義のあるものになるだろう。

❖ 消費者の意思決定プロセスとエクスペディアのマーケティング

　消費者の意思決定プロセスに沿ってエクスペディアが行っているマーケティングをまとめたものが**表5−1**である。

　上述したように、消費者の意思決定プロセスの段階ごとにサービスを充実させている。加えて、すべての段階においてChatGPTによる対話の機会をつくっている。対話によって、消費者のニーズや行動に合わせた、より適切な情報を提供できるこ

第5章　観光とWebビジネス ❖

【表5－1　消費者の意思決定プロセスとエクスペディアのマーケティング】

消費者の意思決定プロセス	エクスペディアによるマーケティング	
	消費者の意思決定プロセスに沿ったマーケティング	生成AIを用いたマーケティング
欲求（問題）認識	・旅行のきっかけをつくることを目的としたプロモーション（日本市場では「いつものそとへ」というブランドメッセージを設定）	・消費者の意思決定プロセスにおける全ての段階においてChatGPTを通じた対話による情報提供 ・ChatGPTを用いた対話を繰り返すことによるパーソナライズされたサービスや旅行計画の提案
情報探索	・消費者による情報探索を意識したプロモーション（多様なメディアを用いた複数の接点構築による、ブランドの認知度や信頼度の向上）	
選択肢評価・購買	・「時間の節約」「お金の節約」に結びつくサービス提供（前者の例として「ChatGPTを使った対話型の旅行プランニング」、後者の例として「プライストラッカー」）	
購買後評価	・「①予約から旅行出発」「②旅行出発から旅行中」「③旅行終了後」それぞれの段階において消費者をサポート（①の例として「AI回答機能」、②の例として「ダイナミック旅行ガイド」、③の例として「One Key（ワン・キー）」）	

出所：筆者作成

と、および、対話を繰り返すことによるパーソナライズ化を進めることで、これまで以上に消費者にとって有用な旅行予約サイトになることをエクスペディアは目指している。

4　おわりに

　エクスペディアはテクノロジーを通じ、「欲求（問題）認識」「情報探索」「選択肢評価」「購買」「購買後評価」という、消費者の意思決定プロセスにおける全ての段階において消費者との接点を築くためのマーケティングを行っている。このエクスペディアの活動は、複雑な意思決定を強いられる旅行を検討する消費者の、より適切でスムーズな意思決定につながる。このような経験をした消費者は、次回の旅行もエクスペディアを利用したり、他者へエクスペディアを勧めたりする。
　テクノロジーは進化し続けている。差別化優位性を築くためには、最先端のテク

❖ 第Ⅰ部　観光事業のマネジメント特性

ノロジーを用いながら消費者のニーズや行動に応えていくことが求められる。このようなマーケティング志向は、本章でとりあげた旅行予約サイトだけではなく、消費者や旅行者にサービスを提供する多くの企業にとって必要だと言えるだろう。

？考えてみよう

1．皆さんが最近購買したモノやサービスに関する意思決定プロセスについて考えてみよう。
2．旅行を予約する際に、皆さんが重視する情報源について考えてみよう。
3．自分自身にとって使いやすい旅行予約サイトとはどのようなものか考えてみよう。

次に読んで欲しい本

松井剛・西川英彦編著『1からの消費者行動（第2版）』碩学舎、2020年
山本昭二・国枝よしみ・森藤ちひろ編著『サービスと消費者行動』千倉書房、2020年

第 II 部

観光関連産業の基幹事業

第**6**章

旅行業
―大手旅行会社のソリューション　ビジネスへの進化

第1章
第2章
第3章
第4章
第5章
第6章
第7章
第8章
第9章
第10章
第11章
第12章
第13章
第14章
第15章

1　はじめに
2　進化する大手旅行会社のソリューション
　　ビジネス事例
3　大手旅行会社の競争優位のビジネスモデ
　　ル変革
4　おわりに

❖ 第Ⅱ部　観光関連産業の基幹事業

1 はじめに

　旅行会社の販売モデル（旅行営業）は、パッケージ旅行に代表される個人旅行販売であるBusiness to Consumer（B2C）と法人間取引を主とするBusiness to Business（B2B）に大別される。従来、旅行会社の法人営業は、1970年代以降の日本人の旺盛な旅行意欲に支えられ、全国津々浦々の景勝地、名所・旧跡、レジャー施設等へのグループ旅行、従業員慰安旅行、修学旅行などを中心に企画・造成・販売までを行い事業を拡大してきた。

　しかしながら、1990年代初頭のバブル崩壊後は、企業や団体の支出には厳格な目的意識が求められるようになってきた。すなわち、従業員教育、技術視察・報奨・招待旅行をはじめとするマーケティング活動に貢献する企画が要請され、さらには、取引先（クライアント）の中核業務を代理遂行できるマルチな企画運営能力を望まれる時代へと変化してきている。

　クライアントの代行を求められる業務の採択においては、複数の意思決定者によって企画の選定が行われるため、合理的な企画とともにわかりやすいプレゼンテーション能力が必要となる。クライアントは、自社の戦略・戦術計画に合わせた実行計画案を求めており、市場動向を把握し、組織理念、経営戦略を理解した上で、クライアントの立場で企画することを求めている。自社の販売促進やチャネルの強化に役立つ企画なのか、CSR（企業の社会的責任）やIR（投資家に対して企業の経営・財務状況、事業戦略などの情報を公開し理解してもらうこと）にマッチする企画なのかを問い、更には中長期の事業計画とも整合性を求めることになる。こうした時代の要請から、大手旅行会社の法人営業においては、「ソフトウエアの充実」と「企業や団体メリットへの貢献策」が必要不可欠な要素となっていくのである。

　この章では、大手旅行会社を代表する株式会社JTBと株式会社日本旅行の法人営業が、団体旅行の企画・手配からクライアントのマーケティングマインドに立脚した旅行やイベントなどのサービス提供を経て、どのようにビジネスモデルを再構築し、主要なクライアントである企業や団体のマーケティングの変化に適応しながら進化を遂げてきたのかについて、具体的事例を交えながら考察していきたい。

第6章　旅行業

Column 6 － 1

B2Bビジネスの基本特性

　企業間取引を主とするBusiness to Business（B2B）の基本特性について、Business to Consumer（B2C）との違いを見ることで理解しよう。

　家族での海外旅行の購入場面を思い起こしてみると、そこでは多いに意見が分かれ、行き先の決定からホテルやレストランの選定まで、単純とは言い難い購買経験を誰もがしているかもしれない。しかし、元来楽しい家族旅行計画は、家族それぞれのニーズを満たす形で、やがて全員の納得するものへと形づくられていく。自分の希望を自分で探して購入することになるので、購入にかかる時間も短くなる傾向である。

　一方、B2Bの最大の特徴は、購買に際して、購買関与者が多層にわたる組織的な意思決定がなされるという点である。企業（組織）風土などによっても意思決定の方法は様々であるが、役職や担務により異なった役割を果たす購買関与者が組織的な意思決定を行うことが一般的である。具体的には、実際の使用者、最終的に購入を決定する責任者あるいは経営トップといった様々な関係者の意向や判断が購買意思決定に影響することや商品・サービスが複雑で高額になることもあり、購入に至るまでのプロセスが複雑で時間がかかる傾向にある。その際の購買動機は、家族旅行と違って消費ではない。したがって、衝動的あるいは感情的な選択行動ではなく、より合理的な購買動機にもとづいた購買意思決定プロセスが採用されることになる。企業活動では、家族旅行のように「楽しかった思い出だけを残して、失敗したことは忘れよう」という訳にはいかないのである。

【表6－1　B2B取引とB2C取引の比較】

	B2B取引	B2C取引
購買関与者	多層	単独
顧客数	限定的	大多数
購買動機	再生産／合理性	消費／感性
価格弾力性	低い	高い
購買場所	取引先	店舗
需要の集中度	高い	低い
需要の周期性	強い	弱い

出所：余田拓郎・首藤明敏『B2Bブランディング』日本経済新聞出版、2006年の掲載図を加筆修正し筆者作成

❖ 第Ⅱ部　観光関連産業の基幹事業

> また、計画的なマーケティング活動に投入されるために、購買が比較的定期的で1回当たりの購買金額や購買量が大きい。LCCの本格参入で旅行代金が下がることで旅行者の増加が期待されているが、B2Bの場合、価格が下がると需要が急激に増えるということはなく、需要の価格弾力性は相対的に低いとされる（余田・首藤、2006）。

2 進化する大手旅行会社のソリューションビジネス事例

■事例1■ JTBの生命保険会社の営業社員インセンティブプログラムの事例

　ICTの進化・進展とも相まって、企業を取り巻く経営環境の変化は一層激しさが増すなかで、現場での臨機応変な行動や、迅速な意思決定が求められている。こうした状況に対応するには、社員個々人が、積極的な意識で仕事と向き合い、能力を発揮することが求められる。つまり、企業の業績向上には、強い動機づけによる社員個々人のモチベーションの向上が不可欠である。なぜなら、モチベーションの向上が社員のコミットメント（責任感）を高め、それによって組織が活性化し、その結果として業績が向上するからである。このことは、「ハーズバーグの二要因理論」という代表的なモチベーション理論により示されている（Column 6 - 2参照）。こうした理論を基にした企画提案力によって、クライアントの課題解決を実現したJTBの事例を見てみよう。

　生命保険A社は、毎年業績向上のために営業社員を対象としたセールスコンテストを実施し、成績優秀社員に対して社内会議室で金一封を支給するという報奨施策を実施してきた。しかし、その報酬施策自体が、マンネリ化してきたことにより、営業成績は次第に伸び悩み業績低迷に苦心していた。

　そこで、JTB担当者は、「個人営業が主となる生命保険業界において、社員個々人のモチベーションの向上がパフォーマンスに大きく影響すること」に着目した。さらに、独自のアンケート調査から、「パフォーマンスには、家庭の安定や家族の支えが大きいこと」を見出し、表彰式典プログラム全体のコンセプトとして「家族との絆」「会社や同僚との絆」を深めるというメッセージを込めた「エンゲージメント＝絆」として表彰式典案を提示した。その上で、具体的な営業社員のモチベー

第6章 旅行業

【写真6-1 表彰式会場のイメージ】

写真提供：JTB総合研究所

ション向上刺激策の設計まで総合的な企画を提案した結果、他社との競争を勝ち抜き、採択されるに至ったのである。

　JTBが提案した内容は、表彰式典の舞台を従来の社内会議室から非日常空間である海外に移すとともに、モチベーション向上の鍵を握る家族も招待して経営幹部からの称賛を伝えることで、会社へのロイヤルティと家族へのプライドが醸成され、結果として営業社員の次年度への入賞欲求へと結びつけることを狙ったものである。パーティーのフィナーレでは、「エンゲージメント＝絆」というコンセプトに基づき、家族から受賞者へ、受賞者から家族へ日頃言葉では伝えることが出来なかった感謝とねぎらいを「手紙」で伝えるという演出を行った。パーティーでの感動が、「来年もまたこの場に来たい」という意欲を喚起し、モチベーション向上への起爆剤となったのである。

事例2　日本旅行の防衛省自衛隊東京大規模接種センター等の運営業務事例

　ビジネス・プロセス・アウトソーシング（Business Process Outsourcing：以下、BPO）は、経営資源の観点から戦略的に外部の専門的な企業に社内の業務の一部を委託（アウトソーシング）するサービスとして知られる。通常のアウトソーシングにおいては、委託企業の業務の一部分（多くは、単純作業やルーチン

Column 6 − 2

モチベーション理論

テクノロジーの進化は、企業活動における生産現場のオートメーション化など、人の代替として生産性の向上に大きく貢献するものであるが、全ての活動を置き換えられる訳ではないため、人への役割期待は相対的に高まることになる。そこで、企業経営において、社員個々人が積極的に仕事と向き合い、能力を発揮する環境整備が重要になる。

アメリカの臨床心理学者で、元ユタ大学特別教授であったハーズバーグは、人間のモチベーションは、動物的（あるいは経済的）な欲求である衛生要因と心の奥底にある向上心を満たす欲求である動機付け要因とに分けられ、動機付け要因が仕事への満足の原因であり、衛生要因が不満足の原因になっていることを示した。そのため、仕事への満足と不満足への対処に際しては、これらの感情が表裏の関係にあるわけではなく、両方のバランスを取って充実させることが重要になる。

【図6−1：満足と不満足の要因差】

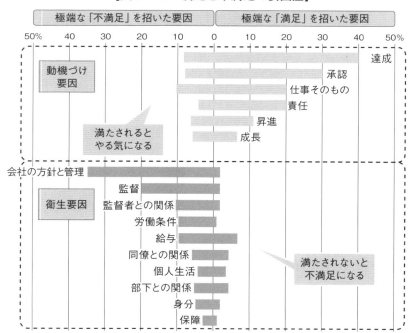

出所：DIAMONDハーバード・ビジネス・レビュー編集部『【新版】動機づける力』、2009年の掲載図を加筆修正し筆者作成

第6章　旅行業 ❖❖

　　つまり、企業の業績向上には、社員個々人のモチベーション向上により組織を
活性化し、結果として業績が向上する仕組みの構築が不可欠となるが、そのため
には、達成感や他者からの賞賛・自己の成長感といった要因（動機づけ要因）を
刺激することや給与や労働条件など（衛生要因）を業種、職種や外部環境変化な
ど状況に対応した適切なインセンティブを組み合わせて施策を講じることが必要
なのである。
　　このように、社員のモチベーション向上は、企業にとって重要な経営課題のひ
とつであり、ハーズバーグの動機づけ・衛生理論は、「フレックスタイム制」社
員が何種類かの福利厚生施策を自由に選んで組み合わせる「カフェテリアプラン」
など、数々のシステム誕生に貢献している。

第6章

ワーク）をアウトソーサー（外部委託を請け負う企業）が受託する。一方で、
BPOでは、特定業務を一括して受託することで、業務の最適化による運営効率の
向上を目的とする点が異なり、トータルマネジメント能力が必要とされる。2005
年の「地方公共団体における行政改革の推進のための新たな指針策定（総務省）」
において、アウトソーシングや事務の集中化などの推進が求められるようになって
以降、地方自治体においてもノンコア業務（副業務；補助的な業務）を民間企業へ
業務委託する動きが拡大している。こうした公共の課題解決を旅行会社の企画運営
ノウハウで実現した日本旅行の事例を見てみよう。
　防衛省・自衛隊は、新型コロナウイルスの感染対策の決め手となるワクチン接種
について、大規模会場での接種を通じて自治体の取り組みを強力に後押しするため、
2021（令和3）年5月24日から同年11月30日まで自衛隊大規模接種センターを
東京と大阪にて実施した。また、オミクロン株の流行拡大に対応するため、2022
年1月31日から自衛隊大規模接種会場を東京と大阪にて実施している。当時、大
規模接種を実施している地域がない中で、1日1万人接種を掲げての取り組みであ
り、先行して集団接種を行っていた自治体とは全く規模感が違うものであった。し
かも、大規模接種のノウハウが全くない状態でのスタートでありながら、1カ月弱
しか準備時間がない状況であった。
　日本旅行では、その設置・運営に関する業務を受託している。具体的には、1日
最大約1万人が来場する東京大規模接種センターの運営や警備、予約受付、会場受
付、誘導案内、コールセンターなどの業務を担当している。結果として、2021年
5月24日から同年11月30日の累計接種者数は東京センターで131万8,138名と

91

❖ 第Ⅱ部　観光関連産業の基幹事業

【写真6-2　自衛隊東京大規模接種会場とその運営】

写真提供：防衛省陸上幕僚監部広報室（日本旅行を通じて提供依頼）

なり、自治体（大規模接種担当者）および大学や民間企業（職域接種担当者）合わせて50件を超える視察受入れも行った。そこでは、運営サイドのインフラ整備、接種ブースの施工、警備会社、人材派遣会社各社スタッフの教育など30社以上の分業先や、1日当たり総勢1,800人規模のスタッフをマネジメントした。普段は旅行のアテンドをする添乗員ノウハウをはじめ、これまでの旅行業、MICE事業などで培ってきた経験値を活かした非旅行領域のソリューションを提供することができたと日本旅行幹部は振り返る。

3　大手旅行会社の競争優位のビジネスモデル変革

❖ 大手旅行会社を取り巻く環境（市場）変化

　1964（昭和39）年の東京オリンピック、1970年の大阪万国博覧会という大型国家行事がきっかけとなり、1964年の新幹線開業やホテル整備など旅行インフラが整備されていった。さらには1970年のボーイング747型機（ジャンボジェット機）をはじめとした交通機関の大量輸送化により、団体旅行市場が形成されていった。そこからバブル期までの法人における団体旅行需要は、終身雇用、家族的経営

という日本独自の経営手法における従業員の安定雇用や帰属意識の醸成などを目的とした慰安旅行が主流であった。この時代、旅行会社の団体旅行営業の役割は、宿泊施設や昼食場所などの施設予約とスムーズに出発から帰着までの旅程管理を行う業務であった。すなわち、旅行をすることそのものが目的であった「単一で巨大なマーケット（佐々木隆「視座　情報化社会とビジネス」『週刊トラベルジャーナル』2012年7月30日号）」のニーズを満たし、規模の経済により競争優位性を構築してきた。そのマーケットには「大手旅行会社の安全・安心」のブランド力で充分に戦えたのである。

　しかしながら、バブル期以降のマーケット環境は、インターネットによって情報化が進み、企業だけではなく個人レベルでも様々な情報が容易に入手できるようになった。そのため、企業はクライアントとの関係強化や販売員のモチベーション維持向上など、企業経営を取り巻く人的資源のマネジメントというソフト面への期待が大きくなり、旅行会社への期待が変化をしていく。1990年代に入ると、法定外福利費（社会保険料等の企業拠出分である法定福利費以外の企業が任意に行う福利費）における文化・体育・レクリエーション費用は漸減傾向（**図6-2**）をたどる。従業員の就業形態の多様化や価値観の変化が重なり、職場旅行や運動会のニーズがなくなってきたと判断され、この費目の価値が失われていったのである。一方、かつての日本企業は、市場シェア重視、売上高拡大志向が強かったものの、成長鈍化

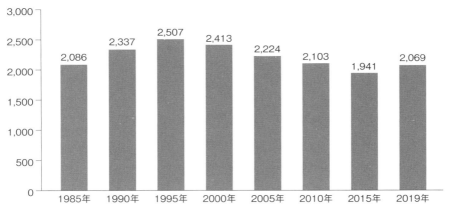

【図6-2　文化・体育・レクリエーション費用の推移（円／1人1か月当たり）】

出所：一般社団法人日本経済団体連合会「福利厚生費調査結果報告2022年」のデータを使用し筆者作成

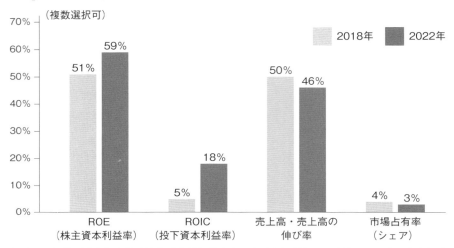

【図6−3 中期経営計画において公表している重要な成果指標（KPI）】

出所：一般社団法人生命保険協会「企業価値向上に向けた取り組みに関するアンケート2020年」のデータを使用し筆者作成

やグローバル化の潮流の中で売上高重視から利益率重視へと意識を変化させている（図6−3）。そのため、企業の総経費に占めるマーケティング等、関連経費の割合が増加していくことになる。

　大手旅行会社の法人営業にとって大きな比率を占めていたのは、法定外福利費の文化・体育・レクリエーション費用を使う職場旅行であったが、この費目の減少とともに大手旅行会社の法人営業のビジネス領域も企業の成長や生産性向上、営業成果などに直結する旅行が求められる傾向が強まっていった。こうして、クライアントの評価基準が、手配管理から企画・運営全般に移り、大手旅行会社は企業や団体の中核業務を代理遂行できるマルチな企画運営能力を望まれるようになった。

❖ 大手旅行会社の事業ドメインの拡張

　企業が事業展開をする領域を「事業ドメイン」という。事業ドメインを適切に定めることで、競合企業や事業そのものの課題が明確になるとともに、限りある経営資源を集中する分野も定められる。しかしながら、事業ドメインは、一度規定すれば永続的に続けられるものとは限らない。企業を取り巻く環境の変化を読み解き、事業ドメインも環境に適合するものに変えていかなければならない。

第6章　旅行業

　前述のとおり、従来の大手旅行会社は法人や団体の従業員慰安を目的とした均質な旅行をより多く提供することで事業を推進してきた。しかし、このビジネスは「市場と商品」という切り口のみで行われてきており、事業ドメインを考えるには不十分であった。「誰に：どのような顧客に」というのは事業のターゲットを絞り込む、ということに他ならない。顧客の持つ課題は千差万別であり、従業員の慰安旅行という巨大な市場はもう存在しないのである。そして、その人たちが求めている価値とは一体何かを整理することが必要である。「顧客が欲しいのは4分の1インチの穴であって決してドリルが欲しいのではない（セオドア・レビット「マーケティング近視眼」『マーケティングの教科書』ハーバード・ビジネス・レビュー、ダイヤモンド社、2017年）」とは商品ではなくその機能に目を向けて提供できる価値を考えろ、という示唆である。こうした価値を創り出すのが、「どのように提供するのか」というビジネスモデルなのである。この「誰に、どのような価値を、どのように提供するのか」をデレク・F. エーベルは「事業の定義」としているが、3つの軸の要素を組み合わせて事業ドメインを考えることで、事業案に独自性、競争優位性が高まることになるのである。

　では、前節の2つの事例について、事業ドメインの拡張を事業の定義を基に考察していこう。

　JTBの事例では、

　誰に（顧客軸）：従業員のやる気を高めて業績向上を図りたい企業ニーズに対して、**どのような価値を（機能軸）**：旅行やイベントの準備段階からクライアントの事業目標への貢献に資するプログラム全体のコンセプト設計力と一貫した運営能力で、**どのように提供するのか（技術軸）**：モチベーション理論研究に基づく企画力により、競争優位性を生み出していると言えよう。

　JTBでは、モチベーション研究や実践効果検証などを行うセクションを設置して、独自技術の高度化に取り組んでいる。このように、JTBは、事業ドメインをマーケティング・販売促進領域に拡張しているのである。

　一方、日本旅行の事例では、

　誰に（顧客軸）：行政や公共団体を中心に大規模イベントを主催する組織に対して、**どのような価値を（機能軸）**：受付業務段階から終了までの多岐に渡る業務全般をBPOとしてワンストップサービスの代理遂行能力で、**どのように提供するのか（技術軸）**：独自ネットワーク化した実施項目ごとのプロフェッショナル・パートナーとの最適な連携とマネジメント力により、競争優位性を生み出してい

❖ 第Ⅱ部　観光関連産業の基幹事業

ると言えよう。

　大手旅行会社は、多くの関係者（旅行者・観光地域・サプライヤー・地域住民など）との対応窓口として、高いコミュニケーションスキルを有している。例えば、海外旅行斡旋では、訪問国ごとの法規制や現地環境などを把握した安全管理と緊急対応ノウハウ、旅行中のお客様の満足度を表情から読み解き、適時・的確に対応する人的コミュニケーションノウハウなどがある。また、大型コンベンションやイベント運営業務を数多く担ってきた経験から、旅行会社の中には、蓄積された膨大な申込データ・精算関連データなどを管理する独自業務システムを開発し、活用するノウハウを有する企業もある。こうした情報的経営資源は、他産業との競争優位性のある資源のひとつといえよう。

　日本旅行では、同社の研究機関として日本旅行総合研究所を設置して、地域行政や公共団体などへの提供サービスの高度化に取り組み、事業ドメインをBPO領域に拡張しているのである。

　事業ドメインの拡張により、従来の旅行事業とは異なる対応ができる。その結果、クライアントの旅行会社に対するニーズも変化する。旅行会社はクライアントの事業目的を的確にとらえ、課題の本質を見極めるため、各社とも専門組織を立ち上げ、ソリューションを提供することで市場環境の変化に適合しているのである。結果として、ソリューションのなかに、手段としての旅行事業も生きてくるのである。

❖ 事業ドメインの拡張と営業の役割の変化

　さて、大手旅行会社が「旅行を売る」ことが中心だった時代は、営業担当者はサプライヤーの代行としての機能を求められ、営業担当者に旅行商品のパンフレットと時刻表を持たせ、１日５件５時間という営業時間や顧客訪問件数を管理することで販売機会の損失を防ぐことができた。しかしこれでは営業担当者の資質が上がることはなく、クライアントのマーケティング関連費用をターゲットにビジネス・ソリューションの営業を進めることはできない。

　図６−４は買い手（クライアント）と売り手（大手旅行会社営業担当者）の課題解決状況を示している。クライアント側が課題の解決を知っている（既知）場合は、営業担当者は行動を重視する営業スタイルやライバル企業との競合において、営業担当者の個性や人間性等を売り込むだけの心情訴求型の営業スタイルになってしまう。しかし、クライアントの事業の課題はマーケット環境によって常に変化しており、新たな提案がなければ予算の獲得はできない。

第 6 章　旅行業

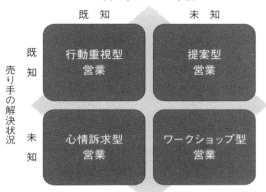

【図6-4　四つの営業累計】

出所：石井淳蔵・嶋口充輝『営業の本質』有斐閣、1995年の掲載図を筆者が加筆修正

　クライアントの課題に対して売り手である営業担当者がその解決策を知っている場合は提案型の営業となり、それまでに前例のないソリューションをクライアントと共に見つけ出していく場合はワークショップ型の営業となる。提案型の営業は大手旅行会社の営業マンにノウハウなどの蓄積があり、スムーズな解決に導ける。しかし、ワークショップ型の場合は、初めて遭遇する課題に対してのソリューションを見つけ出せるよう、クライアントと未知なる開発を進めていく必要があり、営業担当者の資質やスキル、知識の豊富さが求められる。営業担当者の役割は、航空会社やホテルなど旅行関連サプライヤーの代行からクライアントの中核業務の代理遂行へと変遷し、そのための人材育成は、旅行業の知識のみならず、ビジネス・ソリューションに必要なマーケティング、経営学の理論にまで拡がっている。

❖ 新事業ドメイン領域の提案によるクライアントからのイメージの変換

　クライアントが「この業務は大手旅行会社でないとできない」と考えるのはどのような時であろうか。大手旅行会社なら宿泊・輸送・食事の手配・運営は間違いなくできる、という信頼とともに、基幹の旅行業務に密接な関係のある業務（イベントの企画、演出、運営）も合わせて発注することで、費用面や業務の一貫性による責任ある運営ができるとクライアントに安心感を提示するなど、メリットがはっき

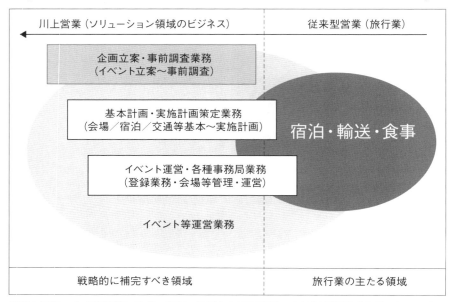

【図6−5 ソリューション領域の拡大によるポジショニングのチェンジ】

出所：高橋一夫「旅行業とスポーツツーリズム」原田宗彦・木村和彦編著『スポーツ・ヘルスツーリズム』大修館書店、2009年

りとわかるようにすることが必要である。

　第2節の事例では、旅行業務にとどまらず、旅行業務の上位機能として運営企画立案・事前受付・当日運営、参加者情報の管理などの事務局運営を手がけている（**図6−5**参照）。企業ミーティングや学術講演会などのイベント・コンベンションにおける旅行業の主たる領域は、食事・輸送・宿泊の手配業務である。しかし「これらの旅行業務はイベントのコンセプトができ、様々な部門の計画が取りまとめられた上でイベント事務局が中心となって発注書が出される。参加者のホスピタリティにつながる重要な役割であるが、機能的には下位に位置づけられるものである。そこで、旅行営業上戦略的に補完すべき領域として、イベントの計画・運営の領域を旅行業の川上として業務を拡大し、営業展開を図るのである（高橋一夫「旅行業とスポーツツーリズム」原田宗彦・木村和彦編著『スポーツ・ヘルスツーリズム』大修館書店、2009年）」。

　ソリューション領域のビジネス拡大は、クライアントから見て大手旅行会社のポジショニングを変える可能性を持っており、従来の旅行営業のスムーズな獲得にも

第6章　旅行業

貢献するのである。

4 おわりに

　大手旅行会社は、時代のトレンドと消費マインドの変化に合わせて、旅に関わるサービスの枠組みを「マーケティングの領域」「ビジネス・ソリューションの領域」に大きく広げてきた。これまで事例を見てきたように、その第一歩は、マーケティングの視点に立って法人のクライアントに旅行やイベントなどの基幹サービスを提供することであった。クライアントの課題の高度化、複雑化に合わせ、企業や団体の戦略と戦術を理解・共有し、人的知見や構想力を活かしてビジネスチャンスを拡大していけるのがマーケティング、ソリューション領域なのである。時代の要請は、クライアントニーズの正確な把握、環境分析と実態把握力の向上、潜在需要の素早い発見と対応する商品・サービスの再構築、具体的な戦略・戦術企画力向上にある。成長を続ける企業は、持続的にビジネスモデルを革新し、戦略構築の技術を向上させて、望むべき結果を達成しているのである。

　大手旅行会社では、事例に代表されるように競争優位性を自社の「強み」を活かしてビジネスモデルを革新し、専門性を高度化する組織体制とパートナーネットワークを構築することで環境適合してきている。これまでのイメージされる旅行業とは違った機能と人材が、法人営業には求められている。

? 考えてみよう

1．バブル期以降の企業の旅行支出が従業員福利費から営業・マーケティング関連費用にシフトした背景を考えてみよう。
2．コロナ禍を受けて、世界的にオンライン会議が定着してきたが、人々が一堂に会するソリューションとしての旅行やイベントの意義を考えてみよう。
3．大手旅行会社は、旅に関わるサービスの枠組みを「マーケティング領域」「ビジネス・ソリューション領域」に拡げているが、その提供者である法人営業マンに求められる役割を考えてみよう。

次に読んで欲しい本

石井淳蔵『営業をマネジメントする』岩波現代文庫、2012年

❖ 第Ⅱ部　観光関連産業の基幹事業

デレク・F.　エーベル〔著〕石井淳蔵〔訳〕『〔新訳〕事業の定義』碩学舎、2018年
余田拓郎・首藤明敏『実践ＢtoＢマーケティング：法人営業成功の条件』東洋経済
　新報社、2013年

第7章

宿泊業
―星野リゾートのサービス・マネジメント

1 はじめに
2 星野リゾートの基本戦略の概要
3 星野リゾートのサービス・マネジメント
4 おわりに

❖ 第Ⅱ部　観光関連産業の基幹事業

1　はじめに

　「りんごの木に取り付けてある蛇口をひねると、りんごジュースが出てくる。」これは「星野リゾート青森屋」のドリンクサービスである。青森屋では他にも四大祭を再現したショーと踊りの体験、「ねぶた」が飾られた施設、青森産の食材を堪能できるレストラン、朝の津軽弁ラジオ体操など、青森の文化を疑似体験できるテーマパークのようである。

　旅行の楽しみといえば、宿泊するホテルや旅館で提供されるサービスである。料理、温泉（浴場・サウナ）、部屋、宴会、景観、設備、しつらえ、加えて周辺の観光やアクティビティはその地域でしか体験できない差別化要素となっている。顧客は提供されるサービスを通して、そこで経験する価値に対価を支払っているといえる。

　近年、顧客サービスに対する要求レベルは高くなる一方、提供者側のサービスは均質化が進み、コモディティ化といわれる状況にある。企業は既存のサービスだけではなく、どのように新たなサービスを通して価値を高め、差別化していくのかが求められる。

　株式会社星野リゾートの競争力は運営に特化することで、当該地域の魅力を「おもてなし」の視点からマーケティングをデザインし、収益性と生産性を高める仕組みでマネジメントしている点にある。これまで経営がうまくいかない旅館や破綻したリゾート施設の再生、新たなホテルブランドの開発、近年では海外展開を加速させるなど、星野リゾートが運営する施設をブランド化することによって国内外に事業を拡大し成長・発展している。本章では、星野リゾートのサービス・マネジメントについて学ぶ。

2　星野リゾートの基本戦略の概要

❖ 運営特化 による成長

　星野リゾートの原点は、1914（大正3）年に開業した星野温泉旅館（現・星の

第7章　宿泊業 ❖

Column 7 − 1

ホテル・旅館の経営方式

　ホテルや旅館などの宿泊業のビジネスを分解すると、主に「所有」、「経営」、「運営」という3つの役割がある。

　海外では3つの役割をそれぞれ専門の事業者が担うことが主流であった。一方、日本ではすべてを担っている事業者がもともと多かったが、「所有」と「運営」の分離が進み、宿泊業の経営に変革をもたらしたといえる。

　所有者は土地・建物のオーナーであり、経営者は事業全体の損益に関する経営を行う。運営者は契約により施設の運営を担当する。それぞれ独立した主体が3つの役割を機能的に分担するのか、統合して担うのかによって経営方式が異なる。代表的な経営方式として、以下のものが挙げられる。

① 直営方式

　直営方式とは、事業者が自ら土地・建物を所有し、ホテルの経営主体となり、運営も自ら行う方式である。帝国ホテル、ホテルニューオータニをはじめ、鉄道系ホテルグループもこれに属する。また地方の温泉旅館などの個人事業者も、直営方式で経営していることが多い。

② リース方式

　リース方式とは、事業者が土地・建物の所有者から長期間借り上げリース（賃借）して運営する方式である。所有と運営の主体を分離させた方式であり、事業者はリース料を支払い、ホテルを経営・運営することができる。例えば、東横インが挙げられる。

③ 運営委託（MC: Management Contract）方式

　運営委託方式とは、土地・建物を所有し経営するオーナーが「運営」の部分だけを外部事業者に委託する方式である。運営に特化した運営会社は集客ノウハウと効率的なオペレーションを用いて利益の最大化に努める。例えば、リッツカールトン大阪は阪神ホテルシステムズの経営で、ザ・リッツ・カールトン・ホテルL.L.Cが運営を委託されている。

④ フランチャイズ（FC：Franchise）方式

　フランチャイズ方式とは、オーナー自らホテル経営に携わるが、フランチャイズ元であるホテルチェーンからブランドや運営ノウハウ提供された上で経営を行う方式である。例えば、プリンスホテルやスーパーホテルなどが該当する。

第7章

❖ 第Ⅱ部　観光関連産業の基幹事業

や軽井沢）である。現在の経営者の星野佳路氏はその４代目に当たり、1991（平成３）年から代表を務める。運営特化の機会は、リゾート法（総合保養地域整備法：1987（昭和62）年）の規制緩和による。資本力のある大企業の参入が進むと旅館などの小資本のローカル企業は淘汰されるが、運営ノウハウが提供できれば運営委託という形で事業を拡大することができると考えた。

　宿泊業（旅館・ホテル）はまず不動産的側面があり、旅館の多くはもともと所有している土地に施設を建設し、経営・運営の両方を行ってきた。ホテルは所有・経営・運営の分離が進み、いくつかの経営方式から成り立っている。

　代表になった星野佳路氏にとって、家業である旅館業のビジネスを運営会社へ変更したことは、大胆なビジネスモデルの転換であったといえる。星野佳路氏の代表就任から約30余年が過ぎ、（非上場企業として）星野リゾートの運営している施設数は72ヵ所、取扱高822億円となっている（2024年７月時点）。約10年前の施設数が32か所、取扱高392億円だったのと比較すれば、倍増していることがわかる。

　特筆すべきは、2013年に星野リゾート・リート投資法人の設立によって、日本で初めて観光に特化した不動産投資信託が東京証券取引所に上場したことである。当該法人が長期的に星野リゾートの施設に対し投資案件として所有的役割を担うことで、星野リゾートは施設の運営や新たな施設の企画・開発に集中できる体制をとることができるようになった。

❖ ビジョンの設定と変更

　1992年に「リゾート運営の達人」というビジョンを設定し、1995年には社名を「星野リゾート」に変更した。経営方針の変更によって新たな人材を必要とした星野リゾートはビジョンに共鳴・共感する人材を集め、このビジョンを通して運営の仕組みやマネジメントの方法を構築した。

　当時、星野リゾートが運営する当該施設では、３つの指標（①顧客満足度2.5、②経常利益率20％、③エコロジカルポイント24.3ポイント）の達成という高い目標を設定した。リゾート運営の達人になるためには、顧客、所有者、地域・自然との関係性を維持する上で、相反する３つの指標を同時に達成するよう実践しなければならず、リゾート経営の持続可能性を追求したものとなっている。リゾート運営の達人ビジョンが当時、星野リゾートが目指すべき基本戦略の方向性であったといえる。

104

星野リゾートは、更なる事業の拡大と成長に向けて新たなビジョンを掲げていく。2014年に「ホスピタリティ・イノベーター」、そして2016年から近年にかけて「Globally Competitive Hotel Management Company」（世界で通用するホテル運営会社）と再設定し、発信を行っている。

2つのビジョン変更には、次のような背景がある。2014年のビジョン変更は、海外での施設運営を行う際に従来のリゾート運営の達人という日本語のビジョンでは現地スタッフに伝わりづらかったことにある。そこで、このビジョンには、リゾート運営の達人よりも広い意味で「サービス業界にイノベーションを起こす」という意味が込められている。一方、2016年のビジョン変更は、既存の施設を通じた顕在ニーズに対応するだけでなく、顧客の宿泊の潜在ニーズを創造しこれまでにないこだわりのサービスを提供するチャレンジャーとして、世界のホテル業界とは違う運営方法やサービスを行っていく必要があると考えたからだ。「世界で通用する」には、海外進出を図ることに限らず国内外で世界のホテル企業と戦って実力をつけたいという意味が強く込められている。

❖ ブランドの展開

施設数の拡大を通してカテゴリーの整理を行い、施設ごとのブランディングに取り組んでいる。近年、「星のや」、「界」、「リゾナーレ」、「OMO」、「BEB」という5つの主要ブランドを中心に事業を展開している（**表7－1**参照）。

「星のや」は、世界基準で競争力のあるリゾートをつくるという理念のもと、軽井沢（長野）、東京（大手町）、京都（嵐山）、富士（山梨）、バリ（インドネシア）、グーグァン（台湾）などで展開している。星野リゾートの旗艦ブランドである。星

【表7－1　星野リゾートの主なブランドとコンセプト】

ブランド	コンセプト	施設数
星のや	その瞬間の特等席へ。	8ヵ所
界	王道なのに、あたらしい。	24ヵ所
リゾナーレ	Play Hard	7ヵ所
OMO	テンションあげる「街ナカ」ホテル	17ヵ所
BEB	居酒屋以上 旅未満　みんなでルーズに過ごすホテル	3ヵ所

出所：星野リゾート公式Webサイトおよび星野リゾート宿泊時冊子『110年星野リゾート』をもとに筆者作成（2024年8月時点）

❖ 第Ⅱ部　観光関連産業の基幹事業

のやブランドとして、①非日常感の演出で世界のリゾートと競争力で差をつけられないレベルのサービス、②滞在の魅力として連泊できるコンテンツ、③内容的に地域文化の反映にこだわることが共通の要素となっている。

「界」は小規模で高級な１泊２食付の従来型の温泉旅館である。旅館再生事業から運営受託したものも含まれ、北海道から鹿児島まで展開している。「界」は、和に由来しながらも現代にマッチした新たな心地よい空間と独自のサービスを提供する。特にその地域独自の魅力にこだわり、地域文化に携わるアーティストや職人とコラボレーションしてつくられた客室「ご当地部屋」と地域固有の文化を宿泊客全員に楽しんでもらう「ご当地楽」のサービスを提供し、「界」を巡ることによって日本を再発見できることをセールスポイントにしている。

「リゾナーレ」は、旅行に積極的なファミリー向けのリゾートホテルである。このブランドでは、高原での乗馬や農業体験・雲海鑑賞など、自然を満喫できるアクティビティと空間デザインを備えることで、夢中になって楽しみ尽くし、記憶に残る滞在を提供している。トマム（北海道）、熱海（静岡）、那須（栃木）、八ヶ岳（山梨）などで展開している。また子供連れの家族にとって（特に母親の）旅行の負担が大きくなることを軽減するために、トマムでは「ままらくだ委員会」を設け、様々な負担軽減サービスを行っている。

「OMO」はディープな都市の魅力を引き出し、新たな旅の提案をする都市型観光ホテルである。展開するエリアとして、OMO７旭川（北海道）、OMO５大塚・五反田（東京）、OMO関西空港（大阪）などがある。「OMO」はブランド名の後ろに番号をつけ、そのホテルが提供するサービスの幅を、０（限定的）から９（広い）の尺度で表現している。星野リゾートが運営する宿泊施設ブランドの中ではまさに新しい試みと言える（詳細は後述）。

「BEB」は、居酒屋以上旅未満というコンセプトのもと仲間とルーズに過ごせるホテルである。普段の飲み会よりも素敵に、旅よりも気軽に、いつもの仲間と好きな時に、好きな場所で、好きなように過ごせる「TAMARIBA」というスペース、遊びゴコロあふれる客室とラウンジ、24時間営業のカフェなどの設置に加えて、飲食物の持ち込みを推奨し、朝食とチェックアウトは遅れても可能な形でルーズに過ごすことができる。

その他上記の５つのカテゴリーに含まれない個性的な宿泊施設として、「トマム・ザ・タワー」、「星野リゾート青森屋」、「奥入瀬渓流ホテル」などがあり、日帰り施設として「トマムスキー場」、「谷川岳ロープウェイ」、「軽井沢星野エリア」など、

第7章 宿泊業

宿泊以外でも運営を拡大している。

❖ OMOブランド：都市型ホテルの新たな観光モデルの創造

　OMOブランドは、これまでの星野リゾートの宿泊カテゴリーと異なっている。ホテルは泊まるだけのものではなく、外に出て地域との交流を楽しむ、街を遊び尽くす目的のホテルであり、街全体をリゾートと位置付けている。

　こうした背景には、都市観光旅行者のニーズに合ったホテルが必ずしも都市部の中心にはなかったことが挙げられる。都市部にある既存のホテルの多くはビジネスホテルであり、交通利便性の高いターミナルで、オフィスが集積する駅前に立地している。こうした駅前の飲食や物販はナショナルチェーンに席巻され、どこでも同じような街並みを形成している。むしろ、駅前から離れた場所に、地元住民が営むレストランやカフェ、ブティック、ギャラリーなど、その土地ならではの魅力が味わえる。「OMO」はここに市場性を見出し、周辺地域の魅力を発掘している。立地戦略の着眼点として、CBD（Central Business District：中心業務地区）からCCD（Central Cultural District：中心文化地区）をベストロケーションとして考え、都市観光目的で中堅ビジネスホテルを利用する顧客層をターゲットに急成長している。

【写真７－１　OMO7大阪のGo-KINJOマップ】

写真提供：星野リゾート

第Ⅱ部　観光関連産業の基幹事業

　OMO7大阪は梅田・難波の中心地に近いJR新今宮駅の目の前にある。このエリアは「あいりん地区」に隣接する労働者の生活の場であった。ホテルから徒歩圏にある通天閣や新世界の周辺で、新たな発見や出会いを通して街に溶け込むことをサポートするサービス「Go-KINJO」を展開する。OMOベースに掲げた「Go-KINJOマップ」には、徒歩圏にあるディープな街の情報から周辺地域の観光情報まで掲載している。

　OMO7大阪のテーマは「なにわラグジュアリー」で、「笑い」と「おせっかい」を採り入れた大阪らしいおもてなしを提供している。そのおもてなしに一役買っているのが「（ご近所専隊）OMOレンジャー」である。OMOブランド共通の案内ガイドによるツアーやアクティビティであり、セールスポイントの要である。OMO7大阪では、「ほないこか、ツウな新世界さんぽ」、や「めっちゃ串カツどっぷりツアー」、「ええだし出てますわツアー」などのツアーが用意されている。ツアーでは、ブティックの店員と「ヒョウ柄」の服を着ての記念写真の撮影や、木津市場の八百屋・乾物等を販売するお店の人との「食」を通じた交流など、ここでしか体験できない企画と演出によって、コンセプトの「ほれてまうわなにわ」をうまく表現している。

3 星野リゾートのサービス・マネジメント

　星野リゾートは、日本の観光業界の中で、宿泊業として新たなサービスや運営方法、宿泊滞在のあり方を提案するなど、革新的存在となっている。ここでは、星野リゾートのマネジメントについて、「サービス・プロフィット・チェーン（以下、SPC）」という理論で説明し、星野リゾートのこれまでの戦略の強みとして地域性を活かした「おもてなし」の視点から探ってみよう。

❖ マネジメント：サービス・プロフィット・チェーンの視点

　SPCとは、成功したサービス企業の分析をもとに開発された因果関係を示すマネジメントのフレームである。従業員とサービスと顧客がどのような関係であれば、企業にとって利益や成長につながるのかというモデルが提示されている（**図7−1**参照）。

　では、このSPCモデルのフレームで、星野リゾートのマネジメントを確認して

第7章 宿泊業

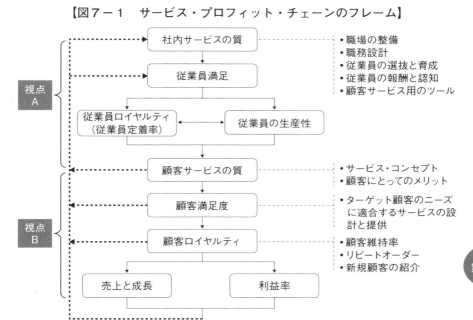

【図7-1 サービス・プロフィット・チェーンのフレーム】

出所：W.アール・サッサーJr、ジェームス L. ヘスケット他『顧客サービス戦略』ダイヤモンド社、2000年より筆者一部加筆

みよう。

視点A（企業側）：サービスの質を高める組織体制

　SPCは、まず①から③の流れで説明される。①従業員に質の高いサポートをすると、従業員満足が向上する。②従業員満足が高くなると、従業員ロイヤルティ（働いている企業に対する愛着や信頼のこと。従業員の定着率につながる）や生産性が高くなる。③従業員満足が高くなることによって、顧客に高品質なサービスが提供されるのである。したがって、組織は従業員に対して、仕事の「やりがい」や「やりやすさ」など職場環境や職務設計を整え、社内サービスの質を向上することが重要となる。

　星野リゾートでは、階層に関係なくフラットな組織文化を重視している。スタッフが自らの判断で行動し、1人ひとりの自由な発言を大切にし、言いたい人が言いたいことを伝える、オープンに議論するという自律的な組織を常に目指している。

第Ⅱ部　観光関連産業の基幹事業

正しい議論をするためにも全員が同じ情報を持つことでフェアな議論を促進している。

　ユニット・ディレクター（以下、UD）の選任も、人事の硬直化を招かないように立候補に基づく「責任者立候補制」を採用している。立候補者は事業プランのアイデアを発表し、総支配人だけでなく従業員からも評価されることによってUDが決定される。UDは総支配人、あるいは社長の直属で大幅な権限が与えられ、新サービスの提案や既存サービスの変更、価格の見直しも自ら判断できる。ただし、「決めるのはスタッフ」であることも約束事になっている。

　従業員の生産性を高める方法として、星野リゾートでは1人ひとりのスタッフが様々な業務に対応する「マルチタスク」を採用している。これまでホテルのスタッフは、フロント、レストラン、清掃というように役割ごとに配置され、この配置の固定化が、業務ごとの繁閑の差を埋められずに労働効率を悪くさせていた。その点、星野リゾートではユニット間の垣根をなくし、「サービスチーム」として複数の業務に対応する。例えば、チェックイン、チェックアウト時のみフロント業務、食事のときの厨房やレストランの繁忙時間は他のユニットからスタッフをサポートする仕組みである。顧客の要望に即時対応することも可能となり、結果的に顧客満足度は向上する。

　マルチタスクのサービスチームは、分業を徹底する欧米の運営方法とは違った運営方法であり、ユニットの中で固定された労働力を単に増やしたり減らしたりするのではなく、各スタッフの手待ち時間を減らし、効率よく業務が遂行できるようにしている。この仕組みが星野リゾートの生産性を高めるカギとなっている。

視点B（顧客側）：顧客満足がリピーターにつながる仕組み

　SPCは、次に④から⑥の流れで説明される。④顧客に高品質なサービスを提供すると、顧客満足は高くなる。⑤顧客満足は顧客ロイヤルティ（企業そのもの、企業の商品・サービスに対する愛着や信頼）を高める。⑥顧客ロイヤルティの高い顧客の購買によって、企業の売上や利益率が伸び、成長する。

　星野リゾートの顧客満足度調査は、予約時、宿泊時、チェックアウト時、施設利用時、最終的に「全体の満足度」について集計されている。アンケートの評価方法は、3点（非常に満足）から－3点（非常に不満）まで7段階で設定し、顧客満足度を測っている。

　星野リゾートでは高い顧客満足を実現するために、リゾート運営の達人の指標で

ある2.5ポイントを目標に運営を行っているが、2.5ポイントを獲得することは容易ではない。そこで、目標設定がしやすいように「非常に満足」の＋３点が50％（Top Box 50％）、「満足」の＋２点が45％に入ることを目指すとともに、残りの０から－３点までの不満足度を表す「トータルネガティブ」を全体の５％以内に収めるようにしている。このように顧客満足度を定期測定し、全スタッフにフィードバックすることで、更なる顧客サービスの質と顧客ロイヤルティの向上を目指している。同時に、顧客満足度をユニット評価にも反映させることで、スタッフのモチベーションにも働きかける。

　顧客満足が利益につながるかどうかも、考え方として重要である。問題は顧客満足とリピーター増加のメカニズムが必ずしも明確になっていないことにある。顧客満足を高めるのであれば、スタッフを増員したり、高価な食材を使ったり、部屋に高い家具を揃えたり、コストをかければよい。しかし、それでは顧客満足は高くなっても利益にはつながらない。

　星野リゾートでは、アンケートの中で「全体の満足度」に関する質問が４分の１あり、この部分で高いポイントをとらなければ「リピーター」につながらないことがわかっている。したがって、「全体の満足度」の項目について徹底して高い数値を維持しようと工夫を重ねている。星野リゾートが目指しているのは「利益を最大化する顧客満足度」である。

　収集された顧客データは、顧客関係管理（CRM：Customer Relationship Management）のデータベースで活用されている。星野リゾートで「CRMキッチン」と呼ばれる情報システムであり、このシステムには、顧客が初めて宿泊した時からリピートする度に情報が蓄積されていく。全施設のスタッフは顧客データを活用してサービスの提供に反映する。例えば、リピーターが来館する際に、システム上に個々の顧客に合わせたサービス内容が自動的に表示されるようになっている。スタッフはミーティングで、システム上の情報をもとにサービスや食事の内容を事前に確認するとともに、必要に応じて変更できる。

　CRMキッチンを使った全施設のスタッフ間での顧客情報の共有によって、顧客の期待を超えるサービスの提供を可能にし、その結果、リピートしたくなるほどの顧客ロイヤルティを高め、企業にとって売上や利益率の向上が期待できる。

　以上、企業側と顧客側の２つの視点から、星野リゾートの取り組みを確認した。SPCが指摘する重要な視点は、サービスを生み出す従業員と顧客の双方の満足が企業の利益（売上や成長、利益率）と連鎖するという点にある（前掲図７－１の点

◆ 第Ⅱ部　観光関連産業の基幹事業

線部分）。こうした取り組みが生産性と収益性を高める星野リゾートの基本的な
サービス・マネジメントとなっている。

◆ 地域性を活かした「おもてなし」のデザイン

　星野リゾートのサービス設計の強みは、まず当該地域の季節、土地、文化・風土、
伝統、特産品、観光施設など地域ならではの資源や魅力を再発見し、それを活かし
ている点にある。こうした地域性は長い年月を経て形成したものであるため、独自
性が強く差別化しやすい。

　次に、こうした地域性をうまく活用しなければ、付加価値にはならない。星野リ
ゾートが志向するのは通常のサービスではなく、地域ならではの独自の「おもてな
し」をデザインすることにあり、それが競争相手との差別化を図ることになる。

　「おもてなし」を考える上で、サービスとホスピタリティの違いについて理解し
ておくことは大切である。「ホスピタリティ（ここではおもてなしと同義）」は、
サービスと視点が異なっていることがわかる。

　星野リゾートがおもてなしを志向するのも、より付加価値の高いサービスを開発
し提供しようと考えるからである。それは顧客の期待に単に応えるだけでなく、顧
客の願望や予想外の価値を提供することで、高い顧客満足の獲得を目標にしている
ことにある。（Column 7－2 にあるように）ホスピタリティを創造し実現するには、
組織構造としてフラット型が必要であり、スタッフが使命感をもって能動的に行動
することは、これまでの星野リゾートのSPCの議論と合致している。

　星野リゾートトマム（北海道）が2006年から始めた「雲海テラス」は、スキー
以外でも楽しんでもらうためにスタッフのおもてなしの発想から生まれたサービス
である。ゴンドラで山頂に上がり、標高約1,000メートルからの雲海の絶景を眺め
ながら楽しむことができるコンテンツを日本国内でいち早く構築したのである。難
しいのは自然現象のため雲海を必ず見られるわけではない点にある。しかし、雲海
を見ることができなかった場合でも楽しめるコンテンツ（「雲の学校」、「ヨガ教室」
など）を充実させ、リスクにも配慮しながら実現したのである。

　さらに2015年から「Cloud 9（クラウドナイン）計画」を立ち上げ、段階的に
9つの展望スポットを整備し、エリアの拡張を行っている。中でも空中にせり出す
12mの高さのある展望デッキを整備し、「雲Cafe」や「雲海ガイド」のサービス
を強化している。その結果、2023（令和5）年には年間約13万人を集客し、累
計来場者数は170万人を超えている（2024年8月時点）。

112

第7章 宿泊業 ❖

Column 7 − 2

サービスとホスピタリティの違い

　観光業・サービス業で取り上げられるキーワードに「おもてなし」や「ホスピタリティ」がある。どちらも「客に対する接遇・歓待」という意味であるが、違いを挙げれば成立してきた文化的な背景が異なる。日本のおもてなしは茶道、旅館、花街など日本文化や伝統が密接に関係し、もてなす主（あるじ）ともてなされる客との間の精神的な交流として捉えられる。一方、欧米では「異人歓待」に関する宗教的儀礼および倫理的、社会的な義務として捉えられる。産業社会の発展につれ、もともと無償のものが有償になり、ビジネス用語として使われるようになった。

　ホスピタリティ（おもてなしと同義）は、サービスとの比較を通して明らかにされている（表7−2参照）。「無形性」や「不可分性」など共通の特徴もあるが、本質的にはサービスとは異なる原理として捉えられている。

　サービスはその語源から「主従関係」で説明されるのに対し、ホスピタリティは「対等関係」で説明される。対等な関係を基本として、ホスピタリティは顧客に異なるサービス内容をカスタマイズして臨機応変に提供することが求められている。サービスは従業員の必要最低限の行為を通して基本価値の提供にとどまるが、ホスピタリティは基本価値を超える期待、願望、予想外の価値が提供範囲となる。ホスピタリティがすべて高い満足を与えるわけではないが、期待以上、無

【表7−2　サービスとホスピタリティの違い】

視点	サービス	ホスピタリティ
顧客関係	主従関係　上下関係	対等関係　相互関係
対象顧客	1対多数（One to Mas）	1対1（One to One）
提供内容	同じ	異なる
提供方法	レディメイド	カスタマイズ
提供価値	基本価値	期待価値・願望価値・予想外価値
従業員の行為	必要最低限の行為	サービスを超えた行為
従業員の意識と行動	義務感　受動的　機能的　量的	使命感　能動的　情緒的　質的
指導方法	トレーニング	コーチング
マニュアル化	容易	困難
組織構造	ピラミッド型	フラット型（逆ピラミッド型）

出所：稲田賢次「ホスピタリティに関する概念の一考察」『龍谷大学経営論集』第55巻
　　　第1号、2015年より一部修正

❖ 第Ⅱ部　観光関連産業の基幹事業

意識の願望、予想外の価値のほうが顧客に高い満足を与えることは想像に難くない。それが顧客にとってサービスを超えた行為として認識されるからである。

　ホスピタリティを実践する上で、直接接する従業員の意識と行動が大切である。サービスを提供する際に義務感から受動的に行動するのではなく、「顧客に喜んでもらおう」という気持ちで使命感を持って能動的に行動することがホスピタリティには求められる。ホスピタリティをマネジメントする上で大切なことは、サービスとホスピタリティの違いを理解した上で、フラット型の組織構造で従業員が自律的に行動できるようにサポートすることである。

　展望施設とサービスの強化をいち早く進めるのは、同じタイプの施設で類似する絶景商品・サービスの出現を想定した上で、先発優位性を発揮することにある。現状のサービスに甘んじることなく、絶えず顧客の期待を上回るおもてなしをデザインしようとする星野リゾートの姿勢もまた、顧客ロイヤルティに結びつけようとしている。

【写真７－２　星野リゾートトマム　Cloud Pool】

写真提供：星野リゾート

第7章　宿泊業

4 おわりに

　星野リゾートは運営する施設の収益性や生産性を高める独自のサービス・マネジメントを構築し、そのことを説明する概念としてSPCで解説した。このSPCを基本として、地域性を活かした「おもてなし」のデザインによって強みを発揮し、宿泊業に多彩なサブブランドを生み出してきた。このことが星野リゾートの成長・発展の土台になっていると考えられる。

　星野リゾートのビジョンは、成長・発展とともに変更されてきた。このことは、星野リゾートにとって展開するステージが変わり、次の目指すべきビジョンに向かって、より高いレベルの競争意識が必要になってきたと考えられる。国内外のホテル・旅館にも、星野リゾートはベンチマーク（競合他社のベストプラクティスの分析対象）される存在になっている。そのことは、星野リゾートにとって有効なサービスは競争相手に模倣され、その結果、いずれサービスのコモディティ化が進み、自身の差別性を失うリスクの可能性も含んでいる。

　星野リゾートは、近年「コモディティ化からの脱却」をスローガンにしており、その課題として「トレードオフを伴う選択」を意識しようとしている。「トレードオフ」とは両立できない関係性を意味し、選択にリスクや犠牲が伴うコンテンツの開発や活動を行うことを意図している。コモディティ化に陥ることなく競争力を持続させるために、競争相手に対する差別性を発揮しようとしているのである。

　星野リゾートのサービス・マネジメントが世界的に通用するかどうか、またどのように進化し発展するかは、日本の観光、宿泊事業を考える上で大きなヒントを与えてくれるだろう。

?考えてみよう

1．星野リゾートの成長とその基本戦略についてまとめ、他の宿泊業（ホテル・旅館等）と比較しながらその違いを友人と議論してみよう。

2．星野リゾートが展開するブランドについて、興味・関心のあるケースを選んで調べてみよう。その際、顧客に対してどのようなサービスを行っているのか、それが顧客に対してどのような価値（おもてなし［ホスピタリティ］を参考に）を提供しているのかについて、考えてみよう。

❖ 第Ⅱ部 観光関連産業の基幹事業

3．星野リゾートあるいはそれ以外のサービス企業で「サービス・プロフィット・
　チェーン」で説明できるマネジメントをどのように行っているのか（顧客と従業
　員のそれぞれに対して行っている仕組みや制度）について調べてみよう。

次に読んで欲しい本

フレッド・クロフォード、ライアン・マシューズ、星野佳路（監修）『競争優位を
　実現するファイブ・ウェイ・ポジショニング戦略』イースト・プレス、2013年

（学）産業能率大学 総合研究所 経営管理研究所 プロフィットゴール・マーケティ
　ング研究プロジェクト、齋藤隆行・福岡宣行・松尾泰・蔵田浩『プロフィット
　ゴール・マーケティング』産業能率大学出版部、2020年

佐々木茂・徳江順一郎・羽田利久（編著）『ホスピタリティ・マーケティング』創
　成社、2024年

第**8**章

航空輸送業
──事業特性とANAの レベニュー・マネジメント

第1章
第2章
第3章
第4章
第5章
第6章
第7章
第8章
第9章
第10章
第11章
第12章
第13章
第14章
第15章

1 はじめに
2 航空輸送業
3 収益の最大化を目指すレベニュー・マネ
  ジメント
4 おわりに

❖ 第Ⅱ部　観光関連産業の基幹事業

1 はじめに

　航空は、観光だけでなく、ビジネス、家族・友人への訪問など数多くの目的で活用されている。利用方法もどんどん便利になっている。以前は紙の航空券を購入し、空港で搭乗手続きを行う必要があったが、今ではスマートフォンで予約から搭乗までを行うことができる。そして、実際にスマートフォンで調べてみると、同じ路線でも複数の航空会社の飛行機が飛んでいて運賃やサービスで様々な個性を競っていることや、同じ航空会社の同じ便でも複数種類の運賃や座席タイプを選べることがわかる。利用者は自分のニーズに合ったものをそれらの中から選択できるようになっている。

　このように多くの選択肢が提供されている背景は、航空輸送業の事業特性と大きく関わっている。人びとに「空を飛ぶ」「遠距離や海を越えた移動を可能にする」というサービスを提供する航空輸送業は、人と人、あるいは国と国の交流、経済や文化の発展、私たちの生活を支える重要な社会インフラである。そしてその商品である航空座席や貨物スペースは、売れなかった場合に在庫として持ち越すことができないし、また需要が多くても簡単に増産ができない。一方、航空会社にとっては航空機を購入・保有し、日々安全に運航するためのコスト負担も大きい。航空輸送業はこのような事業特性を持ちながらも、経営を安定させていくために様々な戦略を展開している。

　本章では、そういった航空輸送業の特性と、それを踏まえた収益最大化の仕組みであるレベニュー・マネジメントについて、全日本空輸株式会社（以下、ANA）の事例を中心に学んでいく。

2 航空輸送業

❖ ANAの沿革（日本の航空輸送業の誕生と航空政策の変遷）

　第二次世界大戦の敗戦後、国家主権を回復した1952（昭和27）年に日本政府は航空法を施行した。これを受けて政府出資の日本航空株式会社（以下、JAL）に

第8章　航空輸送業 ❖

加え、日本の空を再び自分たちの力で飛びたいという思いをもった事業者たちによって、数多くの民間航空会社が設立された。それらの中に、日本ヘリコプター輸送と極東航空があったが、この両者が1957年に合併して誕生したのがANAである。

　この当時の民間航空会社はまだ企業体力が十分でなく、また航空市場も大きくなかったため、政府は航空輸送の安全確保と業界の健全な発展を目的に企業統合を推進していった。結果として1970年代に、日本の航空輸送業はJAL、ANA、そして東亜国内航空（以下、TDA、後に日本エアシステム（JAS）に社名変更、2004年にJALと統合）の3社と、一部の離島間航空会社にほぼ集約された。また、3社の事業領域も政府によって定められ、JALは国際定期便と国内幹線（札幌、羽田、伊丹、福岡、沖縄を結ぶ路線）、ANAは国内幹線とローカル線、近距離国際チャーター便、TDAは国内の一部幹線とローカル線を担うこととなった。この3社による事業領域の区分けは、1970（昭和45）年に閣議了解され1972（昭和47）年に運輸大臣（現在の国土交通大臣）通達が出されたことから、「45/47体制」と呼ばれた。

　しかし、1980年代半ばにこの体制は徐々に見直されることになる。これは、国の航空行政が、①国際的な規制緩和、自由化の流れ、②日本経済や企業の成長とグローバル化、③高度経済成長時代の終焉による「官から民」への政策転換の要請、といった社会的背景の影響を受けたことによる。これまでの規制と産業保護中心だった政策は自由化と競争促進へと舵が切られ、1986年から1987年にかけて、国際線の複数社化、国内線の競争促進といった政策の転換が行われた。結果として、JALだけに運航が認められていた国際線にはANAの参入が認められるとともに（後にJASにも認められる）、国内ローカル線にはJALも就航が可能となった。また、半官半民で経営されていたJALの完全民営化も行われた。規制緩和政策はその後も進められ、長く事実上3社による寡占が続いていた国内航空市場には1998（平成10）年に新規航空会社（スカイマーク、エア・ドゥなど）が参入し、国による認可制であった国内線運賃が2000年に自由化され事前届出制となった（但し、国際航空運賃は認可制である）。

　航空の規制緩和を世界的に見れば、代表的な政策の1つにオープンスカイ（国際線において、当事者である国と国との間で、互いの国に就航する航空会社の路線や便数、乗り入れ企業等を自由化する取り決め）が挙げられる。この政策はアメリカの主導で進められてきたが、1990年代に入ってその動きは更に加速し、2009年には日本もアメリカとオープンスカイ協定を締結するに至った。

❖ 第Ⅱ部　観光関連産業の基幹事業

「45/47体制」によってほぼ国内線の運航しか認められていなかったANAは、上記のような規制緩和を活用して事業規模を拡大し、国際線にも積極的に進出して、現在では約50の国際線の路線網を有するアジアで有数の航空会社に成長した。その過程においては、景気の動向、テロ、疫病の影響などによって厳しい経営環境にさらされた時期もあったが、安全を大前提としつつ様々な収益最大化戦略、コストの効率化などを推し進めて今日に至っている。

❖ ANAで見る航空輸送業の事業特性

航空輸送業は、人や貨物の輸送を担う公共性の強い事業である。特に安全性の確保は絶対的な使命である。一方で、前述の通り規制緩和が進められ競争が激しくなる中でも、確実に収益を上げて事業を継続させていかねばならない。そのためには、航空輸送業の事業特性を踏まえた収益最大化戦略が重要になってくる。

この戦略を理解するためには、まずその事業特性を把握する必要がある。ANAを例にしながら航空輸送業の事業特性を見ていこう。

● 事業特性①　商品在庫が利かない

航空会社の商品（収入源）は、日々運航される各便の航空座席と貨物スペースである。そして、これらは、それぞれの便が離陸してしまうと販売することができず、商品としての価値を失ってしまう。製造物を販売するのであれば、売れ残った商品を在庫として持ち越し、値引き販売などによって収入を得ることも可能であるが、航空座席や貨物スペースではこういったことが不可能であるため、飛行機が出発するまでに可能な限り多くの座席やスペースを販売しなければならない。

ANAは、日本の国内線において1日当たり10万席以上の座席を提供しているが、飛行機が離陸してしまえば、ここから収入を得ることは不可能である。

また、ANAが所有している機材は大型機から小型機まで10種類以上（貨物専用機を除く）あり、時期や路線によっては何の工夫もしなければ多数の空席が出てしまう便も出てくる。したがって、それぞれの便の座席を出発するまでに、どのタイミングでどれくらいの席数をいくらで売れば1便当たりの収入がトータルとして大きくなるかを見極め、それに基づいて販売を行っている。

● 事業特性②　簡単に増産ができない

商品に対するニーズが高まった場合、製造業であれば商品の増産によって収入を

増やすことができるが、航空輸送業においてはこれが困難である。大手の航空会社であれば、所有している機材のやりくりによって、特定期間や特定時間帯の機材大型化や臨時便の設定などで若干の対応は可能であるが、これには機材数や空港の発着枠等の限界があり、需要に応じた増産は容易ではない。たとえば、ANAは日本の国内線において１日当たり1,000便の飛行機を運航しているが、最大需要期である夏休み期間に運航する臨時便は、2024（令和６）年で旧盆期間中に１日当たり10便程度である。このようなことから、予め定められた便数の中で収益を最大化させていくことが求められる。

●事業特性③　商品は「無形」、インターネットを通じた取引が容易である

　他のサービス業と同様に、航空輸送業は「運輸サービス」を提供するものであり、サービスとは「モノ」ではない。そのため、利用者が購入するのは手元に残る物品ではない。手続き的には、予約した航空座席を利用する権利（有体財利用権；第１章Column１－１参照）を示した「券」を購入し、それを提示することによりサービスを受けることができる。したがって、販売のために店舗を構えたり宅配をしたりする必要がなく、インターネットを通じた取引がより容易である。ANAにおいても、国際線・国内線ともにインターネットで航空券の予約・購入・搭乗手続きが可能である。

●事業特性④　全費用に占める固定費の比率が高い

　航空輸送業は、高額な航空機を調達することが事業の前提となる。その上、燃料費や空港使用料、人件費などの「固定費」が全費用に占める割合が高い。ANAにおいても、固定費削減の努力はしているが、全費用に占める割合は６割近い水準である。したがって、損益分岐点を上回る収入を確実に確保して収益をあげていく（第10章Column10－１参照）ために、いくら競争が激しくても安易な値下げをすることは経営上厳しい。

　このような航空輸送業の事業特性から航空会社は、特に以下のマネジメントを重視している。

①　レベニュー・マネジメント
　飛行機が飛ぶ前に１便当たりの収益が最大となるような運賃設定と販売座席供

❖ 第Ⅱ部　観光関連産業の基幹事業

給を行うことをレベニュー・マネジメントという。同じ便の同じクラスの座席であっても、異なる運賃を的確に組み合わせて販売することで収益の最大化を図る。

　実際にANAの事例で確認してみよう。表8-1は2024年5月現在における8月のある平日の羽田から沖縄行きの航空運賃表である。同じ便でも予約変更可能で予約取り消し手数料もかからない運賃（ANAでは、運賃名を「フレックス」としている）は片道で6万円近い価格であるのに対し、予約変更不可で取り消し時期によっては最大で60％の手数料がかかる運賃（ANAでは、運賃名を「スーパーバリュー」としている）は2万円台から3万円台の価格で販売されている。つまり、「夏休み期間の旅行なので航空券を購入した後に予約を変更する可能性はない」という利用者は、早めに予約・購入を済ませることで、比較的安い運賃の航空券を選択することが可能になるのである。

② 顧客を囲い込むための差別化戦略

　数ある航空会社から選んでもらうための差別化戦略には、プロダクト（座席やラウンジ、機内食等、より快適で魅力的なサービスの提供）戦略、ネットワーク（旅行者の利便性や効率性を高めるための路線網の形成）戦略、マイレージ（マ

【表8-1　ANA Webサイトで表示される様々な運賃】

2024年8月7日　　東京（羽田）→沖縄（那覇）

	フレックス	バリュー	スーパーバリュー	株主優待割引
6:25 -08:55 ANA461 76P/Wifi	58,410円 ○ ▲	40,800円 ○ ▲	22,510円 ○ 4	29,510円 ○ ▲
6:35 -11:25 ANA993 772/Wifi	58,410円 ○ 2	40,800円 ○ 1	34,310円 ○ 1	○ 空席待ち
7:35 -10:10 ANA463 78K/Wifi	58,410円 ○	40,800円 ○	38,210円 ○	満席
8;30 -11:10 ANA467 773/Wifi	58,410円 ○	40,800円 ○	34,310円 ○	満席

▲：残り10～29席　1-9：残りの席数

出所：ANAのWebサイトを基に筆者作成

イルを貯める楽しみと経済的便益の提供）戦略などが挙げられる（Column 8 －
1、8 － 2 参照）。

　ANAは、ポストコロナの事業戦略（ANA「2023〜2025年中期経営戦略」
より）として、国際線でネットワークの再編・強化や増便を、国内線で幹線を中
心にビジネス需要を含めた幅広い旅行者層の取り込むことを狙う。また、ANA
マイレージ会員約4,000万人という顧客基盤を活かして、航空機の搭乗だけでな
く日常生活でマイルを貯められたり、使用できたりする機会をさらに増やすこと
を目指している。

3 収益の最大化を目指すレベニュー・マネジメント

❖ 導入の背景－制度、技術、需要の側面から

　この項では、航空会社にとって収益最大化に向けた重要な役割を担うレベニュー・
マネジメントについて解説をする。同じ便の同じクラスの座席において異なる運賃
の販売を可能とする要素には、①規制緩和によって事業者自ら運賃を決定できるこ
と（制度面）、②多様な運賃を販売できるシステムが整っていること（技術面）、③
同じ商品が異なる価格で販売されることに対する消費者側の理解（需要面）、が挙
げられる。

　このように、レベニュー・マネジメントの導入には、制度、技術、需要の3つの
側面の影響を受ける。以下、各側面から導入の背景について解説する。

①　制度面（規制緩和）

　国際的に最も早く自由に運賃設定ができるようになったのは、1978年に航空規
制緩和法が制定されたアメリにおいてである。それに対し、日本では前述のとおり
1990年代前半まで国内線運賃は認可制であった。一定の条件のもとでの割引（往
復割引、回数券、周遊割引等）は認められていたものの、全て国による認可が必要
で、同一路線であれば航空会社間に差異はなく、またシステム上も普通運賃と各種
割引運賃を分けて販売することはできなかった。やがて、日本でも航空全体の規制
緩和が進められたことに伴い、運賃に関しても1990年代後半から段階的に規制緩
和が進められ、2000年以降は航空会社が自由に運賃を設定できるようになった。

> Column 8 – 1

エアラインの差別化戦略(機内プロダクト)

　航空会社を選ぶ要因は運賃だけではない。特に、飛行時間が長い国際線においては、シートや機内食などの「機内プロダクト」も重要な要素となる。

　国際線ではかつてファースト、ビジネス、エコノミーの3クラスが主流であった。現在はビジネスとエコノミーの中間にプレミアムエコノミークラスを導入している航空会社が多い。特に、収益力が高いビジネスクラスのシートの開発競争は特に目覚ましい。2000年代に入ると180度リクライニング可能なフルフラットシートが主流となり、現在では更に進んで全席が通路に面してドアもついている個室タイプのシートも導入されている。こういったタイプのシートでは、座り心地の良いシート、大型のシートテレビといった設備とともに、機内食や寝具、その他のアメニティグッズも趣向が凝らされており、長時間のフライトでも快適に過ごせることが大きなアピールポイントとなっている。

　一方、価格の安さで勝負をするローコストキャリア(LCC)は、このような戦略を取らない。逆に座席の間隔を出来るだけ狭くして1機当たりの座席数を多くして少しでも収入を増やそうとするし、機内食も有料で販売される。ラウンジも設けない。このように、機内プロダクトは会社の戦略に応じて、全く異なる選択がされている。

【写真8－1　ANAビジネスクラスのシートと機内食】

写真提供：ANA

第8章　航空輸送業 ❖◆

②　技術面

　1970年代になると、ジャンボジェット機の就航により大量輸送時代が到来した。そこで、これまでの電話やファックスでの予約方法から、より効率性を高めた予約管理のできる情報システムの開発が各社で始められた。開発初期段階では、航空機のスケジュールや料金、空き状況などを確認できる程度だったが、その後、インターネット技術の進化と普及が進み、予約・決済のできるシステムへと進化していった。

　インターネット販売の普及は、航空会社と消費者の双方に便益をもたらした。航空会社にとっては、大手旅行会社による代理販売に依存しなくても自社で販売できるようになり（これによって旅行会社への販売手数料を削減できる）、独自で多様な運賃設定と予約管理が可能となった。また、自社で収集した膨大な顧客データは、今後の需要予測を含むマーケティング活動に活用することができる。一方、消費者にとっては、旅行会社に行かなくても自分の都合に合った場所と時間で予約ができること、移動手段の選択の幅を拡げられること、出発日と時間帯、訪問目的、予算に応じて航空会社や便を自由に選択できるようになった。

③　需要面

　消費者が国内線航空運賃の自由化や多様化を受け入やすかった背景には、①規制緩和に対する慣れ：当時は航空に限らず、通信、金融、電力・ガスなど様々な分野で規制緩和が進められていた、②より身近に、より選びやすくなった運賃：制限のない運賃は割高になった面もあるが、各種制限条件を踏まえて活用すれば以前よりも安い運賃での利用が可能となった、③情報開示と簡便さ：インターネットを通じて情報が開示されているため消費者の納得感が高く、また予約・購入・搭乗の手続きが大幅に簡便になった、といった理由が挙げられる。

　こうして、現在では、各航空会社が様々な条件設定のもとで多様な運賃を提供することができるようになった。一方、利用者は、「予約変更はできないけど、帰省のために早めに予約をして安い運賃で購入する」「仕事の出張なので途中でスケジュールが変わる可能性があるので、若干高くても予約可能な航空券を買う」など、それぞれの用途・事情に合わせて運賃を選択できる。

❖ レベニュー・マネジメントの仕組み

　運賃は自由化されているが、安易に値引きをすれば全費用に占める固定費の割合

❖ 第Ⅱ部　観光関連産業の基幹事業

が高い航空輸送業は赤字に陥ってしまう。一方で、競合他社との競争や、低需要のシーズンや時間帯があることからすれば、強気一辺倒の価格設定をするわけにもいかない。また、前述したとおり、航空輸送業は商品の在庫が利かず、需要があっても簡単には増産ができない。そのため、各便が出発するまでに1便ごとに、①複数の運賃を設定し（プライシング）、②それらを適切なタイミングで適切な座席数を販売し（イールド・マネジメント）、③その組み合わせでその便の収益を出発前までに最大化させる（レベニュー・マネジメント）という戦略が重要になってくる。

　そのため航空会社では、各路線および各便の過去のデータや現在のマーケットの状況を見ながら、条件付き（予約変更不可や払い戻し手数料が高額等）で低価格の運賃と、そういった制約条件を設けない高価格の運賃を、どのタイミングで何席くらい売るのが最も効果的かを見極め、1つの便において複数の価格とそれに対する座席を提供するとともに、その後の経過を見ながら価格や販売座席数の調整を出発当日まで行っている。

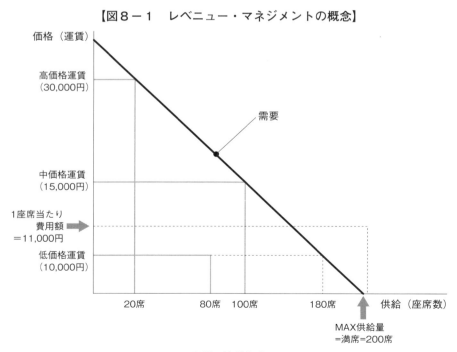

【図8-1　レベニュー・マネジメントの概念】

出所：筆者作成

第8章　航空輸送業

　つまり、便ごとに（条件の異なる何通りかの運賃）×（各運賃の販売予測座席数）の組み合わせによって座席の販売を行い、その合計によって１便当たりの収益総額を最大化させていくのである。

　図８−１は、１便の座席を３つの運賃で販売した場合の価格、供給、需要の関係を表している。例えば、ある日のA空港発B空港行き10時発の便で、座席数を200席とする。また、この便の運航にかかる費用（人件費や燃料費、空港使用料など）を2,200,000円とする（１座席当たりの費用は11,000円）。航空会社は、過去の実績や最近のマーケットのデータに基づき需要予測を行う。結果、この便の場合、この時期のこの時間帯であれば、予約変更が可能な運賃は30,000円までなら購入者が見込め、20席くらいの需要はある、という予測を立てる。次に、予約変更等に条件がつく運賃は15,000円なら他社や鉄道との比較でも競争力があり、100席は売れるという予測を立てる。その予測に基づいて、コンピューターシステムを用いてインターネット上で販売を開始する。

　では、もし予測通りに売れたとして、この便の収益はいくらになるだろうか。

　　高価格運賃　30,000円×20席　＝　　600,000円
　　中価格運賃　15,000円×100席＝1,500,000円

　この場合、収益の合計は2,100,000円となるが、この便の運航にかかる費用である2,200,000円を下回ってしまう。かといって、運賃の値上げをすれば需要が離れていってしまう可能性がある。

　ここで注目したいのは、この便の座席数は200席で、両価格帯の座席が全て売れたとしてもまだ80席の空席があるということである。例えば、これを１座席10,000円で売ることができれば、10,000円×80席＝800,000円で、収益の合計は2,900,000円となり、十分に利益を確保することができる。図８−１のデータに基づけば１座席10,000円で売れば180席の販売が見込めるが、この便の収益を最大化させるために、この価格での販売は80席までに制限をかける。

　低価格帯運賃を販売する場合は、他の運賃利用者に不公平感を抱かれないように変更や払い戻しに厳しい制限を設けたり、販売期間を限定したりする。例えば、実際の搭乗日よりかなり早い時期に「バーゲン」と称して販売するといった手法が取られる。なお、この便の運航の１座席当たり費用は11,000円であるから、10,000円での販売はこれを下回ることになるが、他の高価格運賃、中価格運賃との組み合わせで利益を確保することができる。

　また、実際に販売を開始してみると、売れ行きが予想と異なってくることがある。

127

❖ 第Ⅱ部 観光関連産業の基幹事業

Column 8 − 2

エアラインの差別化戦略（ネットワーク、マイレージ、アライアンス）

　航空会社を選ぶ上で、その会社が旅の目的地（あるいは経由地）に就航しているかということは基本的な要素であり、航空会社にとって、どのような路線網（ネットワーク）を構築するのかは重要な差別化戦略である。

　航空会社を選ぶもう1つの重要な要素がマイレージである。これは、航空会社が利用者の搭乗実績に応じてポイント（マイレージ）を付与し、利用者は貯めたマイレージを使って無償航空券を獲得したり、航空会社と提携した様々な会社の商品と交換したりすることができるサービスである。

　ネットワークもマイレージも、1社単独で戦略を展開するより、複数社で連携したほうが顧客獲得につながりやすい。こういった連携を、国を越えて海外の複数の航空会社と行うのが「アライアンス（航空連合）」である。世界では現在3つのアライアンスが形成されており、それぞれのアライアンスの中で、1つの便に複数の航空会社の便名を付与するコードシェア、空港における各社間の乗り継ぎをスムーズにするといったダイヤ面での協力、空港ラウンジの共有化、マイレージサービスの相互連携などを通じて協力関係を深めている。今では、世界における航空業界内の競争は、会社間だけではなく、アライアンス間の競争になっているのである。

【表8−2　世界3大アライアンスの構成航空会社】

	スターアライアンス（26社）	ワンワールド（13社）	スカイチーム（19社）
ヨーロッパ・中近東・アフリカ地域	ルフトハンザ、スイス、スカンジナビア、ポーランド、トルコ、南アフリカ　等	英国、フィンエア、カタール　等	エアフランス、KLMオランダ、ケニア　等
北米・中南米　地域	ユナイテッド、エアカナダ、コパ　等	アメリカン、アラスカ等	エアロメヒコ、アルゼンチン
アジア・オセアニア・アフリカ地域	ANA、エアチャイナ、エアインディア、シンガポール、タイ国際、ニュージーランド等	JAL、キャセイパシフィック、カンタス等	大韓、ガルーダインドネシア、ベトナム等

出所：各アライアンスのWebサイトを基に筆者作成

第8章　航空輸送業 ❖

そういった場合には、状況をモニターしながら価格や席数を調整して、収益の最大化を目指す。時には価格を上げることもあれば、その運賃に対する提供席数を変えることもある。逆に、更なる低価格運賃を期間限定で売りに出すこともある。

このように、需要に応じて価格を変動させる戦略は「ダイナミック・プライシング」と呼ばれ、レベニュー・マネジメントに欠かせない要素となっている。ANAの事例で見てきたように、需要と供給の関係で時期や路線によっては、何の工夫もしなければ多数の空席が出てしまう便も出てくる。また、高価格運賃、中価格運賃だけで満席になるような便も存在する。だからこそ、航空会社にとってレベニュー・マネジメントという仕組みが、収益最大化に向けて重要な戦略となるのである。

4 おわりに

この章では、航空輸送業の事業特性と、その特性に基づく収益最大化手法であるレベニュー・マネジメントについて学んできた。今後もこの事業特性は変わることがなく、航空会社にはレベニュー・マネジメントの精度をさらに高めていくとともに、Columnでも触れた差別化戦略を更に進化させていくことが求められている。顧客層によっては若干の価格差よりもシートやマイレージで航空会社を選ぶケースも少なくなく、これらの戦略の重要性はますます増してくることは間違いない。

また、今後の航空需要はこれまで航空会社の収益源であった「ビジネス」から「観光」にシフトしてくるものと思われる。以前から増加の一途を辿っているインバウンドの存在や、日本各地で地域活性化策として観光振興に取り組まれていることなどからすれば、観光需要は今後の成長分野である。したがって、LCCも含めてこの層に焦点を当てた戦略がどのように展開されていくのかが注目される。

? 考えてみよう

1．かつて3社の寡占だった日本の航空輸送業には現在、大手のグループ会社も含めて多くの会社が参入している。それぞれの特徴、強みを調べてみよう。
2．自分の身の回りで、航空輸送事業と同様に「在庫が利かない」商品は何で、どういった価格戦略が取られているか調べてみよう。
3．顧客層によって、「価格」「プロダクト」「ネットワーク」「マイレージ」の重要性がどのように違ってくるのか考えてみよう。

129

❖ 第Ⅱ部　観光関連産業の基幹事業

次に読んで欲しい本

ANA総合研究所『航空産業入門（第 2 版)』東洋経済新報社、2017年

ANA総合研究所『エアラインオペレーション入門』イカロス出版、2022年

佐藤公俊・澤木勝茂『レベニューマネジメント』共立出版、2020年

第**9**章

鉄道事業
—阪急電鉄の創造的適応

1 はじめに
2 観光と鉄道の関係
3 小林一三のビジネスモデル
4 創造的適応による価値創造
5 おわりに

◆ 第Ⅱ部　観光関連産業の基幹事業

1　はじめに

　みなさんはどのような場面で鉄道を利用しているだろうか。日常の通勤や通学、友達との買い物や映画鑑賞、休日の旅行等、あらゆる場面で鉄道を利用し目的地に移動していることに気づくだろう。鉄道は私たちの生活に無くてはならない足として機能しており、その公共性の高さから、参入（市場参加、事業開始）、運賃、安全性などにおいて、政府から規制を受けている。そのため、需要に応じて鉄道事業者が自由に運賃を設定することはできず、鉄道事業単独での大幅な収益の向上は難しい。それゆえ、世界の多くの国では、鉄道事業は政府による補助金に依存して運営されているのが実情である。しかし、日本では民間鉄道事業者の自立的経営が成立しており、とくに大都市圏のほとんどの大手私鉄は鉄道事業において黒字を記録していることは、世界的にも珍しく関心を集めている。自立的経営を可能とする要因は、人口密度が高い都市圏で運営していること、通勤・通学のような安定的な需要が存在すること等が挙げられるが、最も重要な理由の1つとして、鉄道事業を中核として、不動産事業や観光事業等の沿線開発も同時に行う多角化経営が挙げられ、私たちの便利で豊かなライフスタイルを形成してきた。

　本章では鉄道会社の多角化経営の先駆者である阪急電鉄株式会社の小林一三を取り上げ、一三が構築したビジネスモデルの成立過程をたどりながら、人口減少時代の鉄道事業のあり方について考察する。

2　観光と鉄道の関係

◆ 観光交通と鉄道

　あなたが大阪から東京に観光に行くとすれば、どの交通機関を利用するだろうか。友人と夏休みに観光に行く場合は、スピードや快適性よりも経済性を優先し、高速バスやLCCなどの格安航空を利用する人もいるであろうし、限られた休日に家族旅行に行く際には、居住地からのアクセス性やスピードを重視して、新幹線（鉄道）を利用する人もいるだろう。また、観光目的地に到着し、地域内を移動する際

132

第9章　鉄道事業

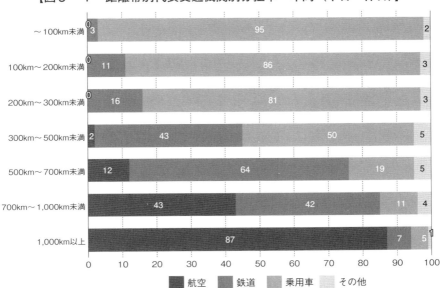

出所：国土交通省「第6回幹線旅客純流動調査（参考資料）」（2015年実施、2019年公表）
　　　p.4掲載図を加筆修正し筆者作成

には、その地域の交通網の整備状況や利便性などによって、鉄道（在来線）やバス、レンタカーやタクシーなどの利用を検討するであろう。このように、私たちが交通機関を利用する時、いつ（平日・休日、朝～深夜）、誰と（一人、家族、友人、乳幼児、お年寄り）、どのような目的で（通学・通勤、観光）、どの程度の距離（短距離～長距離）を移動するかといった様々な条件を考慮して交通機関を選択している。

　日本における実際の交通機関の利用状況を距離帯別の代表交通機関別分担率で確認してみよう（図9－1参照）。鉄道は500km～700kmの距離の移動における分担率が高く、500km未満では乗用車、700km～1,000km未満では鉄道と航空が同程度、1,000km以上になると航空の分担率が高くなる。移動距離によっても各交通機関が担う役割の大きさが異なる。

　先述のように、観光交通は大きく2つに分けられる。居住地から観光地域までの交通である「観光1次交通」と、観光地域交通（観光地域内の交通）＋観光地区交通（観光地区内の交通）を示す「観光2次交通」である（図9－2参照）。鉄道は都市間を結ぶ1次交通の役割が多いが、その先の2次交通については、地域によっ

❖ 第Ⅱ部　観光関連産業の基幹事業

【図9－2　観光交通の分類】

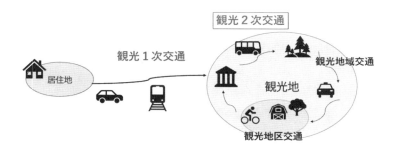

出所：岸野都市交通計画コンサルタント株式会社　岸野啓一氏「産学連携サービス経営人材育成事業：DMO人材育成」向け資料を参考に筆者作成

て交通機関の整備状況が大きく異なる。特に地方圏においては、人口減少や少子高齢化が進む中、公共性の高い鉄道であっても、廃線やバス輸送への転換を余儀なくされるケースが増えている。大阪や京都などの都市部では、地下鉄等のマス・トランジット（大量輸送機関）が整備されているが、公共交通機関が充実していない地域では、旅行者の訪問機会の喪失やレンタカーも含めた自動車への依存が課題となっている。特に高齢化による免許の自主返納を促す風潮が広がる中、高齢者が自家用車に依存することなく、交通手段を確保できる環境整備が求められる。

　そこで、近年はシェアサイクルやカーシェアリングなどの需要対応型交通（Demand Responsive Transit: DRT）や、ICTを活用して観光交通や観光体験の情報検索・予約・決済をワンストップで可能とする観光型MaaS（Mobility as a Service）の導入が議論されており、旅行者の利便性の向上や地域における回遊性の向上、混雑の緩和などが期待されている。

❖ 鉄道事業の特殊性

　鉄道は地域住民の生活や旅行者の足として重要な役割があり、公共性の高い事業であることから、鉄道事業法によって、参入、退出、運賃設定等において国から規制を受けている。鉄道事業の収益源である運賃の設定は、利用者が不当に高額の運賃を強いられることが無いように、上限認可制が採用されており、上限の設定・変更には国土交通大臣の認可を要する。鉄道事業はこの規制の制約内で経済活動を行

第9章　鉄道事業

う必要があり、需要に応じて自由に運賃を変更することはできない。しかし、鉄道需要は地域の人口・経済規模に大きく左右されるため、沿線人口の減少による鉄道需要の減少、収益の低下が予測されるが、採算が取れないからといって、自由に鉄道事業を廃止（退出）することは禁止されており、事前の届出や利害関係者との協議が必要になる。

このような鉄道事業の特殊性から、鉄道事業単独での大幅な収益の拡大は現実的に困難であり、そうした事業環境に適応しながら、鉄道需要を創造する必要がある。

3 小林一三のビジネスモデル

本節では、現在も受け継がれる鉄道事業のビジネスモデルを築いた阪急電鉄の小林一三の経営を取り上げる。

❖ 阪急電鉄の創業と沿線住宅地開発

阪急電鉄は阪急阪神ホールディングス株式会社の中核事業会社の1つとして、都市交通、不動産、エンターテイメントの3つの事業を展開している。大阪梅田駅を中心に大阪、神戸、京都を結ぶ近畿圏に大きくまたがる路線を運営しており、都市郊外も含めた近距離交通として、地域の足を支えている。現在では鉄道会社が本業である鉄道事業以外の事業分野に多角化戦略を展開することは珍しいことではないが、その先鞭となるビジネスモデルを作り上げたのが、阪急電鉄の創業者である小林一三である。

その歴史は古く、1907（明治40）年に阪急電鉄の前身である箕面有馬電気軌道（以下、箕有電軌）が創立したことに始まる。箕有電軌の最初の計画は、大阪（梅田）から農村地帯を経由して箕面（景勝地）、有馬（温泉地）の小さな観光地を結ぶ遊覧電車であり、旅行者を顧客とするものであった。

一般に鉄道は派生需要（本源的需要から生じる需要）であるため、本源的需要（本来の目的によって生じる需要）がなければ、利用されない。例えば、旅行者は観光目的地で温泉に入ってリフレッシュしたいという目的があるから移動するのであって、鉄道に乗ること自体が目的ではない（観光列車のように移動自体を楽しむケースもある）。そのため、多くの場合、鉄道の敷設はすでに発展している都市間を結ぶことが一般的であり、箕有電軌のように、実用客の存在しない未開発地での

135

【写真9－1　池田駅付近の軌道敷設工事（1909年）】

写真提供：阪急電鉄

開業には誰もが消極的であった。「トンボかイナゴ、空気ぐらいしか乗らないだろう」と揶揄されたほどである。しかし、一三は梅田と池田の間の予定線を実際に歩き、「こんなにのどかで風景の良い場所に、なぜ大阪の人間は住みたがらないのか？」と思ったという。当時、近代産業の発展に伴い、大阪市内は企業や工場が集積し、人口増加が著しく、大気汚染や水質汚濁等の公害問題や住宅難といった都市問題が深刻化していた。そこで、一三は「健康」をキーワードに、「郊外に住宅地を新たに作り、居住者を大阪市内に鉄道で運ぶ」という、私鉄経営の基礎となる考えに至ったという。

　こうして、鉄道の敷設と同時に沿線の宅地開発が進められ、一三が沿線各地で買収した土地は31万坪にのぼったとされる。明治時代はサラリーマンが住宅を購入するための住宅ローン制度はなく、持ち家は資産家等の一部の層に限られていた時代に、土地・住宅を担保とした現在の住宅ローンの走りともいえる住宅販売方法を提案し、大衆がマイホームを持って豊かに暮らす機会を作り上げた。また、鉄道敷設工事が進められる中、一三は1908年に、日本最初のPRパンフレットと言われる『最も有望なる電車』という冊子を自作し、1万部を無料配布している。その翌年1909年には、住宅購入者層向けのパンフレット『如何なる土地を選ぶべきか如何なる家屋に住むべきか』を配布し、住宅地のマーケティングを行っており、自己の会社の宣伝という行為自体があまり世間から評価されない時代にあって、革新

第9章　鉄道事業

的な取り組みを次々に展開していった。

沿線観光開発

　一三の沿線開発の構想は郊外の住宅地開発だけではない。箕有電軌開業から8か月後の1910年11月には箕面動物園を開園し、多くの人で賑わった。今でいうサファリパークの原型ともいえる動物園で、民間主導による日本最大級の動物園であった。しかし、災害時に猛獣が逃げ出し、人々に危害を加える懸念や、亜熱帯産の動物の飼育には暖房費等のコストがかかること、箕面の自然環境を保護する方針から、6年ほどで閉鎖となった。続いて、1911年5月には宝塚新温泉を開業している。大理石造りの大浴場を備え、家族みんなで楽しめるレジャーセンターであった。翌年7月に附属施設として室内プール「パラダイス」を併設開業したが、水温や風紀上の問題等から1年余りで閉鎖に追い込まれた。しかし、一三は起死回生策として、1913年7月に宝塚唱歌隊（同年12月に宝塚少女歌劇養成会と改称、現在の宝塚歌劇団）を結成し、1914（大正3）年4月に室内プールを改装して作った500人収容のパラダイス劇場で、『ドンブラコ』等の歌劇やダンスを初公演し、好評を博した。もとは小さな温泉地であった宝塚であるが、沿線の観光開発を進めることで、郊外住宅の居住者や大阪市内からの旅行者の誘客にも繋げた。さらに、1915年には第1回全国中等学校優勝野球大会（後の、全国高等学校野球選手権大会"夏の甲子園"）を豊中グラウンドで開催し、6日間で述べ1万人の観客を集めている。その後も、プロ野球球団（阪急ブレーブス）を経営する等、スポーツ文化の発展にも大きく貢献した。

梅田ターミナル開発

　1920年には神戸線を開業するとともに、梅田ターミナルの開発も始め、駅ビルの1階では日用品の販売（百貨店）、2階は食堂、3階～5階はオフィスに充てた。食堂では、当時高級な食事であったカレーライスを安価で提供し、大きな人気を呼んだ。カレーライスを食べたいがために、箕有電軌を利用して梅田へ来る人が増えたという。今でこそ、ターミナルデパートは当たり前の存在であるが、当時、鉄道会社が直営で百貨店を経営するという事例は海外にも無く、初の試みであった。計画を知った人たちは口を揃えて、畑違いの分野に進出することの無謀さを指摘したというが、一三は未知の世界を恐れることなく挑戦した。結果として、人が集まるターミナル駅に商業施設を作ることで、ますます人が集まり、鉄道利用客が増加す

137

第Ⅱ部　観光関連産業の基幹事業

【写真9－2　梅田阪急ビル第1期竣工（1929年）】

写真提供：阪急電鉄

るという好循環が生まれた。

小林一三の鉄道まちづくり

　「鉄道整備による利便性の上昇は、その地域全体の価値を上昇させるが、鉄道運賃が規制されているため、その効果は地価上昇という形で現れてくる。（水谷文俊「第1章　私鉄経営のビジネスモデル」『都市交通事業のビジネスモデルの構築』に向けて』関西鉄道協会都市交通研究所、2014年、p.7)」）こうした鉄道事業の特殊性から、鉄道事業者が鉄道敷設による外部経済（Column 9－1）を回収するには、鉄道事業者が自ら不動産事業も行う多角化経営により可能となる。一三は大阪梅田から箕面、宝塚への鉄道敷設工事と併行して、池田駅、豊中駅沿線の住宅地開発も行うことで、鉄道敷設による沿線地価の上昇（開発利益）を内部化するビジネスモデルを築いた。

　郊外に住宅地をつくることで、都心（大阪・梅田）から郊外への移住者を増やし、池田や豊中からの通勤需要を促進した。また、更なる鉄道需要の拡大のため、ターミナル駅に百貨店を開業することで、買い物需要を創造した。加えて、箕面や宝塚の観光開発により、観光需要を創出することで、居住地を起点として、人々の鉄道利用（移動）の目的となる本源的需要を生み出した（図9－3参照）。

　一三が築いたビジネスモデルは、100年以上経った今日でも受け継がれ、全国

第9章　鉄道事業

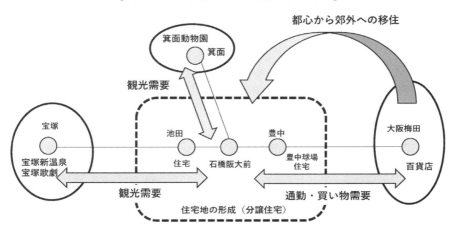

【図9－3　小林一三の鉄道まちづくり】

出所：上村正美「アフターコロナを見据えた鉄道事業の戦略〜次世代の鉄道と沿線まちづくり〜」、日本計画研究所セミナー資料、2023年、p.16掲載の図を加筆修正し筆者作成

の大手私鉄や分割民営化後のJR（旧日本国有鉄道）も追随しており、近代日本の経済発展に大きな影響を与えた。

4　創造的適応による価値創造

❖ 創造的適応の概念

　マーケティングとは、「単に消費者ニーズを聞いて、それに相応しい製品を企画して発売するという適応的な活動だけではなく、そうした適応の基盤となる消費者のニーズそのものを創り出す活動でもある（白貞壬・加藤司・渡辺幹夫「日本の消費者需要への創造的適応―カルフールのインストア・プロモーション―」『流通科学大学論集』第25巻第2号、2013年、p.83)」。その概念を表す言葉に「創造的適応」がある。「創造」は新たに状況を創り出すことであり、「適応」は与えられた状況に自分を合わせることを意味する。石井淳蔵神戸大学名誉教授によれば、「創造的に適応する」という互いに矛盾した活動であるが、マーケティングには、環境

❖ 第Ⅱ部　観光関連産業の基幹事業

Column 9 - 1

交通サービスの外部性

　外部性とは、ある経済主体の行動が市場を介することなく、他の経済主体に利害を及ぼす意図しない影響のことであり、プラスの影響を「外部経済」、マイナスの影響を「外部不経済」と呼ぶ。外部性はさらに、その効果が市場を経由して（価格に反映されて）、他の経済主体に影響を与えるか否かによって、「技術的外部効果」と「金銭的（市場的）外部効果」に分かれる。

　例えば、交通サービスにおけるマイナスの影響は、航空機や新幹線の騒音・振動、バスや自動車の排気ガスによる大気汚染などの公害問題、鉄道や道路の混雑が挙げられるが、これらはすべて「技術的外部不経済」である。また、騒音の大きい空港周辺における地価の下落は「金銭的（市場的）外部不経済」に当たる。一方、プラスの影響として、立派な交通施設があることによる地域ステータスの向上は「技術的外部経済」、鉄道の開通による沿線地価の上昇は「金銭的（市場的）外部経済」に当てはまる。

　このように、交通サービスは外部性が非常に多く、特にマイナスの効果である外部不経済については、環境税に見られるように、何らかの公的介入が必要になる。

【表9-1　外部効果】

		プラスの効果	マイナスの効果
		外部経済	外部不経済
市場を経由しない	技術的	立派な交通施設があることによる地域ステータスの向上	騒音・振動や大気汚染などの公害、混雑
市場を経由する	金銭的（市場的）	新幹線の開通による沿線地価の上昇	騒音が大きい空港周辺での地価の下落

出所：山内弘隆・竹内健蔵『交通経済学』有斐閣アルマ、2002年、p.17掲載の表を加筆修正し、筆者作成

を変える創造の局面と、環境にみずからの体制を適応させる局面の2つの局面があり、その狭間で仕事をするのがマーケターであると指摘する。

　小林一三のビジネスモデルの構築過程におけるマーケティングを、創造と適応の局面からみていこう。

140

第9章　鉄道事業

❖ 小林一三モデルの創造的適応

箕有電軌は都市間を結ぶ路線とは異なり、沿線に人口の集積した地域があるわけではなく、田園地帯を走る遊覧電車であった。そのため、鉄道経営に必要な乗客と収入を確保することが危惧された。だからと言って、路線を簡単に他地域に変更することはできず、旅行者にとっては必要な路線である。一三はこの状況に、「乗る人がいなくて赤字になるなら、乗る客を創り出せばよい。それには沿線に人の集まる場所を創ればいいのだ」と発想を転換し、需要のないところに需要を創り出すことで、創造的に適応しようとした。一三は需要創造の過程で、予定線を何度か歩き、大阪市民（潜在顧客）の立場に立って、対応策を考えている。そこで、当時深刻化していた大阪の住環境悪化という状況を逆手にとって、環境の良い郊外（箕有電軌沿線の住宅地）を居住地とし、鉄道で都市へ通勤するという職住分離型の新たなライフスタイルを大阪市民に提案した。一三は住宅地のPR誌『如何なる土地を選ぶべきか　如何なる家屋に住むべきか』の中で、「美しき水の都は昔の夢と消えて、空暗き煙の都に住む不幸なる我が大阪市民諸君よ！出産率10人に対して死亡率11人強に当る、大阪市民の衛生状態に注意する諸君は、慄然として都会生活の心細さを感じ給ふべし。同時に田園趣味に高める楽しき郊外生活を懐ふの念や切なるべし」と述べており、人々の潜在需要を見抜き、その需要を創発する刺激を与えた。また、富裕層だけでなく、大衆が夢のマイホームを持てる仕組みとして、日本で初めて住宅ローン制度を導入し、郊外移住を現実的なものとした。結果として、1910年の鉄道開業時に分譲を開始した２万７千坪270戸の池田室町住宅地は、最初の100戸が販売直後に完売し、その後、予想を超えた人気に、最終的には31万2,260坪にも及ぶ範囲の土地を取得し、分譲住宅の販売を進めていった。一三は「マーケティング」という概念自体がない100年以上も前に、「顧客視点」でビジネスを捉えることで、人々が「そうそう、こういうものが欲しかった！」と思う隠れた需要を創発し、新たな価値を創造している。

一三は鉄道事業の範囲に留まらず、大衆の豊かなライフスタイルの創造を理念に持ち、箕面動物園や宝塚新温泉、プロ野球球団の運営や百貨店経営等の観光・娯楽事業にも多角化することで、鉄道利用の目的となる本源的需要を創造し、鉄道利用者の増加に繋げている。当時は運賃で収益を得ることが鉄道のビジネスモデルであったが、一三は事業範囲を鉄道に限定しなかった。事業の基礎を大衆に置き、常に人々の豊かな暮らしの創造を理念としていたからこそ、事業領域を広げ、新たな

❖ 第Ⅱ部　観光関連産業の基幹事業

ビジネスモデルを構築できたといえる。その過程では、箕面動物園の閉園やパラダイスの閉鎖等の失敗もあったが、その都度置かれた環境に創造的に適応することで、事業を通じて大衆の豊かな暮らしの実現に貢献した。

❖ これからの鉄道事業

　一三が生きた人口増加社会とは異なり、近年は大都市郊外部でも少子高齢化による人口減少が加速している。人口減少時代の戦略として、国土交通省は鉄道沿線における広域圏を１つの「まち」として捉え、沿線の自治体と鉄道事業者が連携し、沿線価値の向上（就業・消費・介護・子育てなどが可能な魅力的な沿線を創ることで移動需要を喚起）や市町村の垣根を越えた沿線都市圏の形成による持続可能な鉄道沿線のまちづくりの推進を掲げている。

　阪急電鉄は次世代の鉄道事業として、「線もの：駅と駅周辺のまちづくり」から「面もの：複数駅・まちへの広がりも含む広域まちづくり」を推進している（上村正美「アフターコロナを見据えた鉄道事業の戦略〜次世代の鉄道と沿線まちづくり〜」、日本計画研究所セミナー資料、2023年、p.76）。例えば、阪急電鉄は沿線中核都市４市（NATS：西宮市・尼崎市・豊中市・吹田市）を結ぶことから、新しい行政間連携モデルを形成し、官民連携による鉄道駅構内を活用したマイボトル専用の給水機設置の実証実験を実施しており、利用者アンケートで良好な結果を得られたことから、駅構内における無料給水機の本格設置に至っている。

　また、鉄道事業者と地域の連携による６次産業化の取り組み（Column ９−２）や、鉄道と２次交通との連携強化により、シームレスに移動できる輸送ネットワークの構築などの取り組みも見られる。

　これからは、自治体や企業と連携し、複数の企業のモノやサービスを組み合わせることで、地域の価値を高めるまちづくりの視点が重要になる。地域を訪れたくなる需要を創造し、交流人口、関係人口の促進や利用者満足度の向上を目指す必要がある。

5　おわりに

　本章は私鉄経営のビジネスモデルを作り上げた阪急電鉄の小林一三の経営を取り上げ、そのビジネスモデルの成立過程を、「創造的適応」という概念をもとに考察

第9章 鉄道事業

Column 9 − 2

６次産業化による地域活性化

　JR東日本グループは、グループ経営ビジョンの中で、「地方を豊かに」を１つのコンセプトとして、地産品の販路拡大や６次産業化に向けたものづくりに取り組んでいる。

　６次産業化とは、「一次産業としての農林漁業と、二次産業としての製造業と、三次産業としての小売業等の事業との総合的かつ一体的な推進を図り、地域資源を活用した新たな付加価値を生み出す取組（六次産業化・地産地消法前文）」であり、鉄道会社の経営資源と地域の魅力を掛け合わせて、新たな価値の創造を目指している。

　株式会社JRとまとランドいわきファームは、JR東日本と地元農家の提携により2014年に設立された会社であり、福島県いわき市で農業生産事業を展開している。

　JRとまとランドいわきファームで栽培されたトマトは（１次産業）、隣接する「ワンダーファーム」の加工施設「森のあぐり工房」で、ジュースやジャム、ピューレ、ケチャップ等に加工商品化され（２次産業）、レストラン「森のキッチン」にて、トマトのビュッフェ提供や、専属シェフによる新鮮なトマトを活用したオリジナルカレーや窯焼きピザ等の料理が提供される。また、収穫したトマトや加工商品化されたジュースなどは直売所「森のマルシェ」やJR東日本グループのネットワークを活用し、首都圏エキナカ店舗やホテル・レストランでも販売される（３次産業）。さらに、トマトの収穫体験や生絞りジュースづくり体験など、現地ならではの体験イベントを通じて、地域の魅力の発信や観光交流人口の促進を図っている。

　JR東日本が持つネットワーク等の経営資源と地域の資源を掛け合わせることで、新たな価値が共創されている。

参考文献：東日本旅客鉄道株式会社・株式会社JRとまとランドいわきファーム「〜ＪＲ
　　　　とまとランドいわきファームが生産したトマトがいよいよ初出荷！〜」
　　　　2016年７月13日プレスリリースhttps://www.jreast.co.jp/press/2016/
　　　　20160718.pdf（2024年７月30日取得）

第9章

した。

　一三が実質的な経営者であった箕有電軌は、田園地帯を走る遊覧電車であり、乗

❖ 第Ⅱ部　観光関連産業の基幹事業

客や収益の確保が危惧されたが、「需要が無いなら創ればよい」と考え、鉄道会社が自ら沿線開発や不動産事業を行うことで、開発利益（外部経済）を内部化するビジネスモデルを築いた。また、観光開発やターミナル開発も行うことで、本源的需要を創造し、鉄道利用者を増加させる好循環を創り出した。

　一三は誰もが無謀であると考える状況においても、大衆の豊かさの実現というブレない理念のもと、創造的適応を繰り返すことで、ゼロから新たな価値を創造してきた。

　一三が生きた時代から100年以上が経ち、鉄道事業を取り巻く環境は大きく変化している。少子高齢化による人口減少や、働き方の多様化（テレワーク、在宅勤務など）、自動運転の実用化等、ますます複雑で変化が激しい時代において、一三が実践した「創造的適応」の姿勢が一層重要になる。

❓考えてみよう

1．鉄道各社の事業内容を調べ、多角化の状況を比較し、気づいたことをまとめてみよう。

2．地方ローカル鉄道が直面している課題や、観光を切り口とした対応策について調べてみよう。

3．鉄道事業者が自治体（地域）や企業と連携し、沿線価値の向上や地域活性化等の新たな価値の共創を目指した取り組み事例を調べてみよう。

次に読んで欲しい本

石井淳蔵『マーケティングを学ぶ』ちくま書房、2010年

小林一三『逸翁自叙伝 阪急創業者・小林一三の回想』株式会社講談社、2016年

塩見英治・堀雅通・島川崇・小島克巳編著『観光交通ビジネス』成山堂書店、2017年

第 **10** 章

エンターテインメント 事業
─テーマパークとしてのハウステンボスの 成長と進化

第1章
第2章
第3章
第4章
第5章
第6章
第7章
第8章
第9章
第10章
第11章
第12章
第13章
第14章
第15章

1 はじめに
2 ハウステンボスの30年
3 テーマパークと経験価値
4 おわりに

❖ 第Ⅱ部　観光関連産業の基幹事業

1　はじめに

　明日は待ちに待った、友人とテーマパークに行く日。前日のワクワク感は何にも代えがたい。そして当日。園内に入り、走っていく先にはお目当てのライド。今日は天気もいいし、1日楽しめそう。

　1日遊んで入園料が9,000円。ところでいったい、この9,000円は何に対して支払っているのだろう。衣服だったらお金を払えばそれが手に入る。レストランならおいしい料理が食べられる。パソコンや車を購入すれば毎日使える。でもテーマパークは入園料を払っても手元には何も残らない。手に入るものはないけれど、1日とても楽しめる。パークの雰囲気や心地よさ、ワクワクする感情、そういった〈経験〉は他には代えがたい。もしかしたら、入園料はそのような経験に対して支払うのだろうか。

　よく考えてみると、寒い冬にセーターを購入するときも、防寒のためだけでなく、おしゃれなデザインのセーターを着た自分の姿を想像したり、ときには新しい自分に変わる気分になったり、そういうことを期待する。衣服の対価はその機能だけでなく、服を着たときの経験に対しての対価、と考えていいのだろうか。いったい、私たちはどんな価値に対してお金を払うのだろう。

　本章では、エンターテインメント事業の中でもテーマパークを事例として取り上げ、経験価値について学習する。ケースと解説を通じて経験価値という考え方が、テーマパーク事業だけにとどまらず、観光事業全体にも大切な概念であることが理解できるであろう。

2　ハウステンボスの30年

　ハウステンボス株式会社（長崎県佐世保市）が好評だ。「じゃらん人気観光地 満足度ランキング2024【九州・山口】」によれば、もう一度行きたい観光地として、ハウステンボスは2位（過去2年は連続1位）、「じゃらん　今後行ってみたい観光地ランキング2024【九州・山口】」（同）では、由布院温泉（2位）や黒川温泉（3位）、別府（4位）といった人気温泉地を押さえて3年連続1位と人気の高さが

146

第10章　エンターテインメント事業

写真10−1　ハウステンボス　チューリップ祭一景　©SASEBO

写真提供：一般社団法人長崎県観光連盟

うかがえる。

　かつても「東のディズニー、西のハウステンボス」といわれたハウステンボスであるが、これまで順調に事業が発展し続けてきたわけではない。オランダに学び「千年の街」づくりに挑み1992（平成４）年に開業したが、入場者数は1996年度の425万人をピークに下がり続け、18年間赤字だった。2003年の経営破綻後、株主は旅行会社や投資会社など幾度も交代し、シンボルである「テーマ」自体も変更された。

　2020（令和２）年１月頃から猛威を振るった新型コロナウイルス感染症の影響で入場者数は激減したが、その後回復し、2023年９月の記者会見では、コロナ禍前に年約170万人だった有料入場者数を５年後ぐらいには300万人にしたいと発表。また、休園日の設定や昇給など従業員の処遇の改善策も実施し離職率が低減するなどにより、株式会社ブランド総合研究所が実施した「地域版SDGs調査2022」において、地域住民が評価するサステナビリティ貢献度のランキングで２位（１位はトヨタ（愛知））となるなど高い評価を受けた。

　昨今テーマパークの新規開設が増え、テーマも多様化する中で（「月刊レジャー産業資料2023年10月号」によれば、2000年以降に19件が新規開業した）、ハウ

❖ 第Ⅱ部　観光関連産業の基幹事業

ステンボスは地域振興の参考になるともいわれる。ハウステンボスは開業以来の歴史の荒波をどのように乗り越えてきたのだろうか。本節では、ハウステンボスが不振と再生を繰り返し、人気を獲得してきた歴史を通じて、テーマパーク事業の特性を見ていこう。

❖ 開業、そして破綻

　ハウステンボスは、1992年3月25日、長崎県佐世保市に開園した。敷地面積は東京ディズニーランドの約2倍の152万㎡だった（当時）。立地場所はかつて海だったところで、江戸時代に干拓され水田地となり、昭和には海軍施設の建設のために埋め立てが行われた。さらに長崎県が高度経済成長期に工業団地を作る計画のために造成されたが、完成直後に第1次石油危機に見舞われ（1973（昭和48）年）、進出企業もなく放置され荒地となっていた。その土地に、"新しい街"を創ろうという夢を描いたのが、長崎県西彼町（現・西海市）出身、1983年に長崎県西海市に開園した長崎オランダ村を経営していた神近義邦氏だった。

　開業当初のコンセプトは「エコロジーとエコノミーの共存」。初代ハウステンボス社長の神近氏は、ジェットコースターやアトラクションで客を引き寄せるテーマパークではなく、「千年生き続ける街」を作りたかった、と回顧している（『日経ビジネス』2000年7月3日号）。17世紀のオランダをテーマとしているが、ハウステンボスが目指したのはテーマパークではなく新しいまちづくりだった。本物にもこだわりオランダとの交渉の結果、オランダ王室のベアトリクス女王（当時）が、宮殿「パレスハウステンボス」の再現を許可した。こうしてハウステンボスが誕生した。入場者数は開業の翌年は減少したものの再び増加、1996年度には425万人を記録した。しかしその後年々入場者数は減り続け、2000年6月には経営不振のため神近氏が経営から退陣、2003年2月には会社更生法の適用を申請し、事実上倒産となった。負債総額は約2,289億円、改正会社更生法の第1号適用となった。

❖ 投資会社が経営者に

　その後も営業は継続され、投資会社野村プリンシパル・ファイナンスがスポンサーとなり110億円を出資、2004年4月にリニューアルオープンした。野外ミュージカルを開始し毎晩花火ショーを実施、アミューズメント施設「Kirara」などをオープンした。

　ちょうどこの時期は、日本の観光市場や観光政策における大きな変化と重なり、

148

第10章 エンターテインメント事業 ❖

ハウステンボスの経営に追い風となった。2003年1月、当時の小泉純一郎首相が、2010年に訪日外国人旅行者1,000万人を目標にするという「観光立国宣言」を行い、それを受けて官民を挙げてのビジット・ジャパン・キャンペーンが開始された。その成果もあり、2003年に521万人だった訪日外国人客数は、5年後の2008年には835万人と1.6倍に急拡大した。2008年10月には観光庁が発足した。当時は「インバウンド」という言葉はまだ社会に広く認知されていなかった頃である。ハウステンボスは伸長する韓国や台湾、香港、中国市場などアジアからの旅行者を取り込み、総入場者数を伸ばした。外国人旅行者向けのレストランやアミューズメント施設を開設、2006年度は10年ぶりに入場者数が前年度を上回った。

しかし2008年、世界を襲った金融危機（リーマン・ショック）はハウステンボスに大きな影響を与えた。入場者の2割を占めていた外国人旅行者が激減し、2009年3月期には約27億円の営業赤字を計上する。財務改善を図るため2009年からは19施設を閉鎖。しかし滞在型リゾートという認識は変えず、建物と施設というプロダクトアウト型の発想と、消費者ニーズを反映しないマーケティングの失敗は改善しなかった。ネット上には、2000年代後半には入場者がほとんどおらず、ハウステンボスはゴーストタウンのような状況だったと書き込まれた。

❖ H.I.S.によるV字回復

ハウステンボスは、再び経営者が交代となる。佐世保市の朝長則男市長は、株式会社エイチ・アイ・エス（以下、H.I.S.）の澤田秀雄会長に支援を直接交渉し、10年間の固定資産税相当分の約74億円の交付金を支給することを約束、2010年2月、ハウステンボスはH.I.S.に無償で譲渡された。新装オープンした4月28日には、ハウステンボスによる地域活性化を考える市民グループが、ハウステンボスの応援歌を作り生演奏で披露した。

澤田氏はハウステンボスの社長に就任し、住民票を佐世保市に移しホテルヨーロッパの一室に「単身赴任生活」、園内をくまなく巡り、時にはサンタクロースになって入園客と接し、スタッフにも声をかけ現場を回った。

売上を2割増やし経費を2割削減すれば黒字化する、という明確な経営方針を掲げ、オランダというテーマにこだわらない、様々な取り組みを進めた。まずパーク面積の3分の1を無料ゾーンとして外部の企業に開放、そして無料ゾーンも活用し施設建設よりも比較的金がかからないイベントを矢継ぎ早に行った。2010年から冬限定のイルミネーションイベント「光の王国」、2011年4月には、人気アニメ

> Column10－1

損益分岐点

　事業に利益が出ているかどうか（損益）は、売上高－費用で計算できる。プラスなら損益は黒字、マイナスなら赤字である。費用をかけずに売り上げを伸ばせば利益がでる。売上高と費用が同じだと損益はゼロとなり、その時点の売上高を損益分岐点と呼ぶ。いいかえれば、売上高が損益分岐点を上回れば利益がでて、逆に損益分岐点を下回れば損失がでる。また、費用には、売上高の増減に関係なく発生する「固定費」と、売上高により増減する「変動費」の2つの種類がある。

　ここにパンケーキ屋があるとしよう。スタッフの経費や光熱費、賃料は売上高に関係になく経費として発生する（固定費）。一方、パンケーキが売れれば売れるほど原材料である小麦粉や卵、砂糖などの経費は掛かる（変動費）。

　固定費が大きければ利益を出すためには売上高も大きくしなければならず、損益分岐点が上がる。一方、固定費をなるべく抑えることができれば損益分岐点が下がり利益が出やすくなる。立地のいいところにお店を出せば賃料は上がり固定費は増え損益分岐点が上がるので、利益を出すにはより多くの売上高が必要となる。しかし、固定費を下げるためスタッフの給与を下げると採用は難しくなるだろう。固定費や変動費のバランスをうまくとりながら損益分岐点を管理することが経営にとって大事になる。

【図10－1　損益分岐点】

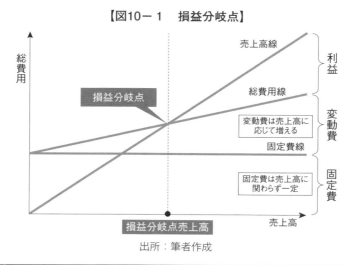

出所：筆者作成

第10章　エンターテインメント事業 ❖

「ONE PIECE」に登場するサウザンド・サニー号クルーズが運航開始。2013年にはハウステンボス歌劇団を結成し公演を始めた。中には有田陶器市を模したイベントのように思うように集客できず失敗もあったが、真似してもだめだと失敗の経験から学び、ハウステンボスでしか経験できない、「オンリーワン・ナンバーワン」にこだわった。

　また経費面では、仕入れ価格を下げる交渉などスタッフにあらゆる経費の削減を指示し、経費を削れないのであれば「1.2倍速く動くこと」を求めた。しかし、組織変更や人員削減は行わなかった。

　このような数々の改革の結果、2011年9月期、ハウステンボスは1992年開業以降、19年間で初めて黒字となった。入場者数は、損益分岐点として設定した150万人を超え、179万9千人となった。

　その後も事業は順調に推移し、2014年9月期で佐世保市からの交付金の受け取りは終了。2015年7月に開業した「変なホテル」はロボットがフロントで接客し話題を集めた。2015年度（9月決算）には入場者数310万7千人と15年ぶりに300万人を超えた。

　しかし2019年12月以降、世界で猛威を振るった新型コロナウイルス感染症は、ハウステンボスにも容赦なく襲いかかり、2020年9月期にH.I.S.の子会社となって初めての24億円の赤字となった。そして世界の旅行市場がほぼ閉鎖状態の中で親会社であるH.I.S.自体の決算も大きな影響を被り、2022年12月期に上場以降初めての赤字決算となった。H.I.S.はハウステンボスを手放すことを決断し、2022年9月、株式を香港の投資会社PAGに売却、ハウステンボスは会社所有者が3度変わることとなった。

　ハウステンボス売却後もH.I.S.出身の坂口克彦氏が社長を続け、数年間で数百億円を投資する計画をすすめた。また、2022年10月からユニバーサル・スタジオ・ジャパンの再建や新しい西武園ゆうえんちなどを手掛けた、マーケティング支援事業などを行う株式会社刀（大阪府大阪市）が、強力な支援パートナーとしてブランディング・運営支援を開始した。さっそくブランドを再設計、「憧れの異世界。」をテーマとして、「ハウステンボスが持つ圧倒的なヨーロッパの世界観を活かした"憧れ"を叶える上質なエンターテインメントを続々展開（刀社Webサイトより）」している。新型コロナウイルス感染症に対する行動制限の緩和の追い風もあり、2022年度は前年期に比べ、集客・売上高とも1.5倍以上に増え、ついに、3年ぶりの黒字となった。

❖ 第Ⅱ部　観光関連産業の基幹事業

【写真10-2　ドムトールンから　©SASEBO】

写真提供：一般社団法人長崎県観光連盟

　その後、世界最大級の「ミッフィー」専門店「ナインチェ」（ミッフィーのオランダ語）、日本初の3階建てメリーゴーラウンド「スカイカルーセル」など新しい施設などにより、年間パスポート会員も増えた。また、社員の待遇も給与改善や公休日を増やすなどの働き方改革も行った。そして冒頭で記載した通り、今や九州でも1、2位を争う人気の高い観光地として評価されるようになった。
　ハウステンボスの、テーマパーク事業としての成長と進化は、これからも続いていくだろう。

第10章　エンターテインメント事業 ❖

3 テーマパークと経験価値

❖ テーマパークの定義

　1983年は日本のテーマパーク元年といわれ、東京ディズニーランド、ハウステンボスの前身にあたる長崎オランダ村が開園、以降、「テーマパーク」が社会的に広く認知されるようになった。遊園地や動物園、植物園、水族館、スポーツランド、健康ランドなどは、総称してアミューズメントパークとも呼ばれるが、テーマパークはそれらとは異なるとされている。よく引用される経済産業省の「特定サービス産業実態調査報告書」により、テーマパークと遊園地の定義を比べてみよう。

【テーマパーク】

　入場料をとり、特定の非日常的なテーマのもとに施設全体の環境づくりを行い、テーマに関連する常設かつ有料のアトラクション施設（＊）を有し、パレードやイベントなどを組み込んで、空間全体を演出する事業所

　＊アトラクション施設とは、映像、ライド（乗り物）、ショー、イベント、シミュレーション、仮想体験（バーチャルリアリティ）、展示物の施設などをいう。

【遊園地】

　主として屋内、屋外を問わず、常設の遊戯施設（＊）を３種類以上（直接、硬貨・メダル・カード等を投入するものを除く）有し、フリーパスの購入もしくは料金を支払うことにより施設を利用できる事業所

　＊遊戯施設とは、コースター、観覧車、メリーゴーランド、バイキング、フライングカーペット、モノレール、オクトパス、飛行塔、ミニＳＬ、ゴーカートなどをいう。

　これらの定義から、テーマパークは「テーマに関連する常設かつ有料のアトラクション施設を有すること」が特徴として読み取れるが、これは一般的な認識とも一致するだろう。

153

❖ 第Ⅱ部 観光関連産業の基幹事業

Column10−2

遊園地にこそマーケティングを

　人々は何を目的にテーマパークや遊園地に行くのか、実はこのことがあまりよくわかっていない。——この一文から、貴多野乃武次氏の遊園地についてのマーケティング論が始まる。

　1995年に「遊園地のマーケティング」（遊時創造）を著した貴多野氏は、阪急電鉄に入社して遊園地の経営に長く携わり、日本の遊園地経営にはマーケティング志向が欠如していると指摘。その理由として、遊園地は鉄道事業の旅客誘致のための装置で事業の独立採算性が問われなかったこと、また、遊園地はディズニーのような個人が創った「夢」を売る場所であり、企業による顧客志向というマーケティングは不要、という神話があったからとした。そして遊園地選択やその魅力の構造を、マーケティングのみならず、社会学や心理学の知見を動員して知り、近代的な経営に脱皮する必要性を訴えた。

　それから約30年、数多くの遊園地・テーマパークが開園しそして閉園、近年また、テーマパーク／遊園地の新規開業が続いている。

2017年、レゴランド・ジャパン（愛知県名古屋市）、2018年、チームラボプラネッツ TOKYO DMM（東京都江東区）、2019年、ムーミンバレーパーク（埼玉県飯能市）、ともいきの国　伊勢忍者キングダム（三重県伊勢市）、2020年、SMALL WORLDS TOKYO（東京都江東区）、2021年、清水マリーナサーカス（静岡県静岡市）、西武園ゆうえんち（リニューアルオープン、埼玉県所沢市）、2022年、キッザニア福岡（福岡県福岡市）、ジブリパーク（愛知県長久手市）、2023年、ワーナーブラザース　スタジオツアー東京—メイキング・オブ・ハリー・ポッター（東京都練馬区）などである。都市部や都市部に近い場所の立地が多いが、2025年には沖縄北部に新たなテーマパークが開業する予定である。

　貴多野氏は1983年の東京ディズニーランドの開園を振り返り、子供が楽しむ遊園地で「大人も楽しむ」ということは、わが国の遊園地業界にとってはコペルニクス的転回であった、と記した。マーケティングを深めた新しいテーマパークが、これからもどのような驚きと経験を与えてくれるか、楽しみである。

　しかし昨今ではテーマパークの概念は拡張しつつある。たとえば、西武園遊園地は、1950年、埼玉県所沢市に開業した老舗の大型遊園地であるが、2020年「西武園ゆうえんち開業70周年記念事業」として「心あたたまる幸福感に包まれる世

界」をコンセプトにした「西武園ゆうえんち」に生まれ変わった。2021年5月
19日にグランドオープン、「昭和の街」をテーマとした施設である。また、最近
オープンしたジブリパーク（愛知県長久手市）や東京豊島区のとしまえん跡地に
オープンしたワーナー ブラザース スタジオツアー東京 - メイキング・オブ・ハ
リー・ポッターなどは、自らをテーマパークとは称しておらず、ライド系のアトラ
クションもない。しかしいずれの施設も明確なテーマを設け、その世界観への没入
感を提供しており、広い意味でテーマパークととらえてもよさそうだ。

❖ 経験価値

　テーマパークで終日遊んで支払った入園料は、どのような価値への対価だろうか、
これが第1節で投げかけた問いだった。その答えは〈経験価値〉への対価、である。
思い出に残る経験を価値として、その対価を支払う経済を、米国の経営コンサルタ
ントであるパイン＆ギルモアは「経験経済（エクスペリエンス・エコノミー）」と
呼んだ。経験経済の視点では、テーマパークのスタッフがゲストに提供しているの
は、商品でもなければサービスでもない。「視覚、聴覚、味覚、嗅覚、触覚に訴え
かける作品をステージングし、それぞれのゲストに固有の経験を創出」しているの
である。

　それでは経験とは何だろうか。そして価値とはどう定義されるだろうか。詳しく
見ていくことにしよう。

　競争戦略の理論で有名な米国の経営学者マイケル・ポーターは、「価値とは、買
い手が会社の提供するものに進んで払ってくれる金額である。すなわち、会社の製
品につけられた価格と売れる量の積である（ポーター、M.E.（土岐坤他訳）『競争
優位の戦略』ダイヤモンド社、1985年)」としている。つまり、価値とは顧客が
支払うお金の総額、ということになる。テーマパークを訪れる顧客は、入園すれば
飲食をしたりお土産を購入したりする。お土産を買えばものは手に入る。しかし入
園料は、手触り感のある「もの」ではなく、テーマパークの「経験」という価値へ
の対価である。

　「経験経済」という概念では、経済的な価値を4つの段階で説明する。1杯の
コーヒーの価格を例にとろう。コーヒー豆自体は1杯当たり数円～数十円程度だろ
う（コモディティ：加工されていない自然界から代替可能な産物）。豆を挽いて
スーパーで販売すれば1杯当たり50円程度となり（商品：企業により規格化され
在庫される目に見えるもの）、同じ豆でもカフェやレストランなどで提供されれば

◆ 第Ⅱ部　観光関連産業の基幹事業

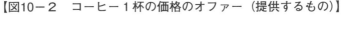

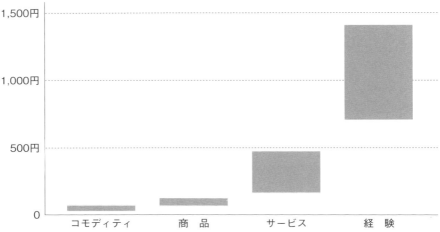

出所：Pine, B. J., & Gilmore, J. H.『The Experience Economy』Harvard Business School Press、1999年をもとに筆者作成

数百円程度（サービス：特定の顧客に対して提供される目に見えない行為）、そして高級ホテルなら1,000円以上はするだろう（経験：1人ひとり異なる方法で個人を魅了するイベント）。5つ星の高級ホテルで提供される1杯のコーヒーの価格は、コーヒー自体の量や味だけだけでなく、上質な空間、高級な雰囲気の中でコーヒーを味わう「経験」に対する対価として設定される。顧客はそのような「経験価値」に対して市中のカフェよりも高い料金を支払うのである。

世界で最初の「テーマ」パークは、ウォルト・ディズニーが1955年に米国カリフォルニア州に作ったディズニーランドである。ディズニーランドは、これまでの遊園地とは異なり「経験」を提供した。キャスト（従業員とは呼ばれない）は、独自の経験を創造するために、視覚、味、音、香り、触感が完全にそろった作品を上演しているのである。

❖ ハウステンボスは、まちかパークか

ハウステンボスは「千年生き続ける街」を目指したまちづくりとして開業した。ハウステンボスの海岸線や運河の護岸は、オランダに習い自然石とし、生態系に配慮し、独自の下水処理施設を備え、高度処理を行って中水としてリサイクル利用することで海や運河に排水をしないシステムとなっている。また、ホテルや飲食店か

第10章　エンターテインメント事業 ❖

ら出る生ごみは、コンポスト施設で堆肥化する。さらに、快適な住空間を実現するための都市機能として、地下に全長3.2㎞の共同溝を張り巡らせ、電機、通信・光ファイバー、上下水道などのライフラインを通した。「エコロジーとエコノミーの共存」を企業理念として、環境未来都市の姿としたのである。実際、開業時の代表取締役であった神近義邦氏はハウステンボスをテーマパークとは思っていない、と語っている（『日経ビジネス』2000年7月3日号）。

一方、ハウステンボスは、「オランダ中世の街並みを再現したテーマパーク」ともいわれた。開業時には、「長崎の新テーマパーク「ハウステンボス」滑り出しの客足が順調（読売新聞　1992年5月7日）」、「東京ディズニーランド（TDL）とハウステンボス（HTB）は、テーマパークの人気を二分する、東の横綱と西の新鋭である（読売新聞　1994年12月6日）」、「パーク部門についていえば、「HTBの、あくまで本物にこだわり、妥協しない姿はテーマパークとして評価が高い」（大手旅行会社）という見方も強い（読売新聞　1994年12月6日）」などと報道された。当時、東京ディズニーランドの成功を受け、全国で大小約130カ所以上のテーマパークの計画・構想が進み、ハウステンボスはその1つとみなされたのである。

会社の所有者が投資会社に移ってからも施設への投資が続けられたが、10年たたずして再度所有者がH.I.S.に変わった。H.I.S.の取り組みがこれまでと大きく違っていたのは、お金を施設（＝ハード）ではなくイベント（＝ソフト）にかけたことである。しかもどこかのまねではなく、オンリーワンのイベントである。そこにはまちかパークかといったこだわりはみられない。あったのは入場者への経験価値を向上するという視点であった。

有料ゾーンで毎日行っていた花火を中止した際は社員の抵抗も大きかったが、その穴を埋めようと、社員は自ら企画、演出、出演し、夜の園内の広場で突然ミュージカルやダンスが始まるなど、手作り感やぬくもりのあるイベントを行った。季節ごとにイベントも行った。2010年冬、「東洋一」を掲げて始まった「光の王国」は、2017年、一般社団法人夜景観光コンベンション・ビューローが夜景鑑賞士の投票により認定する「日本三大イルミネーション」の1つに認定された。

敷地の3分の1は無料で入れるスペースにし、2011年4月、漫画「ONE PIECE」の海賊船を再現した遊覧船「サウザンド・サニー号」を設置、累計乗船者数は2年11か月で100万人に達した。無料入場者は有料ゾーンに入り、お金を落とした。

「花の王国」は、春のチューリップ祭りから始まる。園内には約700品種、100

❖ 第Ⅱ部　観光関連産業の基幹事業

万本のチューリップが植えられる。そして5月上旬頃からはアジア最大級のバラ祭、運河沿いに約1㎞に100万本のバラが楽しめる。さらに、5月下旬から6月上旬にはあじさい祭など、今ではハウステンボスではほぼ通年と四季折々の花が楽しめる「花の街」となっている。

　一方、夜間の入場者の増加を狙って17時以降の入園を無料にしたが、それは効果がでなかった。H.I.S.の創業者であり、ハウステンボスの代表取締役社長に就任した澤田秀雄氏はこう気づいた。航空券は値段を下げれば喜ばれる、しかしテーマパークが提供する価値は違う、楽しくなければ無料でも行かない。「コンテンツに魅力さえあれば、商圏が首都圏の20分の1の長崎にも観光客は来てくれる（木ノ内敏久『H.I.S. 澤田秀雄の「稼ぐ観光」経営学』イースト新書、2014年)」。ソフトバンクの孫正義氏、パソナグループの南部靖之氏と並んで「ベンチャー三銃士」と呼ばれ、「再生請負人」の経験を持つ澤田氏の気づきは、コンテンツの魅力の重要さであった。そしてコンテンツこそ顧客に経験価値をもたらすのであり、ハウステンボスの再生のカギを握ったのは、経験経済であったと言えよう。

　そしてハウステンボスは、2022年10月から新たなオーナーと強力なマーケティング支援会社のもと、その経験価値をさらに進化させようとしている。

4　おわりに

　テーマパークは社会の変化とともに市場に受け入れられてきた。ハウステンボスも幾度もの苦境を経て、現在は消費者の支持を得るようになった。

　テーマパーク事業の経営は複雑で、簡単ではない。"数年に一度は"入場者数が減少するため、継続的かつ定期的な投資が必要であるといわれる。膨大なテーマパーク研究をまとめたフライタークらによれば、いつ、どれだけの投資を行うか、パークのパフォーマンス、来園者の満足度、経済的機会に関する既存のデータをどのように組み合わせ、パークをリニューアルするための資源配分の最適なタイミングを決定するか、そして、その投資により来園者数と収益の両面で期待される成果をどの程度達成できるかをどのように判断するか、といったことがポイントとなる。

　経営に王道はないし、エンターテインメント事業も同様である。経験価値という視点は、エンターテインメント事業、テーマパーク事業の経営を考えるうえで、多くの示唆を私たちに与えてくれることは間違いないだろう。

第10章 エンターテインメント事業 ❖

?考えてみよう

1．自身の住む地域やその周辺にはどんなテーマパークがあるだろうか。

2．そのテーマパークは、どのような経験価値を提供しているだろうか。

3．経験価値を高めるにはどのような工夫があるだろうか。テーマパーク以外の事業、たとえば、宿泊施設などでも考えてみよう。

次に読んで欲しい本

能登路雅子『ディズニーランドという聖地』岩波新書、1990年

パインⅡ、B. J.・ギルモア、J. H.（岡本慶一、小高尚子訳）『［新訳］経験経済』ダイヤモンド社、2005年

森岡毅『USJを劇的に変えた、たった1つの考え方：成功を引き寄せるマーケティング入門』角川書店、2016年

第10章

159

第 III 部

観光事業の展開モデル

第 11 章

グローバル時代の
地域観光インフラ(1)
空港経営
─関西エアポートによるコンセッション

1 はじめに
2 関西エアポートによる空港経営
3 コンセッションによるインフラ民営化
4 おわりに

❖ 第Ⅲ部　観光事業の展開モデル

1　はじめに

　海に囲まれ南北に連なる日本は、7,000余りの大小様々な島から成り立ち、３分の２は山地で3,000メートル級の山地山脈から海に注ぐ河川があり、豊かな自然景観とともに育まれた各地の生活や文化といった観光資源がある。19世紀末の開国から明治－大正－昭和－平成を通じて鉄道、道路網が拡がり、橋梁設計技術、トンネル工法技術革新が高速道路や新幹線整備を支え、旅行者往来の自由度を高めた。そして、国内外を結ぶ航空路線網拡大は、島国の人々の暮らしと観光による交流人口増加に貢献しているといえるだろう。

　第二次世界大戦終結の1945（昭和20）年以降、航空産業は世界各国で重要な事業として位置づけられ、国家予算を投じて「空港」というインフラが整備された。日本でも海外への表玄関としての東京国際空港や大阪国際空港が国によって運営され、20世紀後半は、国内各地に空港が建設された。建設、維持・運営に多額な費用が必要な空港は、世界中で国家による保護や運営がなされてきたが、1986年にイギリスのサッチャー政権下での世界初の空港の民営化は、その後、欧州の主要空港へ波及した。予期せぬ自然災害、感染症、金融恐慌、テロ、戦争等で、事業環境が危機に瀕した場面でも、民間事業者の活力により、長期的な資金運用、収益強化による財政健全化で、継続的な設備投資を可能にしてきた。この章では、グローバル社会における観光交流の拠点として空港を活用するための、新たなビジネスモデルについて考えてみよう。

2　関西エアポートによる空港経営

❖ 所有と運営－上下分離方式

　1956年に空港整備法（現・空港法）制定以来、空港というインフラの設置、改良、維持・運営、環境対策などにかかる費用は、空港整備勘定という国の特別会計で賄われ、上下分離方式（後述）で運営されてきた。国内には、**表11－1**のように設置管理者が異なる４種類97の空港がある（特定地方管理空港は国が設置し、

164

第11章　グローバル時代の地域観光インフラ(1)　空港経営 ❖❖

【表11－1　国内空港一覧】

種類	(設置管理者による分類)	名　称	数
拠点空港	会社管理空港	成田国際・中部国際・関西国際・大阪国際	（4）
	国管理空港	東京国際・新千歳・稚内・釧路・函館・仙台・新潟・広島・高松・松山・高知・福岡・北九州・長崎・熊本・大分・宮崎・鹿児島・那覇	（19）
	特定地方管理空港	旭川・帯広・秋田・山形・山口宇部	（5）
		拠点空港計	28
地方管理空港		利尻・礼文・奥尻・中標津・紋別・女満別・青森・花巻・大舘能代・庄内・福島・大島・新島・神津島・三宅島・八丈島・佐渡・松本・静岡・富山・能登・福井・神戸・南紀白浜・鳥取・隠岐・出雲・石見・岡山・佐賀・対馬・小値賀・福江・上五島・壱岐・種子島・屋久島・奄美・喜界・徳之島・沖永良部・与論・粟国・久米島・慶良間・南大東・北大東・伊江島・宮古・下地島・多良間・新石垣・波照間・与那国	54
その他空港	地方自治体管理	調布・名古屋・但馬・岡南・天草・大分県央	7
	国土交通大臣管理	八尾	
共用空港	防衛大臣管理	札幌・千歳・百里・小松・美保・徳島	8
	米軍管理	三沢・岩国	
		合計	97

出所：国土交通省Webサイト「空港一覧」より筆者作成（2024年7月現在）

地方公共団体が管理する）。

　空港は、大きく4つの施設で構成される。①航空土木施設（航空機の離着陸のための滑走路・着陸帯・誘導路・駐機場等）、②空港建設施設（管制塔や管理庁舎等）、③航空保安施設（航空灯火や着陸誘導等の無線・電波施設等）、④空港機能施設（旅客・貨物ターミナルビル、給油施設等）である。設置管理者は、会社や国、地方自治体、自衛隊や米軍などであり、その土地の所有権を有すると理解され、運営に際して④空港機能施設を上物と呼び、ほとんどの場合、上物の運営は、民間事業者に委託されてきた。

　空港における事業収益は2つの事業分野（①航空系事業と②非航空系事業）に分類される。①の事業主体は設置管理者で、収入源は着陸料・停留（駐機）料・保安料・空港ビル地代などである。②の事業主体は「空港機能施設（上物）」を運営する民間事業者であり、ターミナルビル、給油施設等に加えて駐車場運営などで収益を得る。空港事業における「上下分離方式」は、所有（設置管理者）と運営（者）の違い、収益事業の違いを表現している。

　関西国際空港（以下、関空）は、1984年に国・地元自治体・経済界が出資して

第11章

165

◆ 第Ⅲ部　観光事業の展開モデル

設立された関西国際空港株式会社（以下、旧関空会社）によって建設され、1994
（平成6）年9月4日に日本初の24時間運用の海上空港として開港した会社管理空
港である。関空は、設立時から上下一体でおよそ2ヘクタールの敷地内のほとんど
の施設を会社が管理・運営している。

◆ 伊丹の存続と民営化

　1960〜70年代、航空機のジェット化や大型化による航空輸送能力伸長に伴い、
国管理空港であった大阪国際空港（以下、伊丹）は、国内外の空の便を結ぶ日本の
西の玄関口として機能拡大が求められつつも市街地という立地から安全性や騒音問
題等運用の限界が懸念され、関西圏に新たな空港建設が議論された。計画当初、伊
丹は廃止し、全ての機能を移転させる予定であったが、都心への利便性や地域の空
港関連産業の持続性に鑑み、騒音対策など環境要因に関する規制を強化し、関空開
港後も国内線のみで存続運営することとなり現在に至る。騒音対策で7時から21
時までしか運用できない伊丹に比べ、24時間稼働可能な関空は国内線・国際線と
もに利用者拡大が期待されたが、旅客・航空会社ともに都心に近い伊丹利用・路線
維持を好む傾向があり、関空の国内線需要は伸び悩んだ。周辺環境対策で離着陸回
数の制限がある伊丹は、新たな路線拡大が難しく、航空系収入増が望めず設備投資
等が検討できないジレンマもあった。そして何より、関空開港後の伊丹の存続が、
関空の需要拡大を阻害する構造的要因であるとも考えられていた。

　2011年「関西国際空港及び大阪国際空港の一体的かつ効率的な設置及び管理に
関する法律」（平成23年5月25日法律第54号）が制定された。国・大阪国際空港
ターミナル株式会社が管理・運営してきた伊丹と、旧関空会社が管理・運営してき
た関空を一体運営するために、2012年4月に国が100％出資する新関西国際空港
株式会社（以下、新関空会社）が設立され、7月に両空港は経営統合を果たす。旧
関空会社は、直接空港の運営には関与せず、関空の土地を保有し新関空会社に貸付
を行う関空土地保有会社（以下、土地保有会社）として存続することとなった。

◆ 経営統合から運営権売却へ

　世界初の完全人工島による海上空港として総工費は1兆5,000億円を超えた関空
という巨大なインフラ建設は、日本初の民間会社による空港事業であったが、利用
者数は思うようには伸びなかった。旧関空会社は、建設時の借入金返済、その後の
空港維持管理、二期島埋め立て、新滑走路整備という拡張事業への資金投入で負債

166

第11章 グローバル時代の地域観光インフラ⑴ 空港経営

が膨らみ、開港から15年が経過した2009年度期末決算時には、およそ1.3兆円の巨額負債を抱え、将来的に国民負担（税金）で借金を返さなければならなくなる可能性もあった。

国管理で上下分離運営されてきた伊丹と経営統合し、新関空会社が両空港を上下一体で所有・運営することになり、まず、国から伊丹の土地と滑走路の運営権を取得し、旧関空会社から関空のターミナルビルと滑走路等を承継し、伊丹のターミナル運営で大阪国際空港ターミナル株式会社と事業統合した。そして、新関空会社から総額2.2兆円（運営権対価年額373億円＋固定資産税等負担金等＋収益連動負担金など）で44年間に亘る二空港の運営権を獲得したのが関西エアポート株式会社である。関西エアポートからは、平均年額490億円相当の運営権対価が新関空会社に支払われ、土地保有会社は新関空会社から地代収入を得ながら、関空開港以来蓄積された債務償還（借金返済）を実行していく仕組みが作られた。

❖ 関西エアポートのコンセッション

コンセッションは、国や地方自治体などの所有・運営する事業の所有権を所有者に残したまま、一定期間の運営権を民間事業者に売却することを指す。運営する民間事業者を「運営権者」と言い、民間事業者は公的施設の運営事業に民間企業ならではのノウハウを取り入れ、資金調達や運営の自由度も与えられる。民間事業者による運営とはいえ、日本の空の安全を守る管制は、国が行う。それ以外は会社、国（地方）等が土地等の所有権を留保しつつ、民間に運営権を設定し、航空系事業と非航空系事業を一体経営するのが日本における空港コンセッションである。

関西エアポートは、2015年フランスのヴァンシ・エアポート（以下、VINCI）と日本のオリックスグループを中核に、関西圏に基盤を持つ事業者が参加するコンソーシアムにより設立され、日本初の空港コンセッション事業として2016年４月より二空港一括運営を開始した。VINCIは海外で数多くの空港を運営し、そのノウハウを駆使して空港の開発・資金調達・建設・運営、その投資能力と専門知識を活かした空港運営の最適化・施設改修・環境経営推進の知見があった。オリックスは、個人・法人金融からエネルギー・自動車・不動産事業投資・コンセッションなど、多角的に事業を展開する企業グループであり、両者の経営判断によってスピーディな運営改革が開始された。関西エアポートは運営権対価を支払った上でコンセッション開始から黒字を維持し、2020（令和２）年３月期決算では335億円の当期純利益を上げるのである。

167

❖ 第Ⅲ部　観光事業の展開モデル

【図11－1　関西三空港 コンセッションまでの経緯】

空港	2012年以前	2012年4月	2012年7月	2016年4月	2018年4月
関西国際空港	会社管理 関西国際空港㈱	新関西国際空港㈱ 設立	経営統合 会社管理 新関西国際空港㈱	コンセッション 運営 関西エアポート㈱	
大阪国際空港	国管理 （国土交通省）			設置管理 新関西国際空港㈱	
神戸空港	地方管理 （神戸市）				コンセッション 運営 関西エアポート神戸㈱ 設置管理 神戸市

出所：筆者作成

　2006年に、神戸市沖に地方管理空港として開港した神戸空港（以下、神戸）も、神戸市が運営に苦しみ、2018年4月、関西エアポートが100％出資設立した関西エアポート神戸株式会社に42年間の運営権を売却した。これにより、直接経営ではないが、神戸も合わせて事実上関西の三空港を関西エアポートが一体運営することとなった（**図11－1**）。

3 コンセッションによるインフラ民営化

❖ コンセッションによる空港経営改革

　コンセッション開始後、関西エアポートは、民間の知見や海外のノウハウを取り込み、より付加価値の高い空港にしていくために民間企業として確実に収益を上げ、再度投資を行っていくという姿勢で、複数空港を一体的に捉えながら経営改善に取り組み、新旧関空会社によって蓄積された負債を償還しながら、新たな施策に着手する。

　まず、2012年頃より急激にLCC就航数が増加したことで国際線利用者の処理能力に課題が生じていた関空では第一ターミナルのリノベーション（国際線エリアの利便性を高めるための拡張、商業施設の拡大といった大規模改修）を計画した。しかし、2018年9月、台風21号による空港機能の多大な損傷修繕や将来への対策を余儀なくされたことに加え、地球環境問題としての脱炭素化事業を講じるための

第11章　グローバル時代の地域観光インフラ⑴　空港経営

Column11－1

滑走路の向きと意味

　飛行機の安全な離着陸のために最も重要なのは滑走路周辺の風向きである。飛行機は着陸時の横風の影響が操縦に影響を与え、安全上周辺の横風が強いと着陸できず、風向きにより滑走路の使い方は変わる。滑走路は、パイロットが上空か

【図11－2　関空の滑走路の向きと使用時の呼称】

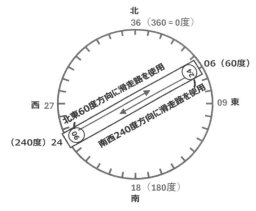

出所：筆者作成

【写真11－1　滑走路の文字06R】

写真提供：関西エアポート

❖ 第Ⅲ部　観光事業の展開モデル

【図11-3　5本の滑走路をもつ関西エアポートグループ】

出所：関西エアポート提供資料に筆者加筆作成

ら見た真北方向を36（360度＝0度）とし、時計回りに10度ごとに01、02…という数字で角度を示し、使用方向により図11-2のように両端で18違う数字で表される（関空06：24、伊丹14：32、神戸09：27）。パイロットは、その数字で滑走路の使い方を管制官と確認し合う。

写真11-1は、関空で北東方向に向かって右側の滑走路を使用する際の表記06R（ゼロシックスライト）である。

空港設置計画時は数年かけて風向観測を行い、年間を通して最も多く現れる風向に沿って滑走路が建設される。関西エアポートグループは、半径22キロ圏内に様々な風向きに対応できる5本の滑走路をもっており、日本と世界の空を結ぶ関西圏旅行者回遊の玄関口を担っているのだ（図11-3）。

資金調達も必要となった。また、新型コロナウイルス感染症（COVID-19）拡大時、航空会社が、減便や路線撤退といった対策をとったため、航空系事業収入は激減し、空港利用者減でターミナルビルの飲食店、土産物店などのテナント撤退により、家賃収入などの非航空系事業による収益も大幅減となった。しかし、コロナ禍で旅行者が少ない時こそリノベーションを進める機会と捉え、工事を継続した。それに際し、2019～2021年度と3年連続で国から新関空会社に合計3,700万円もの貸付が行われ、新関空会社は金利負担が減った分を関西エアポートの事業支援に当てた。この間も運営権対価490億円相当は支払われ続けたため、新関空会社が旧関空会

第11章　グローバル時代の地域観光インフラ(1)　空港経営

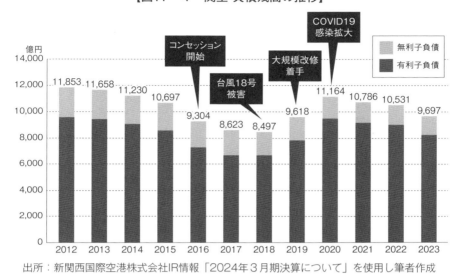

【図11－4　関空 負債残高の推移】

出所：新関西国際空港株式会社IR情報「2024年３月期決算について」を使用し筆者作成

社から引き継いだ負債は減少している（図11－4）。

❖ コンセッションの効果

　空港コンセッションは、民間の創意工夫・ノウハウを活用した運営と、航空会社、利用者へのサービス向上につながる投資を迅速に行うことを可能とする。航空系事業、非航空事業の双方で収入増のための効率的かつ効果的な事業運営のために関空では、IATA（国際航空輸送協会）が世界各国での導入を提唱している「FAST TRAVEL（ファストトラベル）」の一環としての自動チェックイン機、手荷物検査場の混雑緩和のためのスマートレーン（例：**写真11－2**）導入などがいち早く行われた。

　2018年の台風被害では、官民で協議し、民営化された空港経営における新たなBCP（Business Continuity Plan：事業継続計画）や防災対策という、コンセッションならではの新たな知見を生み出し、今後民営化が進められる日本の空港のモデルケースとされている。

　また、騒音対策で大型機の発着、運用時間制限があり航空系、非航空系ともに収入拡大が望めなかった伊丹は、施設老朽化に対応する改修費用の不足や、出発エリ

❖ 第Ⅲ部　観光事業の展開モデル

【写真11−2　スマートレーン（関空）】

写真提供：関西エアポート

【写真11−3　ウォークスルー型商業ゾーン（伊丹）】

写真提供：関西エアポート

ア内に飲食店がほとんどないため、旅客が検査場手前の商業ゾーンで時間を過ごし、検査場が混雑して航空便出発遅延に繋がるなどの課題が顕在していた。コンセッションで速やかな資金投入で大規模改修が可能となったことで出発到着旅客動線の改善、出発エリア内商業ゾーン（**写真11−3**）、駐車場の拡張・改修が図られ、空港利用者の利便性の向上だけでなく、飲食や買い物などを楽しむ機会が創出され、非航空系事業収入増へと繋がった。さらに施設を活用したイベント開催など、空港

第11章　グローバル時代の地域観光インフラ(1)　空港経営

を利用する旅客だけでなく、周辺地域住民の往来の促進、消費行動増も期待できるようになった。

　コンセッションによるサービス継続は、利用者への恩恵のみならず地域経済へのプラス効果が生み出される点で大きな意義がある。関西エアポートの場合、VINCIの経営母体が建設関連企業であることから、空港・道路・橋梁・スタジアム・駐車場のすべてについてノウハウを持つ専門企業より複数のサービスを組み合わせて提供する戦略を立案・実行できる。KIX-ITMカード利用者に向けた駐車場料金や商業施設での優待割引制度、前掲の**写真11－2**、**11－3**の設備導入などがその一例である。訪日外国人旅行者の増加による関空の国際線利用者増（**図11－5**）に速やかに対応するサービスを生み出し、それらが収益を生み出すという好循環が利用者増にもつながった。手荷物検査場通過後の商業エリアでの直営店舗展開で免税品のインターネットによる事前注文も可能にし、関西の名産・特産・限定品を集めた土産物の調達と販売品目増、ご当地ものや空港限定などの特色ある飲食関連施設や販売の充実化も図り、利用客のニーズに応えている。

　政府は、地方管理空港を含め、原則として全ての空港へのコンセッションの導入を促進する方針を提示しており、各空港の設置管理者の立場を示しつつ、コンセッ

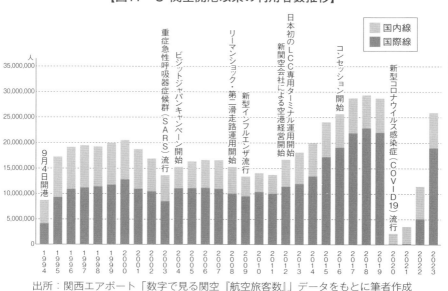

【図11－5　関空開港以来の利用者数推移】

出所：関西エアポート「数字で見る関空『航空旅客数』」データをもとに筆者作成

❖ 第Ⅲ部 観光事業の展開モデル

ション事業者が、ホテルなどの宿泊施設やテーマパーク運営事業、不動産や物流事業などの知見も空港経営に活かし、地域全体に影響を与えることを期待している。

❖ PPP/PFIとコンセッション

PPP（Public Private Partnership）は、公共施設等の建設、維持管理、運営等を行政と民間が連携して行う「官民連携」を指し、民間の創意工夫等を活用して、財政資金の効率的使用や行政の効率化等を図るもので、様々な事業分野や形態（PFI、指定管理者制度、包括的民間委託、公的不動産活用事業など）がある。コンセッションは、PFIの一手法として位置づけられている。

PFI（Private Finance Initiative）とは、2011年に制定された「民間資金等の活用による公共施設等の整備等の促進に関する法律」（通称PFI法）に基づき、公共施設等の建設、維持管理運営等を民間の資金、経営能力、技術的能力を活用する手法である。PFI導入以前、公共で使用するインフラや事業などの計画・企画は国や地方自治体が主導し、整備計画段階、完成後の維持管理や運営を民間事業者にバラバラに発注することが多かった。PFIは、建設段階から維持管理までを含めて民間事業者に提案競争をさせ、最も優れた民間事業者を選定し、設計から運営、資金調達も自ら行わせることを基本としている。

❖ インフラとコンセッション

コンセッション導入以前は、公費で建設したインフラとしての「ハコモノ」の運営のみを民間に委託し、その事業収益で運用費や建設費等の回収を行うのが一般的であった。委託されながら財務状況の悪化した事業者が経営破綻に陥り、施設や設備の更新投資が行われず、最悪の場合にはサービス停止に至ってしまうという懸念もあった。コンセッション事業者（運営権者）は独立的に複数の業務、異なる地域の業務に携わることにより不採算部門と採算部門の間で収支を償う内部相互補助が可能で、サービスの持続的な提供が可能となる。

政府はコンセッションの重点分野として、空港・水道・下水道・道路・文教施設・公営住宅・港におけるクルーズ船向けの旅客ターミナル施設・MICE施設などの公共施設のサービスを挙げ、各分野で優遇制度などの支援を行った。今後、人口20万人以上の自治体における様々な事業でコンセッションを普及させたいと計画している。しかし、地方都市に投資を行うだけの担い手が集められるかどうかが課題であるとされている。

174

第11章　グローバル時代の地域観光インフラ(1)　空港経営

Column11－2

PPP/PFI事業の広域化・バンドリング

　公共事業の民営化は、その運用範囲（事業エリア面積）や利用者数で運用能力に体力差が生じる。たとえば、面積は日本の国土の約22％を占める広大な北海道内14空港のうち、国内線・国際線共に就航し利用者も多い新千歳空港は、人口が多い札幌に近く北海道観光の拠点空港であり、航空系、非航空系収入で運営資金を得やすいが、その他の空港は運営に苦慮していた。広大な道内各地への移動、回遊には、既存の空港をいかに活用するかが課題であった。

　そこで、北海道の広域観光振興を支える道内航空ネットワークの充実・強化のために、設置管理者の異なる7空港をコンセッションで運営する「北海道エアポート株式会社」が設立され、7空港への計画的な資金投入できるようにした（図11－6、表11－2）。

　これらのPPP/PFI事業の広域連携手法は、バンドリングと呼ばれ、空港以外の事業領域においても進んでいる。2016年4月より群馬県東部の太田市はじめ3市5町で人口減少に伴う水需要の減少、水道施設の老朽化、職員数の減少などの課題解決、水道事業の基盤強化のために、群馬県東部水道企業団が設立された。

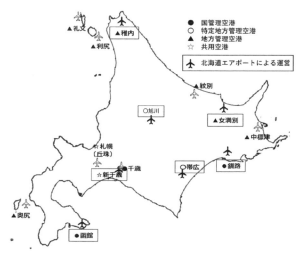

【図11－6　北海道内14空港と設置管理者】

出所：国土地理院地図・国土交通省データをもとに筆者作成

◆❖ 第Ⅲ部　観光事業の展開モデル

このバンドリングは、施設共有による浄水場の統廃合等で建設事業費削減（約20億円）、合理的な人員配置や包括業務委託による人件費、維持管理費削減（2億円）を可能にした。

【表11-2　北海道エアポート　7空港のそれぞれの役割】

空港名	位置づけ	将　来　像
新千歳	グローバルゲートウェイ	北海道全体の航空ネットワークの拡大と観光市場の成長を牽引するリーディングゲートウェイ
稚内	地域ゲートウェイ	利尻・礼文などの地域観光資源へのアクセスを担い、地域の経済・生活を支えるゲートウェイ
釧路	地域ゲートウェイ	釧路・阿寒のアドベンチャーツーリズム・ひがし北海道広域周遊のゲートウェイ
函館	広域ゲートウェイ	新幹線とのアクセス強化による道南・東北No.1の広域周遊観光ゲートウェイ
旭川	広域ゲートウェイ	旭川・大雪・富良野などの世界屈指の山岳・スノーリゾートや道内各地への広域周遊ゲートウェイ
帯広	地域ゲートウェイ	フードバレーとかちやひがし北海道広域周遊観光のゲートウェイ
女満別	地域ゲートウェイ	オホーツクの比類なき大自然やひがし北海道広域周遊観光のゲートウェイ

出所：北海道エアポート「マスタープラン」より筆者作成

❖ 空港コンセッションの目的

空港コンセッションは、民間によるスピード感のある経営で路線誘致、空港周辺の活性化への投資、アクセス改善等を通じて、利用者、旅客数の増加など地域経済の活性化に寄与している。国土交通省は、空港コンセッションの目的について「空港の公共インフラとして有する高い公共性を踏まえ、航空運送事業者、利用者双方にとって空港の魅力を向上させ、航空需要・旅客数・内外の交流人口の拡大等による地域活性化を実現することにより空港・地域が相互にメリットを享受できるように努める」と明示し、①「空港の特性を踏まえ、航空系事業と非航空系事業の一体的経営、着陸料等設定の機動性や柔軟性の確保、民間のノウハウなどの知恵と資金の活用等により空港経営の徹底的な効率化を図り」、②「航空運送や利用者の利便の向上を図る」ことであるとしている（令和4年3月11日発行『民間委託空港状況フォローアップ会議 取りまとめ報告書』p.2「空港コンセッションの目的の再確認」より3カ所引用）。

第11章　グローバル時代の地域観光インフラ⑴　空港経営

コンセッション導入により、財政健全化だけでなく、空港が持つ役割を見つめ直し、既存空港の航空需要・旅客数・内外の交流人口の拡大等を通じた空港・地域の活性化こそが、観光による地域活性化を目指す日本全体の活性化の実現につながると考えられるのである。そして、民間による多角的なサービスが提供されるようになった空港は、旅行者から見れば観光施設として今後は、観光目的地ともなり得るであろう。

4 おわりに

少子高齢化による人口減で労働生産人口が減り、地域経済の衰退と自治体の税収減少などにより公共サービス維持や向上が懸念されるなかで、ハコモノである公共施設の運営を民間に委託する手法としてのコンセッション導入は、地域に資金だけでなく働く場や機会を提供（雇用創出）し、地方の人口流出を防ぐだけでなく、新たな転入者も見込むことが期待される。

コンセッション事業者は、行政では成し得ないスピード感をもって設備やサービスの更新に対する投資によりサービス継続・改善を可能にする。その企業がその地域以外でも展開する多種多様なサービス、施設運営のノウハウなどを持っている場合、複数のサービスを組み合わせて地域と連携し、さらに集客や誘客、回遊への仕組みの構築も可能となり、利用者への恩恵だけでなく地域経済への利益も生み出す。観光による地域創生のために地域の事業者とともに既存のインフラとしての空港のコンセッションを行う事業者への期待は大きい。

？考えてみよう

1．自分が住む地域から最も近い空港に就航している航空会社の路線を調べてみよう。
2．航空会社の路線で結ばれた目的地の空港からは、どこに行けるのか、そこに何があるのか、何ができるのか、空港からアクセスできる地域の観光資源や地域特性を調べてみよう
3．空港周辺地域（広域）の後背人口も踏まえ、イベント開催の場や公共インフラとしての空港活用、誘客事例について調べてみよう。

❖ 第Ⅲ部　観光事業の展開モデル

次に読んで欲しい本

稲本恵子編著『エアライン・ビジネス入門（第2版）』晃洋書房、2021年

渋武　容『日本の航空産業』中公新書、2020年

轟木一博『空港は誰が動かしているのか』日本経済新聞出版、2016年

第 **12**章

グローバル時代の
地域観光インフラ(2)
IR（統合型リゾート）
──公共政策としてのIR

1 はじめに
2 ケース「大阪IR株式会社」の整備計画
3 公共政策としてのIR
4 おわりに

❖ 第Ⅲ部 観光事業の展開モデル

1 はじめに

「IR（Integrated Resort：統合型リゾート）」と聞いてどのような印象を持つだろう。ラスベガスやマカオの不夜城のイメージ、エンターテイメントやプロスポーツ興行の華やかなイメージだろうか。一方で、IRの中核施設であるカジノから、ギャンブル依存のイメージを持つ人もいるかもしれない。日本での賭博行為は、公設公営で運営される競馬や競輪、宝くじ、toto（サッカーくじ）しか認められていなかった。しかし、2016年12月に成立した「特定複合観光施設区域の整備の推進に関する法律（以下、IR推進法）」は、カジノを含めた特定複合観光施設をつくることを認め、設置目的を「観光及び地域経済の振興に寄与」すること、「財政の改善に寄与」すること、とした。初めて民設民営で賭博が行われることを認めた上で、その目的も明確に示したのである。さらに、2018年7月に「特定複合観光施設区域整備法（以下、IR整備法）」によって公益性と実施様式を定めた特別な法律が整備されたことで、日本に本格的なIRが認められることになった。

IRを設置目的に合った形で運営することが、観光立国を標榜する日本にとって必要なことだとすれば、どのような施設がつくられ、どのような運営が求められるのかを整理しておくことが必要である。ポストコロナの観光はレジャー需要の回復には目を見張るものがあったが、一方で、ビジネス出張は2019年の数字に戻っていない。IRの整備は、戻らない需要に対し、新たなコンテンツとして観光需要を創造するという重要な意味を持つ。

この章では、大阪府、大阪市、大阪IR株式会社による「IR区域整備計画」を参考に、IRとは何か、IRをどのように運営することが日本の観光にとって求められる形になるのかについて考察する。なお、2023年4月14日に、国（国土交通大臣）はIR区域整備計画を、IR整備法第9条の規定に基づき認定したことで、2030年に大阪市の人工島「夢洲」で開業が予定されている。

180

第12章　グローバル時代の地域観光インフラ(2)　IR（統合型リゾート）

2　ケース「大阪IR株式会社」の整備計画

❖ IRとは何か

　シンガポールでは、2000年代初頭に旅行者が増加したにもかかわらず、滞在日数が短くなり観光消費が減少するという課題の解決に向けてカジノ解禁の議論が始まった。既にマレーシアやマカオなどの競合国ではカジノが解禁されていたことから議論が本格化し、2005年のカジノ管理法（Casino Control Act）の制定により、カジノが合法化される。「初代首相リー・クアンユー氏の方針もあって長くカジノは禁止され、解禁に当たっては国民的な議論が行われたが、最終的にカジノの面積を一定比率以下に制限した総合的なリゾートであるIR（統合型リゾート）というコンセプトを導入することで、カジノ導入議論の決着をみることとなった（藤野公孝・福本啓二「シンガポールのIR（統合リゾート）に関する現地調査報告書—観光事業におけるCSV（価値共創）の試み—」2013年（未公表））」。

【写真12-1　シンガポールのIRのひとつ（マリーナベイサンズ）】

写真提供：筆者撮影

181

❖ 第Ⅲ部　観光事業の展開モデル

　IRはシンガポールで生まれた概念だが、ホテル、会議場、シアターなどを含む総合的な観光施設として、世界的に使用されるようになった。日本では、2016年にIR推進法が制定された後、国はIR整備法の制定に向けて特定複合観光施設区域整備推進会議（以下、IR整備推進会議）を開催し、2017年7月に「『観光先進国』の実現に向けて」という取りまとめを行った。そこには、日本型IR は、「観光先進国」としての日本を明確に世界の中に位置付けるための「公共政策」として実現すべきものと記し、その具体的目標と実現に向けて必要な施設として、以下の3点を挙げた。

①　世界で勝ち抜くMICE（Meeting, Incentive Travel, Convention, Exhibition）ビジネスの確立
　　国際会議場施設、展示施設
②　滞在型観光モデルの確立
　　我が国の伝統、文化、芸術による魅力増進施設、宿泊施設
③　世界に向けた日本の魅力発信
　　送客機能施設

　これらの施設は、その後のIR整備法において国際競争力の高い魅力ある滞在型観光を実現することを目的として、カジノ施設とともに「一体的に設置」すべき中核施設と位置付けられた。

❖ 大阪IR地域整備計画の内容

①　IR地域整備における国の方針

　IRは民間事業者により一体として設置・運営されるものと定義している。そのため、IR地域整備計画は大阪府、大阪市とともに、IRオペレーター（IRの運営事業者）である民間事業者とともに国に提示された。大阪の場合は、オリックスとラスベガスのMGMが中心になって設立された大阪IRによって事業の全体統括・推進がなされる。

　前述のIR整備推進会議は、公共政策としてのIRを実現していくために「カジノ事業の運営については、第三者への委託を認めるべきではない。一方、ノンゲーミング（非カジノ）事業については、IR 事業としての経営の一体性を損なわない範囲であれば、委託契約を認可制として認めるべきである」と述べている。この指摘は、以下のように解釈ができる。

①　宿泊、エンターテイメント、MICEの専門家集団との協働によりノンゲーミ

第12章　グローバル時代の地域観光インフラ⑵　IR（統合型リゾート）❖

ング部門の集客力を高めることで、「世界で勝ち抜くMICEビジネスの確立」「滞在型観光モデルの確立」「世界に向けた日本の魅力発信」が実現する。

②　日本企業が主体的に参画するコンソーシアムによるノンゲーミング部門の運営により、観光集客産業の国際的競争力を獲得するチャンスを得る。

③　大規模投資に対するハードルを乗り越えることで、真の「観光立国」へとつながる強力な「観光関連産業」が誕生する。

この３点を大阪IRに当てはめると以下のように整理できる。

カジノ施設の運営はこれまで本国でオペレートしてきたMGMに任せ、その他の事業はオリックスのネットワークや関西地元企業を中心とする少数株主（20社）を中心にカジノ以外のノンゲーミング部門で集客ができるようにする。こうした経験が日本の観光集客産業を世界水準にしていく。１兆2,700億円という投資額は、民間投資では最大規模だが、このプロジェクトをやり遂げることで、観光立国を支える観光関連産業が大阪IRをきっかけに誕生する。すなわち、カジノの売り上げに頼るだけではないIRをめざすということである。ラスベガスの大手オペレーター、シーザーズ・エンターテインメント（スティーブン・タイト：2019年）によると、ラスベガスの収益構造は近年大きく変化し、2017年のカジノの売り上げが約４割にまで下がっており、６割を占めるノンゲーミングで約10万人の雇用が生まれているとのことである。

②　ノンゲーミングの整備計画

この項では、ノンゲーミングの施設の内、特にMICE関連施設と送客施設を中心に紹介する。大阪IRは大阪市此花区夢洲に建設され2030年に開業予定である。

表12-１は大阪IR地域整備計画（2022年４月申請）の概要を提示している。延べ床面積77万㎡、敷地面積49万㎡はシンガポールのマリーナベイサンズ（開業時延床約60万平米、敷地19万平米）やリゾートワールドセントーサ（同34万平米、49万平米）と同規模での開業を予定している。訪日外国人客を年間600万人と想定しており、国の目標である2030年6,000万人の10分の１という目標設定である。IRという新たなモチベーション（旅行動機）を持った訪日外国人客の取り込みを図り、IRをきっかけとすることで新しい旅行の魅力を創り出し、関西が保有する歴史・文化・食・自然・産業・スポーツ・人といった多様な地域の観光資源を顕在化させることが地域には求められている。

IRが常に集客力を持ち続け、日本・関西各地への送客拠点とするためには、飽き

183

第Ⅲ部　観光事業の展開モデル

【図12−1　大阪IRの整備予定地】

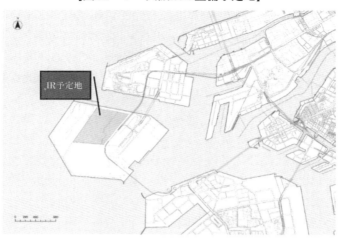

出所：大阪府市IR推進局セミナー資料に予定地を加筆

【表12−1　大阪IRの地域整備計画の概要】

敷地面積	49万㎡
投資規模	1兆2,700億円
総延べ床面積	77万㎡（このうちカジノ行為区画は3％が上限）
年間来場者数	2,000万人（国内約1,400万人、国外約600万人）
年間売上高	5,200億円（ノンゲーミング1,000億円、ゲーミング4,200億円）
国際会議場	最大会議室6,000人以上、全体で12,000人以上 （東京国際フォーラムを上回る）
展示施設	展示面積2万㎡
宿泊施設客室数	約2,500室うち約20％以上がスイートルーム、面積28.9万㎡
府・市の収入	1,060億円（納付金740億円、入場料320億円）

＊府・市の収入はカジノ税を30％と想定している。15％ずつ国と折半。入場料も同様に国と折半。入場料は日本人と在日外国人に対して1回当たり6,000円
出所：大阪IR地域整備計画

させないことが必要である。そのため、IR整備法は、カジノ収益の内部還元によるIR区域整備を通じた観光及び地域経済の振興等を具体化することを求めている。これはカジノ事業収益が活用されることで、IR事業が一体的・継続的に行われるようにしなければならないことを求めている。IR整備推進会議取りまとめ－主な政令事項に係る基本的な考え方－（2018年12月）では、3つの視点でノンゲーミング

第12章　グローバル時代の地域観光インフラ(2)　IR（統合型リゾート）

を中心に施設整備することを求めている。

視点１：我が国においてこれまでにないクオリティを有する内容の施設であること

視点２：これまでにないスケールを有する、我が国を代表することとなる規模であること

視点３：民間の活力と地域の創意工夫を活かせるようにすること

である。そのため、MICE関連施設については、国際会議場、展示会場を３つのカテゴリーに分け、どちらかの施設で「一般的な施設（カテゴリー①）」を造る場合は、もう片方は「極めて大規模な施設（カテゴリー③）」を造るように指定している（図12－２参照）。大阪IRでは、極めて大規模な国際会議場（大会議室の収容人員６千人以上、中小会議室群の総収容人員は最大国際会議室の２倍以上）と一般的な展示会場（床面積２万㎡以上）の組み合わせを選択している。展示会場は「会議付帯型展示場」としての利用を中心に使い方を想定していることが読み取れる。

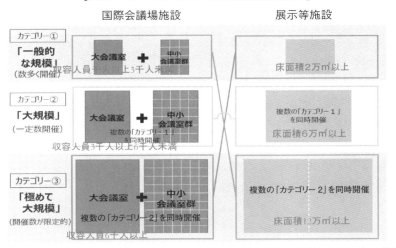

【図12－２　IRにおけるMICE施設の要件】

出所：内閣府「特定複合観光施設区域整備法に係る説明会資料」（2018年12月）に加筆

❖ 送客機能施設－日本型IRの独自性

IR整備推進会議（2018年取りまとめ）では、「日本型IRは、これまでにないスケールとクオリティを有する総合的なリゾート施設として世界中から旅行者を集め、

❖ 第Ⅲ部　観光事業の展開モデル

【写真12－2　ギャラクシーのバスターミナル】

写真提供：筆者撮影

　日本各地の豊かな自然、固有の歴史、文化、伝統、食等の魅力を紹介し、IR区域への来訪客を全国各地に送り出すことにより、IRが世界と日本の各地とをつなぐ交流のハブとなり、世界中から旅行者を集める滞在型観光の推進に資するものであること」を前提として、IRをハブとして日本、関西各地を紹介するショーケース機能、ワンストップで旅行の手配ができるコンシェルジュ機能を求めている。IRは公共政策として推進されるものであるからこそ、シンガポールにもない日本型IRの独自性が示されている。

　写真12－2はマカオのIRの一つであるギャラクシーのバスターミナルである。中国本土をはじめ、各地へのバスが出ており集客だけでなくギャラクシーを拠点とした送客機能を持っている。大阪IRもバスターミナルとフェリーターミナルを用意する計画となっている。マストラ（マストランジット：大量輸送機関）が直接つながっていない天橋立や高野山、熊野古道などへのバスや瀬戸内の多島美を楽しむとともに、四国、九州へとつながるフェリーを誘致し、観光ハブとして利便性を高める。

　また、この他にも、日本の伝統芸能や文化だけでなく世界的なアーティストによるコンサートや映画・音楽の授賞式などが楽しめるシアターなどの魅力増進施設、平均客室面積約60～75㎡、全客室のうち20％以上がスイートルームの宿泊施設など、従来とは違うクオリティとスケールで施設を造っていこうと意図する計画が並んでいる。

第12章　グローバル時代の地域観光インフラ⑵　IR（統合型リゾート）

3 公共政策としてのIR

日本公共政策学会によると、「公共政策」とは、社会の公的な問題に関して、地方自治体や国をはじめ、NPOやNGO、住民などが担う様々な方針や施策、事業のことをいう。IRの公共政策とはギャンブル依存症、治安、反社勢力などの様々な課題を官民の知恵で乗り越え、地域の観光振興・活性化へとつなげていくソリューションである。ここでは、その解説を行う。

❖ なぜ、IRは日本でできなかったのか─民設民営のIR

刑法185条は、「賭博をした者は、50万円以下の罰金又は科料に処する」と定めている。常習的に賭博をした者は常習賭博罪（刑法186条１項）で３年以下の懲役となる。「賭博」とは、２人以上の者が、偶然の勝敗により財物や財産上の利益の得失を争う行為とされている。また、自らが主宰して賭博場を開設する場合は、賭博開帳図利罪（刑法186条２項）で３月以上５年以下の懲役となる。しかし、①公の目的をもって、②公が主体となって、③公の監督の下で行われる競馬、競輪、競艇などの公営ギャンブルは、特別法によって保護されてきた。

このように、日本では民間の賭博場の開設や運営は、厳しく法律で取り締まられてきたのだが、公益性と実施様式を定めたIR推進法の制定により、同法第２条でカジノ施設を含む「特定複合観光施設（IR）」は「民間事業者が設置及び運営をする」とされ、民設民営でIRは合法的に推進されることになった。

❖ 導入反対の意見と対策経費

表12－２はIR整備法でIR経営における制限を示したものである。設置の制限、カジノへの入場回数の制限、飽きの来ないように中核施設への投資義務、カジノ税の納付、カジノ区画の面積規制、ライセンスの更新制などが定められている。また、前節ではノンゲーミング施設のクオリティ、規模、再投資について高いハードルを設定していた。これらは、公共政策の実現を目的としていることは明らかで、そのため、IR反対の意見に表れる懸念事項への対策とも結びついている。

懸念事項は、ギャンブル依存症、治安及び地域風俗環境対策、コンプライアンス確保及び反社会的勢力の排除が主なものである。カジノへの入場制限やマイナン

> Column12－1

三店方式－パチンコで換金はできるのか？

　ギャンブルは特別法で認められた公設で行われることから投票券（例えば競馬の馬券）を換金できるが、街中のパチンコホール（以下、パチンコ）でもギャンブルと認識している人が多いようである。現在日本では、競馬、競輪、オートレース、競艇の4競技と宝くじ、スポーツ振興くじの計6種しか認められておらず、それ以外は、刑法犯の対象となる。

　パチンコの場合、「風俗営業等の規制及び業務の適正化に関する法律（以下、風適法）」によって営業を認められている。しかし風適法23条では、パチンコの営業に関する禁止事項として、①現金又は有価証券を賞品として提供すること、②客に提供した賞品を買い取ること、③遊技の用に供する玉、メダルその他これらに類する物を客に営業所外に持ち出させること、④遊技球等を客のために保管したことを表示する書面を客に発行すること、を禁じており、出玉を換金することはできない。

　しかし、実態はそうではない。出玉をもってフロントに行き、黙って立っているとプラスチックケースに入ったメダルなどの貴金属（金地金入り）が出てくる。それをもって店の近くに列を作っている交換所に行き、窓口に差し出すと現金が渡される。これを「三店方式」と呼んでいる（図12－3参照）。

　「三店方式」とはホールが「直接的には」換金行為に関与することなく、換金行為を成立させる方法である。遊技者はホールで出玉を現金交換するのではなく、

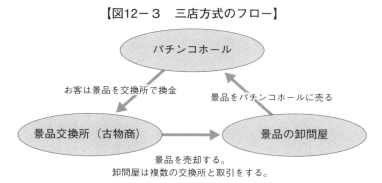

【図12－3　三店方式のフロー】

出所：田中祥司「共通価値の創出と観光政策－シンガポールのカジノを含む統合型リゾート誘致と観光立国推進基本計画」藤野公孝・高橋一夫編著『CSV観光ビジネス－地域とともに価値をつくる』学芸出版社、2014年に筆者加筆

第12章　グローバル時代の地域観光インフラ⑵　IR（統合型リゾート）❖

まず特殊景品と交換する。それを持って遊技者はホール外に設けられた景品交換所へ向かい、そこで特殊景品を現金と交換する。遊技者から買い取られた特殊景品は景品問屋に買い取られ、問屋は再び景品をホールに卸すことになる。つまり特殊景品は「ホール」「景品交換所」「景品問屋」のこれら三者間を循環することになる。ここで重要なのは、これら三者は独立した事業組織という形をとっている点である。そのため名目上ホールは、直接換金行為に関与していないことになる（鍛冶、2007(I)）。店の近くにある景品交換所が古物商という位置づけであるため、特殊景品を現金で買い取ることは営業形態として合法ということになる。

　パチンコはこうした仕組みで合法的に換金を行えるようにしているが、パチンコはギャンブルという一般の認識とは違う法解釈に、ズレがあることは識者からも指摘されている。

参考文献：鍛冶博之「パチンコホール業界の現代的課題と対策（I）」『社会科学』（同志社大学人文科学研究所）2007年、第78号、pp.23-47
　　　　　鍛冶博之「パチンコホール業界の現代的課題と対策（II）」『社会科学』（同志社大学人文科学研究所）2007年、第79号、pp.59-82
　　　　　田中祥司「共通価値の創出と観光政策－シンガポールのカジノを含む統合型リゾート誘致と観光立国推進基本計画」藤野公孝・高橋一夫編著『CSV観光ビジネス－地域とともに価値をつくる』学芸出版社、2014年

【表12－2　IR整備法による制限】

設置個所数と見直し時期	・当初全国上限3か所で見直しは最初のIR認定の7年後（2024年現在の認定は大阪のみ）
カジノ入場料及び入場回数制限（主に日本人対象）	・1回当たり6,000円、チップ購入は現金のみ。7日間で3回、28日間で10回まで。マイナンバーカードでチェック
中核施設の要件・基準	・「我が国を代表」し「国際競争力を有する」など、事業内容の向上投資義務
納付金（カジノ税）	・グロス・ゲーミング・レベニュー（IRオペレーターの勝ち額）の30%
カジノ面積の規制	・カジノ行為区画はIR施設全体（総延べ床面積）の3％以下
営業期間の継続性	・都道府県の首長同意、議会の議決。立地市町村の首長同意 ・ライセンス3年の更新制、区域整備計画の認定期間10年。その後5年毎に更新

出所：IR整備法、大阪IR区域整備計画等を基に筆者作成

❖ 第Ⅲ部　観光事業の展開モデル

バーでの確認、カジノ行為区画がIR施設全体の３％以下という制限はギャンブル依存症対策である。納付金や入場料等の収益は、ギャンブル依存症だけでなく、治安等の環境対策や魅力向上のための再投資にもつなげる。ライセンス更新はコンプライアンス確保や反社問題とも関係するだろう。

　カジノを含むIRに対し、反対意見を持つ人たちの理由は各種調査から、上記の懸念事項をあげる声は多い。そのため、IR事業者からの毎年約1,060億円の納付金と入場料収入及び140億円に上る別途の税収のなかから、懸念事項に対する必要経費を捻出する（**表12－３**参照）。収入の残りは、観光振興、地域経済振興、子育て、教育環境の充実、健康・医療、住民の暮らしなどの社会福祉施策など一般施策に充てられるとのことである。

【表12－３　懸念事項に対する必要経費】

使　　途	毎年の必要経費
ギャンブル等依存症対策【大阪府・大阪市】 大阪依存症包括支援拠点を中心とした新規・拡充事業	約14億円
警察力強化【大阪府】 夢洲内の警察署の設置・運営、府内の警察職員増員等（約340人体制）	約33億円
夢洲まちづくり関連インフラ【大阪府】 （IR立地に関連して必要な事業の維持管理）	約４億円
消防力強化【大阪市】 （夢洲消防拠点の設置・運営〔約40人体制〕）	約４億円
合　　計	約55億円

出所：大阪府市IR推進局資料

❖ 開業後の継続的投資と新たなツーリズムクラスターの予感

　IR関連施設は新たな観光資源となりうるものだが、当初は魅力があり多くの旅行者を集めていても、将来にわたって保証されるとは限らない。これは旅行者が飽きてしまう可能性があるためで、東京ディズニーリゾート（TDR）もユニバーサル・スタジオ・ジャパン（USJ）も飽きられないようにするため、３年から５年毎に計画的な投資を行って新たなアトラクションを建設している。そのため、大阪IRも「開業後には、IR施設において提供するコンテンツの更新及び追加等のために必要となる取組みに、継続的に投資」すると地域整備計画に明記しており、カジノの事

第12章　グローバル時代の地域観光インフラ⑵　IR（統合型リゾート）❖

Column12−2

IRにおける市民の意見とレピュテーション（風評）リスク

　2023年7月のオープンキャンパスのミニ講義で、筆者は高校生とその保護者にGoogleフォームでアンケートを実施したところ63人から回答を得た。IRに賛成か、反対か、よくわからないかを尋ね、それぞれ31.7％、27％、41.3％の割合で回答があった。賛成か反対と回答をした人に、「正確な情報と知識のもとで判断をしましたか」と質問したところ、賛成の65％、反対の82.4％はなんとなく賛成した、なんとなく反対した、と回答があった。

　改めてミニ講義終了後にIRに賛成か、反対かを確認したところ、賛成81.7％、反対5.0％、よくわからない13.3％となった。このうち、「なんとなく賛成の領域から出ないが賛成」と答えたのは17％となり、賛成の理由が言えるようになった人たちが増えた。

　このアンケートをもって、全体を語ることができないのは当然だが、賛成・反対のそれぞれが、一定の理由を持ったり、もっと情報を得ようとしたりという姿勢を持つに至った。どのような事案でもそうだが、人々の価値観で賛成・反対がはっきりと分かれる事案ほど、関係者は積極的に情報提供をするとともに、市民もそれぞれの立場の人たちから意見を聴き、自分の考えを持つことの重要性が理解できる。

　一方で、IRにビジネスで携わる人たちは、どういう意思表示をしているのだろうか。当然、大阪IR株式会社に出資する企業ははっきりしているし、大阪IR区域整備計画が国に認定された現在では、意思表示もはっきりさせている企業が多いだろう。しかし、B to Cビジネスをしている企業はなかなか意思表示がしづらいものだ。2019年11月15日付の日本経済新聞オンラインに「カジノ融資に『沈黙は金』　銀行、水面下で虎視眈々」という記事が掲載された。記事中に、大手銀行の幹部は「国内で有数のプロジェクト。（事業を資金面から切り盛りする）主幹事をめざすのは当たり前だ」と述べながら、「それでもIRへの是非で揺れる世論の反応もおそれ、公然とした活動は避けている。レピュテーション（風評）リスクを指摘する大手銀行の関係者は『カジノの納付金がどう公益のために使われるか、政府や自治体が明らかにするのを待ってからで十分だ』」と述べたとのことである。世論を気にしながらのビジネスのバランスは難しいものだ。

参考文献：日本経済新聞オンライン「カジノ融資に『沈黙は金』　銀行、水面下で虎視
　　　　　眈々」2019年11月15日

❖ 第Ⅲ部　観光事業の展開モデル

業収益を活用するとしている。

　また、大阪IRはTDRやUSJと同様、ツーリズムクラスターを形成する可能性がある。ツーリズムクラスターとは「地域の産業クラスター（産業集積）やインフラなど、旅行者にとって魅力的なコンテンツが地域の観光関連クラスターと結節することで、地域や地域産業と観光関連産業との間にWin-Winの関係を築きながら共通性と補完性をもって地理的に集積（近接して立地）している状況」をいう。1社ないし数社の大企業を頂点にして、多くの企業が垂直的な関係（コア企業（中核的企業）を頂点にした安定的な取引関係）に立っており、コア企業は必ずしも地域企業ではなく、地域外でも大いに活動をしているタイプのツーリズムクラスターである。コア企業型集積と呼ばれるタイプで、規模の経済は比較的大きい。地域整備計画には、建設時（1兆2,700億円）だけでなく運営時の地元調達額（2,620億円）の明記、大阪・関西が強みを有する産業領域に関するMICE開催、大阪・関西、広域への送客強化と地域での消費喚起などを意図して事業を推進するなど、これまで日本で見られるコア企業型集積とは違ったツーリズムクラスターへの期待が持てるのである。

4　おわりに

　キャンブルに対する拒否反応や治安・環境の悪化への危機感もあり、IRの誘致はもろ手を挙げて進んできたわけではない。しかし、インバウンド観光は製品輸出で比較をすると自動車に次いで2位の5兆3,000億円（2023年）となっており、国の目標（明日の日本を支える観光ビジョン）である2030年に訪日外国人客数6,000万人、観光消費額15兆円を実現していくためには、新たな観光開発が待たれるところである。IRを公共政策と捉え、様々な社会課題を官民の知恵で乗り越え、地域の観光振興・活性化へとつなげていく発展的な取り組みと考えていくべきであろう。地域とともに取り組もうとする大阪IRの地域整備計画は、従来のコア企業型集積とは違う新たなツーリズムクラスターの到来を予感させるものである。

　公共政策としてのIRの実現にあたっては、地域との良好な関係構築の取り組みおよび周辺地域の観光への効果拡大が求められている。

第12章　グローバル時代の地域観光インフラ⑵　IR（統合型リゾート）❖◆

❓考えてみよう

1. あなたは日本にIRが開業することについて、賛成か反対か。理由を明らかにして意見を述べなさい。

2. シンガポールにIRができて以降の旅行者数など、観光統計データについて調べてみよう。

3. シンガポール以外に海外にある複数のIRについて（投資額、施設内容、売上など）調べ、比較してみよう。

次に読んで欲しい本──────────────────────────●

ジェイソン・ハイランド『IR〈統合型リゾート〉で日本が変わる　カジノと観光都市の未来 』角川新書、2019年

ジェイン・ジェイコブズ『発展する地域　衰退する地域: 地域が自立するための経済学』ちくま学芸文庫、2012年

高橋一夫「地域内経済循環を高めるツーリズムクラスターの形成施策」『DMOと観光行政のためのマーケティングとマネジメント』学芸出版社、2024年

第12章

第 **13** 章

観光まちづくり
─城崎温泉の観光まちづくりにみる リーダーシップ

1 はじめに
2 城崎温泉の観光まちづくり
3 観光まちづくりにおけるリーダーシップ
4 おわりに

❖ 第Ⅲ部　観光事業の展開モデル

1　はじめに

　観光まちづくりとは、観光を手段としたまちづくり活動のことである。観光には、地域外から旅行者を招き入れ、地域での消費をもたらす経済的な効果や、旅行者に対し商品やサービスを提供する事業者（宿泊施設や飲食店など）での雇用の創出などの社会的な効果、地域の伝統的な産業や芸能、歴史や文化的資源、食、自然環境資源などの保全と活用に役立てる文化的効果をもたらす力がある。この観光の力を最大限に活かしながら、そこに暮らす人、働く人、訪れる人にとって魅力的で持続可能なまちづくりを目指している。

　このような観光まちづくりの実現には、まちづくりに関わる1人ひとりがどんな立場であろうとも率先して目標達成に導く力（リーダーシップ）が求められる。ただし、まちづくり活動は、同一の会社や組織内のように、①成果が給与という個人利益に直結しない、②契約に基づいた集団ではなく、多様な利害や価値観を持つ人々の地理的な集合体で行わなければならないという点で、統率と先導の難しい側面がある。

　この章では、開湯1300年以上の歴史ある城崎温泉（兵庫県豊岡市）の観光まちづくりを取り上げる。この温泉地は、歴史と伝統を守りつつ常に新しいことに挑戦しながら、持続可能な観光まちづくりを推進することで国内外問わず多くの旅行者を魅了している。この事例から、観光まちづくりにおけるリーダーシップについて考えてみよう。

2　城崎温泉の観光まちづくり

❖ 人気を保ち続けている城崎温泉

　城崎温泉は、日本海側に面した兵庫県豊岡市北部に位置している。温泉街は、川沿いにしだれ柳と桜並木、木造の旅館、浴衣を着て外湯めぐりをしながらそぞろ歩きをする旅行者の姿など、情緒あふれた雰囲気が魅力的である（**写真13－1**）。開湯1300年以上の歴史あるこの温泉地は、温泉入浴が一般大衆化した江戸時代から

第13章　観光まちづくり

Column13-1

飽きられない観光地であるために

　観光地の中には、衰退し寂れてしまうところがある。なぜ、衰退してしまうのだろうか。観光地の盛衰に関する研究の中で、商品のライフサイクルを応用したリチャード・バトラー（Richard W. Butler）による「観光地のライフサイクル（The Tourism Area Life Cycle：TALC）」という古典的な理論（1980年）がある。TALCは、観光地の誕生から成長、成熟、停滞し、その後衰退していくか、あるいは復活していく過程を、時間軸と入り込み客数の軸で図式化して説明する。バトラーによる理論では、観光地の衰退の要因として、競合地域との競争環境と許容量（Carrying capacity）にあるとしている。その点について、観光領域の研究者である安島博幸は、環境要因ではなく「観光地の価値がなくなるから」と異を唱える。

　安島は、「時間が経過していたとしても、再び来訪者数が増える現象」のことを観光価値の「古典化」と名付けている。例えば、長野県の諏訪湖は、アニメ映画『君の名は。』の重要なシーンの舞台となったことをきっかけに聖地となり来訪者数を増しているが、（この作品がこれからもずっと人々に知られるものであれば）観光価値の「古典化」となる。安島は、この古典化が起きる要因として、①日本一、世界一などで一時期でも広く人気を集めたことがあること、②小説などの文学作品、絵画、映画、テレビドラマなど芸術作品に描かれて後世に伝えられること、③様々な評価軸で価値が発見されること、④長く同じ場所に存在し続けることにより懐かしさやレトロな感覚が生ずること、を挙げている。そして、これらによって時間が経過してもその価値は社会的な評価として残り続け、また、芸術作品に触れることで再生産されやすくなると述べている。

　城崎温泉には、志賀直哉の代表作「城の崎にて」のほかに、新たな「城崎文学」を生み出すプロジェクトが始動している。こうした数々の文学作品が、城崎温泉の観光価値の古典化を起こすことを期待したい。

参考文献：安島博幸「観光地の成長・発展と衰退のメカニズムに関する理論モデル」『日本観光研究学会全国大会学術論文集』、2012年

第13章

　人気を博している。そして今では、その人気が海外にまで広がりつつある。城崎温泉を主な滞在拠点とする豊岡市の外国人延べ宿泊者数は、2011（平成23）年に1,118人泊だったのに対し、2023（令和5）年になると約55倍の61,187人泊ま

❖ 第Ⅲ部　観光事業の展開モデル

で急増するほどだ。

　風情ある街並みは、しばしば文学作品にも取り上げられている。大正時代に発表された志賀直哉の短編小説「城の崎にて」は代表例である。志賀直哉が療養のために城崎温泉に滞在していた頃から100年目となる2013年には、若旦那らによる新たな「城崎文学」を生み出す「本と温泉プロジェクト」が始動している。以降、湊かなえや万城目学などの現代の小説家による城崎温泉を舞台とした文学作品も増えつつある。

❖ みんながひとつになるコンセプト「まち全体がひとつの旅館」

　城崎温泉は半径500ｍの範囲に７つの外湯と約80軒の物産品・飲食店と80軒の中小規模旅館が存在する。この温泉街には、みんなが共有するまちづくりのコンセプト（基本的な考え方や構想）がある。それが、「まち全体がひとつの旅館」だ。温泉街にある各旅館は「客室」であり、駅は「玄関」、道は「廊下」、土産物屋は「売店」、外湯は「大浴場」と捉えて、一体的な観光まちづくりを行っている。このコンセプトに込められたまちづくりの理念には、競争関係にある事業者同士が問題への対応や温泉街の魅力づくりに協力し合い、共に栄えていこうとする「共存共栄の精神」が根付いている。

❖ 「ひとつの旅館」がもたらす城崎温泉らしさ

　城崎温泉の景観は、外湯や土産物屋、飲食店などを巡る浴衣姿の宿泊旅行者の存在があって完成する。「ひとつの旅館」としての温泉街では、浴衣に着替えた宿泊旅行者が、廊下である道をそぞろ歩き、大浴場としての外湯をめぐり、カフェや土産物屋でもそのままの姿で過ごすことができる。こうした散策は、城崎温泉ならではのおもてなしの仕掛けや仕組み、演出によって魅力を高めている。例えば、外湯や駅などで誰もが使える置き傘「みんなの傘」の設置を始め、外湯めぐりの最中に浴衣が崩れても着付けをしてくれる「ゆかたご意見番」という店舗の存在や、毎年デザインの変わる「城崎オリジナルうちわ」などが挙げられる。このようなことができるのも、温泉街の各事業者がコンセプトに共鳴しているからである。

❖ 「ひとつ」であり続けることの難しさ

　歴史を振り返ると、共存共栄の精神が揺らいだ時もあった。1925年５月23日、北但大震災により城崎温泉の温泉街はほぼ完全に焼き尽くされた。震災前の城崎温

第13章　観光まちづくり

【写真13−1　城崎温泉での外湯めぐりの様子】

写真提供：豊岡市

泉は、他の温泉地のような各宿泊施設に「内湯」を設けることで外出させない温泉街ではなく、温泉街がひとつの旅館として「外湯」を共有の大浴場とするまちづくりを推進してきた。しかし、震災から復興していく過程で、「内湯騒動」が勃発した。この内湯騒動とは、震災や昭和恐慌による経営環境の悪化や、温泉街が療養のための「湯治場」から娯楽としての「観光の場」へと変わりつつある社会的ニーズに対応しようと、一部の旅館が内湯を設置することを宣言したものである。この宣言はやがて訴訟や騒動に発展し、城崎温泉は大きな分断を生むこととなった。23年も続いた分断は、新しい泉源を探し内湯をつくることで収束し、さらに、新たな解決策として利用権と湯を一括管理する「集中管理システム」が作られた。

このように、複数の事業者の集まる温泉街が、何事もなく「まち全体がひとつ」であり続けることはそう簡単な話ではない。個々の経営に関わる問題や価値観の相違、利害の交錯などがありながらも、問題から目を背けずに解決策を講じてきたからこそ、「共存共栄の精神」が受け継がれている。

「ひとつ」で挑むデジタル・トランスフォーメーション

2010年代に入って積極的に進めているのが、まちで一体的に取り組むデジタル・トランスフォーメーション（以下、DX）だ。DXとは、デジタルの技術を活用して、業務プロセスの改善や効率化、顧客体験をより良いものへと変化させてい

くことである。城崎温泉では、若手経営者を中心に時代の変化を見据えたDX化に挑んでいる。DX化は、宿泊旅行者の満足の向上と利便性を高めるだけでなく、事業者にとっても次世代に向けた共存共栄を支える新たなインフラとなる。

　デジタル管理システム「デジタル外湯券　ゆめば」は、DX化した1つである。旧形式の外湯券は、外湯ごとに枚数を用意しなければならなかった。それが、新たなシステムではおサイフケータイやICカード（FeliCa）を利用する宿泊旅行者が、自分の携帯で端末をタッチするだけで利用できるようになった。

　携帯電話で対応できない宿泊旅行者には、バーコードでの外湯券を発行する。これによって、何枚も持ち歩いていた外湯券が不要になり、宿泊旅行者の証明も必要なくなった。さらには、チェックアウト後の利用や連泊の宿泊旅行者にも対応できるようになった。

　城崎温泉におけるDX化は、技術的なことだけではなく、おもてなしのサービスそのものも更新していく。以前は、各旅館で渡されるバーコード外湯券は市販のプ

【写真13-2　デジタル外湯券で実現した外湯の混雑状況の可視化】

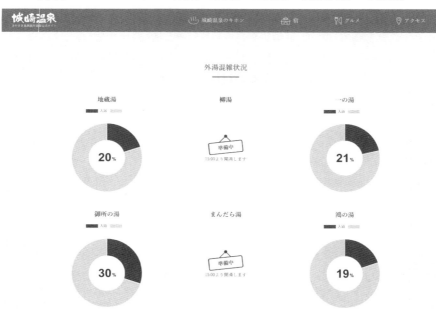

出所：きのさき温泉観光協会公式Webサイト、外湯混雑状況（https://kinosaki-spa.gr.jp/congestion/）2024年9月7日取得

ラスチックケースに入れられていた。これに対して、若手旅館経営者で構成する「城崎温泉旅館経営研究会」は、豊岡市のかばん製造販売会社と連携して端材を活用したオリジナルケースをつくり、外湯券携帯のファッション化にも挑戦している。また、外湯券の電子化を活かして、外湯の混雑状況や混雑予測がリアルタイムでわかるようにした（**写真13－2**）。これは後に、新型コロナウイルス感染症に対する不安解消や衛生対策として、大いに役立つこととなった。

　DX化への挑戦は続いている。温泉街の若手経営者は、2016年に豊岡市に創設された地域DMOである一般社団法人豊岡観光イノベーションとともに、豊岡観光DX推進協議会という組織をつくり、次世代につながる観光DX基盤の整備に取り組んでいる。その基盤とは、各旅館が個別に持つ宿泊予約データを「まち全体でひとつに」集約するシステム（豊岡観光DX基盤）である（**図13－1**）。通常の場合、各宿泊施設は異なる客室予約管理システム（Property Management System：PMS）を用いて予約状況に応じた在庫管理と価格設定を行っている。この場合、各施設は個別の宿泊予約状況や過去の実績、これまでの経験や勘を頼りに判断をする。これに対して、城崎温泉の新たな取り組みでは、地域全体の動向と自社の予約状況を比較しながら積極的な価格設定が行える。この仕組みは、各宿泊施設が豊岡

【図13－1　豊岡観光DX推進協議会による宿泊ビジネスのDX化】

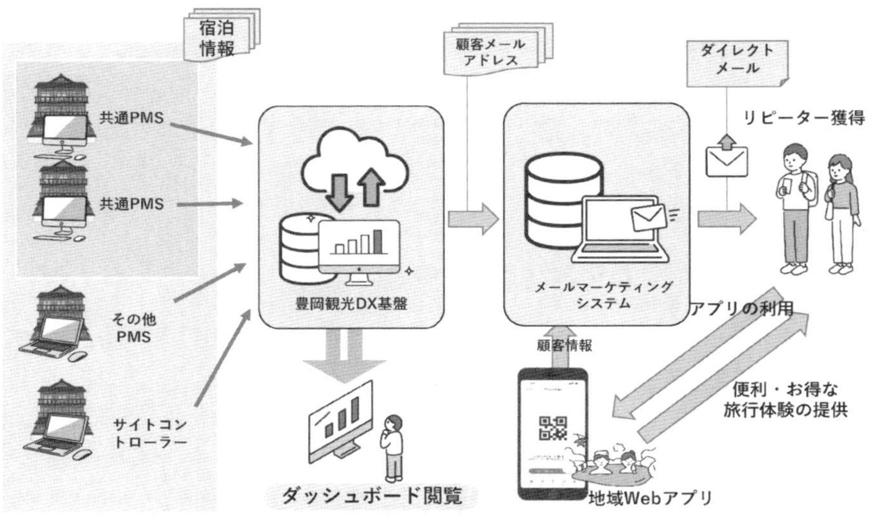

出所：豊岡観光イノベーション

❖ 第Ⅲ部　観光事業の展開モデル

観光DX基盤に宿泊予約データと連携させるか、あるいは、共通のPMSに入れ替えることで、地域全体での①昨年と比較した予約変動のある日程をカレンダー上で可視化でき、それによって、②需要を予測し、価格の推移を見極め、③自社と地域の比較を行いながら、自社の価格やプランの調整に役立て、個別施設及びまち全体の収益性向上を狙う。

　一方、行政やDMOは、豊岡観光DX基盤で得られたデータからより正確な宿泊旅行者の動向を把握し、今後の観光政策やマーケティング活動に活かすことができる。現在（2024年8月末時点）のところ、約80軒ある宿泊施設の内、32軒が豊岡観光DX共通基盤と連携し、さらに、その内の23軒は共通のPMSに切り替えている。また、宿泊施設だけでなく飲食や物産販売施設も36軒が賛助会員となり、DX基盤のデータ蓄積と活用に意欲的だ。「この事業が実施できるのも、個々の情報を出し合って地域全体で活用していこうという共存共栄の精神があるからこそ（豊岡観光イノベーション公式Webサイト、観光DX活動実績、2022年3月25日）」である。

3　観光まちづくりにおけるリーダーシップ

　観光地は、地域にいる人々がまちづくりをし続けない限り、時間の経過とともに衰退してしまう（前掲Column13－1参照）。また、同じ場所で営む事業者や組織団体、個人と共に、互いに連携や良い影響を与え合うことで、環境の変化に適応し進化できなければ生き残ることはできない（Column13－2参照）。地域のビジネス・エコシステムを維持し、より良い状態に導いていくために求められるのが、リーダーシップである。この節では、観光まちづくりにおけるリーダーシップについて考えてみよう。

❖ リーダーシップとマネジメントの違い

　リーダーシップ論研究者の中で「変革を成功させるリーダー」に関心を持ったジョン・P．コッター（以下、コッター）によると、リーダーシップとは、「未来に向けた方向性とビジョンを打ち出し、ビジョンを基に人々の足並みをそろえさせ、人々にやる気をもたせて行動を引き出す活動」としている。一方、似通った概念であるマネジメントは「大規模な組織や地理的に広範囲にわたる組織、あるいはそのほかの面で複雑性の高い組織において、人間とテクノロジーのシステムが安定的・

第13章　観光まちづくり ❖

> ## Column13−2
>
> ## ビジネス・エコシステム
>
> 　あなたは、生態系（エコシステム）について学んだことがあるだろう。エコシステムとは、「ある地域に生息する生物の集団とそれらを取り巻く環境をひとまとまりとして捉えたもの」である。生息する生物の集団とは、「あらゆる多種多様な生物（動植物、人など）」であり、環境とは、「大気、光、水、土壌、温度、気候などの非生物的なもの」を指す。それらが、特定地域内で相互に影響し、依存関係を共有している。もし、エコシステム内のある生物、ある環境要因が異常事態となり、それをそのまま放置すればエコシステムのバランスは崩れ、やがて破壊してしまう。そのため、エコシステムの構成物は、秩序を保ちながら環境の変化に適応し、進化を遂げなければならない。
>
> 　この生態学的な視点をビジネスの世界に応用させた概念が「ビジネス・エコシステム」である。ビジネス・エコシステムとは、「一つの企業だけでやるのではなく、互いに影響しあう複数の行為者（企業や団体、個人、政府機関など）が緩やかに結びつき、競争あるいは協力しながら価値を生み出し、共存共栄を図ろうとする行為者たちの集合体あるいはその仕組み[注]」のことを言う。
>
> 　経済的側面から見ると、観光まちづくりは、「ビジネス・エコシステムの育成と管理を行う活動」とも言えるだろう。地域のビジネス・エコシステムにおいて、そこに存在する行為者同士が相互作用と依存関係を共有する存在であることを理解し、資源（資金・技術・アイディア・労力など）を出し合い、ワンチームで観光地域としての魅力を（生産）し、その生産に携わった者への対価が所得として（分配）され、所得からの（支出）が再び（生産）に回るという地域内経済循環を健全な状態で成長・進化できるようなエコシステムの育成と管理が、持続的な地域経済活性化の肝となる。
>
> （注）ビジネス・エコシステムの定義は、研究者や実務家の間でも解釈の相違があり統一性に欠ける。その解釈の揺れを包摂し、ここでは「集合体あるいはその仕組み」とした。

第13章

効率的に機能するための構造と方針と行動を生み出す活動」と定義している。コッターは、組織の変革を実現するリーダー（先導者、まとめ役）の育成やリーダーシップを発揮させるために、この２つの違い（**表13−1**）を正しく理解すること

203

❖ 第Ⅲ部　観光事業の展開モデル

【表13－1　コッターによるリーダーシップとマネジメントの違い】

共通点	具体的な手法	
	リーダーシップ	マネジメント
①やるべきこと（課題）の決定	方向性の設定　将来ビジョンと戦略	計画と予算の策定
②課題の達成に資する人脈や人間関係の構築	目標に向けて組織構成員の心をひとつにすること	組織編制と人員の配置
③組織構成員による課題達成の実現	動機づけ	統制、管理、調整

出所：ジョン・P．コッター『リーダーシップ論』、ダイヤモンド社、2024年pp.45－58およびグロービス経営大学院『[新版]MBAリーダーシップ』掲載表p.43を参考に、筆者（柏木）が加筆修正して作成

　が重要であると指摘する。2つの共通点は、今起きている（あるいは、これから起きる可能性のある）問題に対して、やるべきこと（課題）を決定し（第一段階①）、その課題を達成するために必要な人や事業者、団体などと一緒に力を合わせて（第二段階②）、課題達成の実現（第三段階③）へと進めることにある。しかし、具体的な手法は異なる。リーダーシップでは、①進むべき方向性（将来のあるべき姿：将来ビジョン）を示し、②課題達成のための目標に向けて組織構成員の心をひとつにすること、そして、③構成員を動機づけ、変革を阻む困難を乗り越えながら実現させていく。一方、マネジメントでは、①課題達成に向かう計画や予算を策定し、②一緒にやる構成員たちを組織化し、適材適所の役割を与える、③課題達成のために必要な統制、管理、調整を行う。コッターは、2つの具体的な手法の違いを指摘した上で、マネジメントだけを優先するのではなく優れたリーダーシップも同様に重要視すべきであると主張する。

　観光まちづくりの場面では、行政の観光部門、DMO、エリアマネジメント組織、旅館組合などが各組織内の役割と業務権限および範囲に従い、マネジメントを行っている。しかし、これらの個別組織や所属する各構成員たちが、まちの将来ビジョンを共有し、心ひとつに課題達成を実現していくためには、誰かが先導役（リーダー）となり、観光まちづくり機能の集合体として変化に対処するリーダーシップを発揮することが求められる。その際、この集合体が、単一企業・組織団体と異なる組織構造であることを予め理解しておく必要があるだろう。

第13章　観光まちづくり

❖ 観光まちづくり機能の集合体に見る組織構造

　日本の一般的な（特に、伝統的な）組織は、管理階層が重層化したピラミッド型である。この型は、指揮命令が上意下達（トップダウン）方式となり、上層でマネジメント権限を持った役職者（上位者）がリーダーとなり、下層の者（下位者、部下）に対してリーダーシップを発揮する（もっとも、上位者には下位者からリーダーとして適格・適任であると認められていなければ、課題達成できない）。もしも、ピラミッド型組織において下位者によるリーダーシップを活かす場合には、上位者からの指示・命令が前提となる。

　ピラミッド型組織のメリットは、ルールが明確であり、構成員の統率・管理がしやすく、分業化によって業務効率を上げられること、指示・命令を下す上位者（リーダー）に責任の所在がある（明確である）ことが挙げられる。一方、デメリットとしては、トップの資質が経営に大きな影響を与えてしまう危険性や、下位者の主体的な行動を抑制してしまうこと、指示待ちの姿勢が定着し、結果として現場での判断力の低下を招く恐れなどが考えられる（表13－2）。

　これに対して、まちづくり機能の集合体はどのような組織構造なのだろうか。表13－2は、一般的なピラミッド型企業とまちづくり機能の集合体（ネットワーク型）との組織構造の違いを示している。まちづくり機能の集合体は、ある地理的範囲の中で異なる企業・団体などの組織および組織に属した構成員、あるいは個人で暮らしを営む者（個人事業者や住民など）で構成される。構成員は、所属する組織やコミュニティの中での個人的な役割と利害を抱えながらも、地理的範囲に属する仲間として、共存共栄の精神に基づきまちづくり活動を行っている。この集合体は、階層がなく、拘束力や指示・命令権の弱い、構成員が自律し合意の上で意思決定をする組織であり、プロジェクトに応じて必要とされる資源（技術、ノウハウ、人的ネットワーク、資産など）を持った者同士が有機的に繋がろうとするネットワーク型である。この型では、基本的に誰もがリーダーになり得て、主体的にリーダーシップを発揮することができる。構成員の自律性や主体性が重視される。

　ネットワーク型組織のメリットは、所属や地位に関係のない交流ができ情報共有しやすいこと、構成員の誰もが主体的に行動できることが挙げられる。その反面、デメリットとして、構成員の合意を得ながら進めていくため意思決定や事業の進捗に時間がかかること（効率性の低下）、責任の所在が不明瞭になりやすいこと、組織のまとまりがなくばらばらに行動してしまう危険性がある。このようなデメリッ

❖ 第Ⅲ部　観光事業の展開モデル

【表13−2　ピラミッド型企業とまちづくり機能の集合体（ネットワーク型）構造の違い】

	ピラミッド型	ネットワーク型 （観光まちづくり機能の集合体）
組織図	リーダー	リーダー／共存共栄の精神
権利と責任	トップ	各構成員
意思決定	トップ	合意
指示命令	トップダウン	合意（あるいは選抜されたリーダーから対等な関係にある構成員へ周知）
リーダーの選出	階層に従う	自主性と合意に従う
メリット	ルールが明確	所属や地位に関係のない交流
	構成員の管理・統率のしやすさ	構成員の誰もが主体的に行動が可能
	分業化による業務効率の向上	
	責任の所在が明確	
デメリット	トップの資質が経営に直結した影響を与えてしまうこと	効率性の低下（意思決定や事業の進捗に時間がかかる）
	下位者が指示待ちの姿勢、主体的な行動の抑制	責任の所在が不明瞭になりやすい
		組織のまとまりがなく、ばらばらに行動してしまう可能性あり

出所：筆者（柏木）作成

トへの対応には、①なぜやるのか（将来ビジョン）、②何のためにやるのか（目的）、③そのためにいつまでに何を実現させるのか（目標）、④今どのような状況にあるのか（客観的な根拠に基づく現状の把握）、⑤いつまでに、どのように進めていくか（計画と予算の策定）について、構成員間でしっかりと共有することが欠かせない。この５つの要点の内、①将来ビジョンと②目的がリーダーシップ領域であり、③目標、④現状把握、⑤計画と予算の策定がマネジメント領域となる。構成員がばらばらにならないためには、リーダーの熱意ある①と②の語りかけと行動が特に重要である。

　残念なことに、多くの観光地ではネットワーク型組織の機能が活かされていない。典型的な例として、地域の長老や重鎮がいつまでもリーダーとして居座り続け、戦略に基づかない過去の経験と勘だけを頼りに（複雑性に対処する「マネジメント」

第13章　観光まちづくり ❖

の機能不全）、構成員の心をひとつにするようなビジョンを語ることなく旧態依然の「慣れた」活動（変化に対処する「リーダーシップ」の機能不全）を続けてしまっている。これでは、若者や女性たちがリーダーシップを発揮する余地はなく、構成員の自主性と主体性が活かされることもない。このような状態が続けば、環境の変化への適応に遅れてしまうリスクは高くなる。

　それに対して、城崎温泉のまちづくり機能の集合体には、ネットワーク型組織としてうまく機能させる知恵がある。共存共栄の精神に基づくコンセプト「まち全体がひとつの旅館」は、構成員との間の対等な関係づくりと協働する意味を与えている。また、まちづくりを推進するリーダーは、50歳以上になるとフォロワー（リーダーの支持者）の立場に変わり、主に40歳代までの若手組織（二世会、市商工会青年部城崎支部）に託すという暗黙のルールがある。これによって、まちづくり機能集合体の新陳代謝を良くし、変化に適応可能なリーダーシップが発揮できるのだろう。

4 おわりに

　観光まちづくりは、観光関連事業者が中核となり、行政との連携や住民の理解と協力を得ながら進めていく活動である。当該地域で今を生きる者たちが、「どんなまちにしたいのか、子や孫にどんなまちの姿で引き継ぎたいのか」という明確なビジョンを共有し、同じ方向を向いて活動しなければ、理想の姿に近づくことはできない。まちづくりを先導するリーダーには、フォロワーとなる仲間たちに進むべき方向性（ビジョン）を示し、使命感（ミッション）と情熱（パッション）を持って積極的に行動すること（アクション）が求められる。

　城崎温泉では、共存共栄の精神に基づいた「まち全体がひとつの旅館」というコンセプトの下で、絶えず環境の変化に適応しながら、訪れる人だけでなく、ここに暮らす人や働く人にとっても「愛され続ける」まちづくりを継続している。変化を捉え、新しいアイディアを取り入れて挑戦するためには、性別や年代、業種、地位、居住年数などにとらわれないリーダーの選出とフォロワーの参画が強く望まれる。その点、城崎温泉には、リーダー役の世代交代がスムーズに行われ、若手が伸び伸びとまちづくり事業を推進できる仕組みがあった。

　現代のビジネス環境は、先行きの予測が困難で複雑化した状況にある。そのよう

第13章

❖ 第Ⅲ部　観光事業の展開モデル

な中で、観光地を衰退化させることなく次世代へつなぐためには、共存共栄の精神
のもと、ビジョン実現に向けたリーダーシップがますます重要になるだろう。

❓ 考えてみよう

1．あなたが、自分の暮らしている（あるいは、出身地）のまちの活性化のために
　「この人のもとで一緒に活動してみたい」と思えるリーダーを選ぶならどんな人
　物像（人柄、資質、知識、経験など）だろうか。考えてみよう。

2．ある課題解決に向けて利害関係者の間で合意を得るためには、どのような心構
　えや配慮、行動が必要だろうか。考えてみよう。

3．あなたが関心を持っている観光地では、どのような観光まちづくり活動を行っ
　ているのか、誰（個人あるいは組織：リーダー）が主導し、どんな人たち（フォ
　ロワー）を巻き込みながら実行しているのかを調べてみよう。

次に読んで欲しい本

ジョン・P. コッター、ホルガー・ラスゲバー、藤原和博翻訳『カモメになったペ
ンギン』ダイヤモンド社、2007年

高橋一夫『DMO観光地経営のイノベーション』学芸出版社、2017年

松山一紀『フォロワーシップ行動論』中央経済社、2023年

第 **14** 章

デスティネーションの ブランディング

―香川県直島が世界中で
「訪れたい」島
となる活動の軌跡

1 はじめに
2 直島―世界に知られる現代アートの島
3 デスティネーションのブランディング
4 おわりに

❖ 第Ⅲ部　観光事業の展開モデル

1　はじめに

　「今度の長期休暇にどこに行きたい？」、「そこでは、どんな経験ができそう？」、
「他の場所と比べて何がいいの？」。これらの質問に対し、あなたはどの場所を思い
浮かべ、どのように説明するだろうか。

　上述の問いに対し、あなたは、数あるデスティネーションの中から「ある（特定
の）場所」を選んだに違いない。その場所が頭に浮かんだのは、その場所について
「知っている（認知）」、「何があるかわかる（知識）」、「好意的な印象を持つ（イ
メージ）」、「ここが一番好き（ロイヤルティ）」のいずれかに当てはまっていたから
である。

　DMOのような観光地のマーケティングを担う組織は、多くの人々に「憧れられ
る」、何度も「選ばれる」場所であることを目指している。そのためには、他との
差別化ポイントとなる「地域固有の魅力（地域らしさ）」を理解し、磨きをかけ、
地域内外の人たちに、効果的に発信することが求められる。消費者に「こんな風に
イメージしてもらいたい」と思う姿を伝え、期待を裏切らない経験価値を提供する
こと、揺るぎない関係をつくる活動が、「デスティネーションのブランディング」
である。本章では、デスティネーションのブランディングの特徴や育成過程につい
て学習する。

2　直島－世界に知られる現代アートの島

❖ 直島の概要

　瀬戸内海に浮かぶ直島（香川県直島町）は、面積14.22k㎡（東京都目黒区とほぼ
同じくらいの面積）、人口3,000人ほどの島である。交通アクセス手段は、船しか
ない。高松港（香川県高松市）から船で約1時間、宇野港（岡山県宇野市）から約
20分で行ける。

　直島は今、1990年代以降の現代アートを核とした文化及び観光事業の展開によ
り、世界中の旅や芸術鑑賞を好む多くの人々に「現代アートの島」として認知され、

【写真14－1　直島を楽しむ外国人旅行者の様子】

写真提供：高橋一夫氏

憧れの地となっている。アメリカ大手旅行雑誌Traveler（2000年3月号）が、「世界で次に行くべき7つの場所」として「NAOSHIMA（直島）」を選出した後も、海外メディアでたびたび取り上げられている。2020年代に入ってもなお、主にヨーロッパ圏で人気の旅行情報Lonely Planet Webサイト記事（2024年5月28日）で、直島が「日本で訪れるべき最も素晴らしい場所10選」の第3番目（1番目東京、2番目京都）に選出されるなど、日本人の想像を超えた聖地となっている。

　旅行者数の推移をみても、人気の沸騰している様子がうかがえる。1990（平成2）年に1万人程度であった旅行者数（延べ人数）は、2019（令和1）年に約75万人（直島町観光協会発表）、同年春から秋の訪日外国人旅行者数が約7万人（日本政策投資銀行四国支店『直島を訪れる訪日外国人旅行者の実態調査』、2022年）と着実に増え続けている。

❖ 観光開発から芸術文化を軸とした観光事業へ

　直島は、1917（大正6）年に三菱マテリアル直島精錬所が設立されて以降、銅や非鉄金属の精錬業を基幹産業としている。精錬業を中心に栄えてきた島が、町の政策として観光開発に取り組み始めたのは、1960（昭和35）年にさかのぼる。前年に当選した三宅町長のもと、島内を3つに区分し各エリアの特性に応じた「自

❖ 第Ⅲ部　観光事業の展開モデル

主的産業振興対策と観光事業の基礎確立」に向けた施策が始動する。その際、町は、
「直島が個々の利益追求のみを目的とした乱開発でなく町の主導による"清潔な観
光"であること（直島町史編纂委員会『直島町史』、1990年、p.733）」を望んで
いた。その期待に応えようとしたのが、藤田観光株式会社であった。藤田観光は、
1961年に直島観光開発のための会社（日本無人島株式会社：本社東京）を設立し、
開発準備を進めた。２年後には、町も町有地を現物出資して株式を取得する形で経
営に参加した。1963年より開発事業が着工され、1966年には藤田観光の運営に
よる海水浴とキャンプ施設「フジタ無人島パラダイス」を開業させた。その後も開
発計画に沿って、養魚場やホテルの建設など進めていた。しかし、1970年代に入
ると、経営環境の悪化や事業の中心的存在だった藤田観光の社長が亡くなったこと
も重なり、事実上観光事業は中止となった。

　直島の観光開発が再び動きだすこととなったのは、町長と株式会社福武書店（現
在の「株式会社ベネッセホールディングス」）創業者である福武哲彦氏との出会い
がきっかけとなった。町長の「新たな産業の柱をつくること」と、哲彦氏の「子供
たちの夢のある島をつくりたい」という二人の思いは、直島の文化・観光事業推進
という形で合致した。間もなくして哲彦氏は亡くなるが、二代目總一郎氏によって
その遺志は受け継がれる。1987年、日本無人島開発株式会社（元日本無人島：
1966年社名変更）は解散し、同社と藤田観光らが開発した土地を福武書店が譲り
受けた。そして、1989年、福武書店は直島文化村・国際キャンプ場を開業した。
福武書店による直島開発計画には、「人と文化を育てるリゾートエリアを創生する
もの：直島文化村構想」という目標が掲げられた。この構想は、「…直島の海と山
の両要素を持った豊かな自然環境を舞台として、その自然環境とマッチする施設及
び運営により創出される "くつろぐ" という状況をベースに、芸術文化を基軸とし
て、子どもたち、高齢者、芸術家、企業家など多次元で魅力的な人々の出会いに
よって萌芽する、人々の創造性を育てる場所にする（直島町史編纂委員会『直島町
史』、1990年、p.744）」というものである。この構想に基づいて、直島固有の自
然景観、暮らし文化や歴史、建造物などと現代アートを融合させた文化・観光事業
が次々と展開されていく。

❖ 現代アート集積の創造

　福武書店は、1990年に企業理念「Benesse（ベネッセ）」を導入する。ベネッ
セとは、造語で「よく生きる」という意味が込められている。1995年には、すべ

第14章　デスティネーションのブランディング ❖

【表14-1　ベネッセが手掛けた主なアート関連施設】

開業/開始年	施設種別	施設名
1992	アート施設兼宿泊施設	ベネッセハウスミュージアム
1995	宿泊施設、アート作品展示	ベネッセハウスオーバル
1998	アート作品施設	家プロジェクトの開始
2004	アート施設	地中美術館
2006	宿泊施設、アート作品展示	ベネッセハウスパーク、ビーチ
2009	アート作品兼銭湯	直島銭湯「I♡湯（アイラブユー）」
2010	アート施設	李禹煥（リウファン）美術館
2022	アート施設	ヴァレーギャラリー、杉本博司ギャラリー 時の回廊

出所：ベネッセアートサイト直島Webサイト「アート・建築・プロジェクトをみる」（2024年3月3日閲覧）から情報収集し、筆者作成

ての事業が理念に基づいて行われるよう、社名自体もベネッセコーポレーション（以下、ベネッセ）に変更される。直島でのプロジェクトは、「ベネッセという企業哲学を具現化し、補完するもの（秋元雄史『直島誕生―過疎化する島で目撃した「現代アートの挑戦」全記録』、ディスカヴァー・トゥエンティワン、2018年）」であった。

　ベネッセが手掛けた主なアート関連施設は、**表14-1**のとおりである。宿泊施設に関しては、1992年のベネッセハウスミュージアム以降も、1995年にオーバル、2006年にパークとビーチを相次いで開業させる。2004年に開業した地中美術館は、「自然と人間との関係を考える場所」という構想の下で設立された。その構想は、自然景観を損なわないように建物の大半を地中に埋設させるという斬新な建築デザインで具現化されている。さらに、その周辺に、2010年に李禹煥（リウファン）美術館、2022年にヴァレーギャラリーを開業させたことで、地中美術館を核としたアート施設の集積エリアが島内に誕生した。これらの美術館は、徒歩やレンタサイクル、車で見て回るか、ベネッセ施設宿泊者に限りベネッセ運行のシャトルバスを利用することもできる。

　1998年から家プロジェクトが始まる。家プロジェクトとは、空き家や空き店舗を、アーティストが建築家と共にアート作品へと再生させる事業である。「アーティスト自身が実際に直島に滞在し、地域住民と触れ合いながら作品を制作していったその過程は、地域の暮らしの中にアートが根付き、アートによって地域が再

第14章

213

❖ 第Ⅲ部　観光事業の展開モデル

生していく過程（Benesse Houseパンフレット『家プロジェクト』）」とあるように、直島のコミュニティに残る歴史や暮らしの形を、住民も巻き込みながら新しい息吹をもたらしている。直島の本村エリアから始まった家プロジェクトは、その後、宮村エリアや直島を超えて犬島（精錬所の廃墟と化した島）へと広がっていく。

　2009年の直島銭湯「I♡湯（アイラブユー）」も、アーティストが元銭湯を再生した作品である。この作品は、実際に銭湯として使用でき、旅行者や島民との交流の場となっている。運営は、地元の観光協会と自治会に委ねている。

　ベネッセによる建築物の多くは、世界的に著名な建築家・安藤忠雄氏によるものだ。安藤氏は、約30年にわたり「一貫して、美しい瀬戸内海の風景の再生と継承を第一に考えてつくられた（ANDO MUSEUMパンフレット）」直島の自然とアートを融合させる建築作品を作り続けている。

　安藤建築以外にも、ベネッセの取り組み以前から、町長のこだわりによりアートを意識した公共建築物（小・中学校、体育館、役場など）が1970年代に次々と建設され、活かされている。

❖ アート分野での国際的な発信と地域化

　ベネッセは、直島でのプロジェクト開始当初から、現代アーティストや芸術関係者、愛好家の集う場での国際的な情報発信を重視してきた。**表14－2**は、ベネッセが関わる主なイベントの推移を示している。アート施設兼宿泊施設のベネッセハウスミュージアムの開業から約2年後の1994年には、直島において野外彫刻作品の展覧会「OUT OF BOUNDS─海景の中の現代美術展─」と合わせて、期間中にアジア及び日本初開催となる国際美術館会議年次総会の誘致を実現させる。2001年の「スタンダード」展、2006年の「直島スタンダード2」では、1998年から始まった「家プロジェクト」によって生まれたアート作品を見て回るイベントとして開催した。

　また、2009年には、世界中から美術作品を制作する芸術家を招待して開催された展覧会ヴェネチア・ビエンナーレ（イタリア）や、パリ（フランス）の現代アートスペースにて「NAOSHIMA」展を開催した。このイベントの目的は、直島でのプロジェクトの全容や文化的意義を伝えることにあった。当プロジェクトは、2011年に「INSULAR INSIGHT」として海外出版社より書籍化され、その出版記念イベントを2012年にパリ（フランス）で開催し、2015年にはニューヨーク（アメリカ）でシンポジウムに参加するなど、世界に発信する機会を大切にしてい

第14章　デスティネーションのブランディング ❖

【表14－2　ベネッセが関わる主なイベントの変遷】

年	開催場所	開催イベント名
1994	直島	「OUT OF BOUNDS」展 期間中：国際美術館会議年次総会をアジア及び日本初開催
1998〜		（家プロジェクトの開始）
2001		「スタンダード」展
2006		「直島スタンダード2」
2009	ヴェネチア（イタリア）	「NAOSHIMA」展
2009	パリ（フランス）	「NAOSHIMA」展
2010	瀬戸内エリア1	瀬戸内国際芸術祭2010
2012	パリ（フランス）	「insular insight」
2013	瀬戸内エリア2	瀬戸内国際芸術祭2013
2015	ニューヨーク（アメリカ）	The Naoshima Symbiosis for the future
2016	瀬戸内エリア2	瀬戸内国際芸術祭2016

出所：ベネッセアートサイト直島Webサイト「ベネッセアートサイト直島の歴史」から情報
　　収集し筆者作成

る。

　2010年には、香川県との協働で、直島だけでなく現代アートをテーマに瀬戸内一体を舞台とした「瀬戸内国際芸術祭」を手がける。第1回開催では、香川県の7つの島（直島、豊島、女木島、男木島、小豆島、大島、犬島：瀬戸内エリア1）で開催していたが、2013年以降（第2、3回）は、上述の7つの島に5つの島（沙弥島、本島、高見島、粟島、伊吹島）を加えた12の島と高松港周辺、宇野港周辺に範囲（瀬戸内エリア2）を拡げている。また、第1回目の開催期間は7月から10月まであったが、第2回目以降、瀬戸内海の季節を体感してもらうために、春、夏、秋と会期を分けた開催へと変更している。

　これまでみてきたように、ベネッセのプロジェクトは、現代アートと地域との関係性を深めていく活動へと進化している。これらの変化について、アート制作と展開方法から整理したのが、**表14－3**である。1990年から1993年の間は、キュレーター（学術的な専門知識を有し、アーティスト作品の選定及び収集を始め、展示会の企画、構成、運営全般をこなせる職）の目利きで購入された直島と無縁の作品を「屋内」展示していた（展覧会時代）。しかし、1994年から、「直島の自然景観にあった作品」を（直島外に拠点を置く）アーティストに制作を依頼し、その作

❖ 第Ⅲ部　観光事業の展開モデル

【表14-3　アート制作・展開方法の変化】

年	アート制作・展開方法
1990〜1993	展覧会時代 キュレーターが先導するアート
1994〜1995	コミッション・ワーク時代 アーティストが先導するアート
1996〜	サイトスペシフィック・ワーク時代 場所の固有性を活かし、制作過程も重視するアート

出所：秋元雄史『直島誕生―過疎化する島で目撃した「現代アートの挑戦」全記録』、ディス
　　　カヴァー・トゥエンティワン、2018年、pp.126-142から引用し筆者作成

品を「屋外」に展示するようになる（コミッション・ワーク時代）。1996年以降
になると、「直島の風土、環境、暮らし文化と歴史など場所の固有性を活かした作
品」を「アーティストが実際に直島に滞在しながら制作」する形態へと発展して
いった（サイトスペシフィック・ワーク時代）。サイトスペシフィックワークでは、
建築物の設計者や施行者だけでなく、そこに暮らす人々との協働による制作過程も
重視される。

　こうして、直島の現代アートは、風土、環境、暮らし文化、歴史、地域コミュニ
ティに溶け込みながら、新しさと懐かしさを共存させている。

3 デスティネーションのブランディング

　第2節では、直島が、国内の旅行者にも知られていない「精錬所の島」から、世
界中に知られる「現代アートの島」として憧れの聖地へと変わっていく活動の軌跡
を紹介した。本節では、ブランディングという活動とデスティネーションブランド
の特徴について説明した上で、直島におけるデスティネーションのブランディング
を解説する。

❖ ブランディングという活動

　ブランドと聞くと、「ルイ・ヴィトン」や「グッチ」などといった銘柄を思い浮
かべる人もいるだろう。ブランドとは、単に「高級品」を総称するものではない。
アメリカの経営学者フィリップ・コトラーたちは、ブランドについて、「製品や

第14章　デスティネーションのブランディング ❖

Column14－1

デスティネーションの対象範囲　行政区域かテーマか

　デスティネーションのブランディングを主体的に行う組織は、対象地域の行政と密接な連携のもとに活動を行う。その際のデスティネーションとは、国、都道府県、市区町村などの行政区域を基礎単位とする地理的な範囲をブランドの対象とする。しかし、本来、デスティネーションの範囲を決めるのは、旅行者自身である。旅行者にとってのデスティネーションは、必ずしも行政区域や地理的範囲に限定されない。旅行者が選ぶ目的地とその行動範囲は、旅行者自身の興味や関心、目的地に期待するものによって特定される。例えば、ワイン好きな旅行者であれば、「ワインの生産地を巡る」、あるアニメAのファンであれば、「アニメAの聖地巡り」など、テーマに沿った経験を求めて行動する。このように、行政区域にとらわれず、特定のテーマに基づくストーリーで、デスティネーションの提供する商品や体験に一貫性を持たせることを、テーマによるブランディング（テーマ・ブランディング）という。

　（地理的境界線で区分される）デスティネーションマーケティングを担うDMOの中には、テーマ・ブランディングにも力を注ぐ団体も存在する。それは、テーマに基づくことで、①他の行政区域と連携したプロモーション展開が可能になる（その際、行政間で費用分担できる）、②各行政区域における強みや弱みを互いに補完、強化しながら滞在する価値を創ることができる、③当該地域のストーリーを体感してもらうコンテンツの量と質を向上できる（それによって、旅行者に豊かな経験を提供できる）など、期待できるからだ。

　日本には、テーマ・ブランディングを意識した制度がある。日本政府は、行政区域を越えて自然や歴史、文化などにおいて密接な関係にある観光地を一体とした「観光圏」を整備する法律を、2008年に制定した。2024年現在、12地域が観光圏として認定され、共通するテーマに基づいたブランディングに取り組んでいる。

参考文献：国土交通省観光庁Webサイト「観光圏の整備」、https://www.mlit.go.jp/kankocho/seisaku_seido/kihonkeikaku/jizoku_kankochi/dmo/kankoken.html,（2024年8月1日取得）

第14章

❖❖ 第Ⅲ部　観光事業の展開モデル

【表14－4　ブランドの資産価値（ブランド・エクイティ）】

資　産	（ブランド対象を擬人化した）解釈	利　点
ブランド認知 Brand Awareness	私について知っている	「知っている」 ブランドは選ばれやすい
ブランド連想 Brand Associations	私に関する色々なことを思い浮かべられる	競合するものよりも 優位な立場に立てる
ブランドロイヤルティ Brand Loyalty	私に対して揺るぎない愛情を持っている	継続的な利用と 他者にも勧めてくれる

注：アーカーは、このほかに知覚品質（Perceived Quality:消費者が認識している品質）と
　　その他のブランド資産（Brand Assets：知的所有権や技術、ノウハウ、人脈など）もエ
　　クイティとしているが、その中でも特に重要なものとして上記３つを挙げている（デービッ
　　ド・アーカー著、阿久津聡訳『ブランド論　無形の差別化をつくる20の基本原則』ダイ
　　ヤモンド社、2021年）
出所：筆者作成

サービスがあらかじめ持っているもの（属性：素材・性能・形状など）に関する消
費者の知覚、感情、態度など、（製品やサービスが消費者にとって）意味するすべ
てのもの」と述べている。例えば、ナイキのスニーカーを見聞きした時に、単なる
スニーカーという製品カテゴリーを超えた、何らかの知識（性能、品質、ある有名
人が使用しているなど）や、イメージ、感情などが頭に浮かんだことだろう。その
頭に浮かんだものが、ブランドなのである。

　ブランドを付与する対象は、製品やサービス、観光地、企業、人など多岐にわた
る。ブランド論の第一人者であるデービッド・アーカーは、ブランドの資産価値
（ブランド・エクイティ）として、重要な３つを挙げている。その３つの資産価値
と利点を整理したのが、**表14－4**である。ブランディングとは、①ブランド対象
の名前とその特徴を知ってもらうこと（ブランド認知）で購買や訪問先としての選
択肢に入りやすくし、②その名前を見聞きするだけでポジティブなことを色々と思
い浮かべてもらい（ブランド連想）、競合するものよりも優位な立場に立ち、③信
頼と揺るぎない愛着を持つ（ブランドロイヤルティ）顧客との関係を築くことで継
続的な利用と他者への推奨をしてもらえるような３つの資産価値を創造し、守り続
けていくための活動である。

❖ デスティネーションのブランドの特徴

　デスティネーションとは、旅行目的地のことである。旅行には、余暇の時間に行
う観光目的だけでなく、出張のように義務的な時間に行われる業務目的の行為も含

第14章　デスティネーションのブランディング ❖

まれる。一般的に、デスティネーションのブランディングでは、観光を目的とした旅行に限定される。業務旅行の場合、地域そのものの優位性ではなく、業務の発生源で場所が決まるため、その対象としない。

デスティネーションのブランドには、次のような特徴がある。

①　地域にある資源で創る、「らしさ」を感じてもらう

デスティネーションのブランドは、地域にある資源を使い、その固有性に光を当てて、消費者にそれを感じてもらい、良い記憶を残す活動である。したがって、デスティネーションのブランディングでは、旅行者の認識と住民の感情の両方に存在する「場所の感覚」に留意しなければならない。場所の感覚をつくる主な要素には、場所と産物、暮らす人の3つが挙げられる。場所は、物理的な外観、歴史と文化遺産、建造物や自然景観などであり、産物は、その場所の代表的、あるいは関連した生産物のことを指す。また、暮らす人については、歴史的に受け継がれてきた暮らし文化、行動様式や態度、方言などである。これらの要素は、地域らしさを形作るDNAのような役割をしている（WTO&ETC "Handbook on Tourism Destination Branding", the World Tourism Organization、2009年、pp.17-18）。

直島では、外部者であるアーティストのまなざしによって、地域の固有性を見いだし、それらに畏敬の念を持ちながら、現代アートと融合させることで「らしさ」を蘇らせていた。

②　地域のみんなで創る、伝える

デスティネーションのブランドの開発は、1企業だけで成し得ない。行政、地元の観光関連事業者、その他の農商工業者及び団体、住民などの利害関係者（政治的、商業的、地域コミュニティ）の関与が不可欠である。旅行者は、彼らが決めた行動範囲の中で多様な人々や地域の景観、歴史、文化と関わりながらイメージを形成する。そのため、旅行者との接点を持つ人々が、コンセプトに共感するだけでなく、ブランドの擁護者であり支持者（ブランド・アドボカシー）として積極的に参画してもらうことが望まれる。これらは、地域の人々の地元への愛着や誇りを強化することにもなる。

地域の多くの利害関係者に関与してもらうためには、「誰が、志と責任をもってリーダーシップを発揮するのか」も重要となる。直島では、福武書店の創業者と町

219

❖ 第Ⅲ部　観光事業の展開モデル

Column14－2

地域ブランドの保護と活用のための地域団体商標制度

　みなさんは、「宇治茶」、「神戸牛」、「熱海温泉」など、地域名称のついた商品（サービス）をいくつ知っているだろうか。全国的に周知されたこれらの商品（サービス）は、商標登録されている。商標を登録するメリットは、ブランド要素（名称、ロゴ、パッケージデザインなど）を、①日本全国で商標を独占的に使用できる、②他者による商標の使用を排除できる、③半永久的に権利を保持、更新できることにある。加えて、商標権を有する構成員の誇りの醸成や、商品（サービス）や事業者の競争力の強化などの効果も期待できる。

　商標登録の中でも、「地域名称と商品（サービス）の名称等」からなる商標（地域団体商標）が登録できるようになったのは、2006年4月からである。その目的は、「地域の産品等について事業者の信用の維持を図り、『地域ブランド』の保護による地域経済の活性化を図ること（特許庁Webサイト「商標制度の概要」、「地域団体商標制度とは」）」にある。登録には、①商工会、商工会議所など地域に根差した団体の出願で、②団体の構成員が使用できる商標であり、③地域の名称が商品の生産地に該当するなど地域名称と商品（サービス）に関連性があること、特に重要なこととして、④一定の地理的範囲である程度有名であることが求められる。現在（2024年10月末時点）、地域団体商標は、全国で776件登録されている。

　近年、中国や台湾などで、第三者による日本の企業名、商品（サービス）名称、地名等の商標登録が相次いでいる。特許庁の調査（2022年）によると、例えば、台湾で出願や登録されている都道府県名（京都、静岡等）15件、政令指定都市名（横浜、仙台等）7件、地域団体商標（宇治抹茶、九谷焼等）23件、地理的表示に関わる登録産品（夕張メロン、琉球泡盛等）が確認されている。こうした事態に対し、国は、中国・台湾でのビジネス展開上の障壁とならないように、ジェトロ等の関係機関や地方自治体、地域企業等と連携を図りながら、早期の商標登録や取消請求等の積極的な防衛策を強化している。

　なお、地域ブランド保護制度には、他にも「地理的表示（GI）保護制度（その地域ならではの自然的、人文的、社会的な要因の中で育まれてきた品質、社会的評価等の特性を有する産品の名称を、地域の知的財産として保護する制度：農林水産省Webサイト）」も2015年6月より開始している。ぜひ、2つの制度の違いや登録状況など調べてみてほしい。

第14章　デスティネーションのブランディング

> 参考文献：特許庁Webサイト「商標制度の概要」、「地域商標登録制度とは」、https://www.jpo.go.jp/system/trademark/gaiyo/chidan/t_dantai_syouhyo.html（2024年7月30日取得）
> 特許庁Webサイト「中国・台湾で日本の地名や、自身の商標が他者により出願登録された場合の総合的支援策」、「1．中国・台湾での商標検索・法的対応措置に関するマニュアルの作成・提供⑷中国・台湾における日本の地名等に関する商標登録出願調査」、「台湾における調査結果」、https://www.jpo.go.jp/news/kokusai/bonin/shohyo_syutugantaisaku.html（2024年7月30日取得）
> 農林水産省Webサイト「地理的表示（GI）制度」、https://www.maff.go.jp/j/shokusan/gi_act/index.html（2024年8月14日取得）

長との思いを、しっかりと後継者が受け継ぎ、志と責任をもって世界に目を向けた文化事業の創造と発信をし続けている。また、開発段階では、早くから地域の住民との対話や協働をしながら、「現代アートの島―自然、建築、アートとの共生」というコンセプトを具現化してきた。そして、今もなお、直島プロジェクトに初期から関わってきた住民は、積極的に島の子供たちを含む島内外の人々に、直島の魅力を語り伝えている。

【写真14－2　住民リーダーによるアドボカシー活動の様子】

写真提供：直島プロジェクトに長年関わっている堀口容子氏

第Ⅲ部　観光事業の展開モデル

❖ ブランド・アイデンティティを伝える構造

　ブランドは、「生産者にとってはアイデンティティ（「らしさ」の認識と存在意義）であり、消費者にとってはイメージである（Steven Pike "Destination Marketing Organisations" Elsevier、2004年）」。生産者側と消費者側といった２つのブランドの側面について、デービッド・アーカーは、消費者に持ってもらいたい理想のイメージをブランド・アイデンティティ（生産者あるいは提供者起点）、消費者が実際に持っているイメージをブランド・イメージ（消費者起点）として区分している。図14－１は、この２つの側面にある各要素と、顧客に対してブランド・アイデンティティを定着させることで、市場の中で独自の地位を確立するブランド・ポジショニングを図式化したものである。ブランド・アイデンティティには、「ミッションやビジョン、価値観、望ましいブランド・イメージ」、ブランド・イメージには、「消費者の認識や感情、確信のほか、消費者視点のブランド価値（認知、連想、反応や評価、愛着や信頼性）」という要素が含まれる。

　ポジショニングの確立には、アイデンティティと消費者が現状持っているイメージとの間のギャップを埋めるコミュニケーションが欠かせない。アイデンティティの要素である理想の姿や価値観といった抽象的かつ感覚的なメッセージを伝達する手段には、目に見える物的要素（例えば、デスティネーションの場合、建築物、空間設計、装飾、景観など）やイベント、プロモーションなどがある。これらのコ

【図14－１　ブランド・アイデンティティを伝える構造】

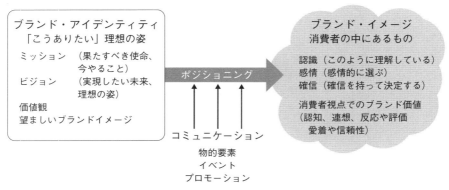

出所：Steven Pike "Destination Marketing Organisations" Elsevier、2004年、p.94の図をもとに、筆者が加筆・修正を加えたもの

ミュニケーション手段の全てにおいて、アイデンティティを端的に表すブランド・コンセプトに基づき、企画や演出、設計が行われることで、一貫性のあるメッセージを発信できる。なかでも、イベントは、デスティネーションのブランディングにおいて、消費者だけでなく地域住民にもブランド・アイデンティティを体感できる有効な手段である。

　直島では、島内で象徴的な建築物を数多く手掛けた建築家・安藤忠雄氏が「一貫して、美しい瀬戸内海の風景の再生と継承を第一に（ANDO MUSEUMパンフレット）」、その他の著名なアーティストによる作品も、「自然、建築、現代アートの共生」のコンセプトに沿って制作されている。また、プロジェクトの初期段階から、現代アーティストや芸術関係者などが集うイベントを通じた国際的な情報発信を重視したことで、世界が認めるアートの島としてのポジションを確立させた。その後、直島を含む瀬戸内エリアに拡大して開催された瀬戸内国際芸術祭は、国内市場並びに瀬戸内エリアに暮らす人々のブランド認知度向上、エリア一帯でのブランド・イメージの創出、ブランド・アドボカシーの増加に貢献している。

4　おわりに

　デスティネーションのブランディングでは、「地域らしさ」に光を当て、消費者に「こうありたい理想の姿（ブランド・アイデンティティ）」を伝え、好ましいブランド・イメージの定着と関係づくりに向けたコミュニケーションが行われる。この活動は、単独の企業や団体だけでなく、当該地域の多様な利害関係者との協働によって進められる。その際、先導するリーダーの存在、行政（特に首長）の承認と積極的な関与、住民を含む地域に関わる人々の中にブランドの支持者（ブランド・アドボカシー）を増やすことが欠かせない。

　ブランディングは、観光まちづくりとの関連性が強い。２つの活動は、地域の多様な利害関係者との協働により、訪れる人にとっても、住む人にとっても、地域愛着を育み、地域のDNAを守り伝えつつ、「少量生産でありながら、高品質・高付加価値化」による地域経済の活性化を目指している。また、ブランド・アイデンティティは、当該地域のまちづくりのミッションやビジョン、価値観と整合性をとって開発される。デスティネーションのブランディングは、まちづくりと同様に、長期的かつ持続的に地域の人々と共に「育んでいく」意識が必要である。

❖ 第Ⅲ部　観光事業の展開モデル

？考えてみよう

1．製品のブランディングとデスティネーションのブランディングとの違いについて、（例えば、誰がやるのか、顧客は誰か、ブランドの所有者は、品質管理上の問題など）さまざまな視点から考えてみよう。

2．ご当地キャラクターは、デスティネーションのブランディングに必要な存在だろうか。ブランディングにおけるご当地キャラクターの限界について考えてみよう。

3．あなたの好きな市町村をとりあげ、当該市町村の総合計画に記載されているミッションあるいはビジョンを使って、デスティネーションとしてのブランド・アイデンティティの開発（消費者にこうありたい、思われたい理想の姿の設定）とブランド・コンセプト案を考えてみよう。

次に読んで欲しい本━━━━━━━━━━━━━━━━━━━━━━━━━━●

デービッド・アーカー、阿久津聡訳『ブランド論　無形の差別化をつくる20の基本原則』ダイヤモンド社、2014年

岩崎邦彦『地域引力を生み出す　観光ブランドの教科書』日本経済新聞出版、2019年

和田充夫・菅野佐織・徳山美津恵・電通abic Project『地域ブランドマネジメント』有斐閣、2009年

第 **15** 章

インバウンド事業の理解
―ハナツアーを通して日本を旅する
韓国人旅行者

1 はじめに
2 韓国市場とハナツアーの特徴
3 アウトバウンド事業（親会社）とインバ
  ウンド事業（子会社）の実際
4 おわりに

❖ 第Ⅲ部　観光事業の展開モデル

1 はじめに

　本章では、外国から自国へ迎えいれる旅行を意味するインバウンド（Inbound）に関わる事業の仕組みについて理解を深めることを目指す。2003年のビジット・ジャパン・キャンペーン（略してVJC、2010年より「ビジット・ジャパン事業」に変更）の開始は、日本政府がインバウンド誘致に積極的な取り組みを始める節目であった。それ以降「2010年までに訪日外国人旅行者を1,000万人誘致する」という目標を掲げ、官民が協力し様々な活動を進めたが、世界金融危機と東日本大震災による国際観光の落ち込みの影響でその目標は2013年になって初めて達成できた。2013年から新型コロナウイルス感染症の流行が始まる前の2019年の間は、訪日外国人旅行者数が急増し年々最多記録が更新された。2024年の時点で、日本政府が掲げる目標は2030年までに訪日外国人旅行者数6,000万人、消費額15兆円を達成することである。インバウンド誘致は、日本の国際収支（旅行収支を含むサービス収支）の黒字化や国内消費の活性化に寄与し、様々な産業分野への波及効果を生み出す。

　一方、インバウンドの対義語であるアウトバウンド（Outbound）は、自国から外国に出かける旅行を意味する。他国のアウトバウンドが日本を目的地とする場合、日本側ではそれがインバウンドになる。したがって、他国のアウトバウンド市場の動向や特徴を理解することは、インバウンド誘致戦略を立てるための基本といえる。

　ここでは、日本のインバウンドにおいて重要な位置を占める韓国市場に注目し、韓国の大手総合旅行会社（国内・海外・インバウンド旅行業務に関わるパッケージツアーの企画・販売の他、航空券、宿泊などの予約手配も扱う会社）である「株式会社ハナツアー（HANATOUR SERVICE INC.）：以下、ハナツアー」を事例として取り上げる。ハナツアーの事例を通して、日本に訪れる韓国人旅行者が選択する旅行商品の企画・販売・運営について学んでいこう。旅行会社（発地となる韓国側の親会社）、ランドオペレーター（受け地となる日本側の子会社）、サプライヤー（旅行者の日本滞在中の活動に関わり、旅行素材を供給する事業者）の業務や役割を理解し、インバウンド誘致による影響について考えよう。

第15章　インバウンド事業の理解

2　韓国市場とハナツアーの特徴

❖ 日本のインバウンドにおける韓国市場

　日本は、韓国人にとって休日や週末の限られた時間に異国文化を体験できる旅行先である。日本旅行は、移動距離が短くローコストキャリア（以下、LCC）などを利用することで費用の節約ができるため、済州島のような国内旅行とも比較される選択肢となっている。日本政府観光局によると、訪日韓国人旅行者数は2014年（275万5,313人）から2018年（753万8,952人）の間に約2.7倍増えた。2023年に日本を訪問した外国人（2,506万6,100人）のうち、韓国人は695万8,500人で最も多く（全体の27.8%）、同時期の訪韓日本人は232万人（訪韓外国人の21%）であり、韓国側でも日本からのインバウンドの占める割合は高い。両国ともに相手国へのインバウンド依存度は高い。日本のインバウンド市場において韓国人旅行者の動向が与える影響は大きいといえよう。日本の各地域でインバウンド事業を推進するDMOや観光行政が韓国市場向けの戦略を立案する際には、韓国のアウトバウンドの仕組みを理解することが有効である。さらに、世界各国の市場の特徴や文化的背景によって異なるニーズがあることを理解し、それに対応した旅行商品を開発する必要がある。

❖ 韓国人旅行者の特徴

　韓国人旅行者が海外旅行先として日本を選ぶ理由として、移動距離の短さに加え、安定的なサービスや安全で清潔な旅行環境があげられる。韓国人旅行者は、日本での滞在期間が比較的短く、リピーターが多いことが特徴であり、円安によって為替レートが有利になると、それに応じて旅行者数が増える傾向がある。2016年から2019年までの間、訪日韓国人の訪問率が最も高かった都道府県別訪問地は大阪府であった。大阪ならではの食の魅力と周辺観光地へのアクセスの利便性が人気の理由といえよう。東京や福岡も韓国人旅行者の訪問率が高い地域である。複数回の日本旅行経験のある韓国人旅行者は、あまり知られていない地方中小都市へと選択肢を広げる傾向がみられる。リピーターになるにつれて、日本の日常を体験し、日本人と交流することを望み、旅行から得た知識や経験をオンラインコミュニティで共

第15章

227

❖ 第Ⅲ部　観光事業の展開モデル

有するようになる。

❖ 韓国旅行市場の個人旅行とパッケージツアー

　韓国のアウトバウンドパッケージツアー市場の成長の背後には、パッケージツアー（旅行会社が企画・手配した交通・宿泊・現地での体験などの旅行素材をパッケージ化した旅行）の主要顧客である50代以上の層による海外旅行の増加がある。近年は、インセンティブ旅行（Incentive Travel：企業や団体の招待旅行や報奨旅行）を含む受注型旅行商品の需要が拡大傾向である。特に、個人旅行（旅行者が自ら旅行日程を決めて旅行素材を手配する旅行）市場の成長は著しい。ヤノルジャ（Yanolja）のような韓国版オンライントラベルエージェント（Online Travel Agent：以下、OTA）をはじめ、エアビーアンドビー（Airbnb）やアゴダ（Agoda）のような海外OTAの利用が一般的になっている。他業界からOTAへの新規参入も増え、厳しい競争環境となっている。

　個人旅行は、安値を比較し必要な要素だけを選択できるため、旅行費用を節約できる。自由度の高さが利点である一方で、旅行準備に時間と労力がかかり、スケジュール管理の負担がある。現地での移動手段やチケット購入に関する情報収集の手間を省きたい場合や外国語でのコミュニケーションに不安がある場合は、パッケージツアーを選ぶ傾向がある。パッケージツアーは、準備の手間や不確実な要素を最小化できる点が長所であるが、知らない参加者との団体行動やスケジュールを主導的にコントロールできない点が短所であり、自由度の低さが課題とされる。

　訪日韓国人の日本旅行では、パッケージツアーに比べて個人旅行の利用が圧倒的に多い。ここでは、各旅行商品を利用する訪日韓国人旅行者の特徴を整理してみよう。

　個人旅行の準備は、航空券や宿泊施設の予約、日本での交通手配や入場券などの購入、その他の詳細日程の決定の順に行われることが多い。個人旅行を準備する旅行者は、自ら計画を立て旅行準備をする。現地情報を集めるために、旅行関連のオンラインコミュニティを利用することが多い。若い年齢層（20〜30代）は個人旅行を好む。旅の同伴者は友人・知人やパートナーになることが多い。

　パッケージツアーは、「温泉」「島」「海」のように、テーマ性のある旅行が選ばれる傾向がある。主な利用層は50代以上であり、家族との同伴が多い。

　韓国の旅行会社は、消費者ニーズと旅行パターンの多様化に対応するため、従来の旅行商品を見直し、新しい方向性を模索している。例えば、各旅行商品の長所を

228

第15章　インバウンド事業の理解 ❖

組み合わせた個人旅行者向けのパッケージツアーやオーダーメイド型の商品の開発が進められている。

❖ ハナツアーの概要

　ハナツアーは、1993年11月に設立された韓国の総合旅行会社である。ホールセラー（パッケージツアーを企画し、卸売りをする企業）として韓国最大規模であり、全世界のツアー商品を販売している。

　ハナツアーは、国内に９つの系列子会社（旅行斡旋サービス業、免税店関係含む）を有している。韓国内での販売は、全国の協力旅行会社の代理店やオンラインショッピングなど多様なチャネルを通して行っている。日本、中国、東南アジア、ヨーロッパなどに11社の子会社がある。

　ハナツアーは、パッケージツアーに強みがある。韓国のパッケージツアー市場におけるハナツアーの占有率は36％（2014年から2019年の平均値、ハナツアーIR資料（2024年））であり、韓国のマーケティング調査会社であるConsumerInsightの2023年の調査によると、韓国の総合旅行会社の中で、消費者の海外パッケージツアーに対する利用意向が最も高いブランドはハナツアーである。韓国人旅行者は、パッケージツアーを選ぶ際に、旅行会社のブランド力を重視する傾向があるため、市場占有率や認知度の高いハナツアーは、海外パッケージツアー部門で他社に比べ優位に立っている。

　ハナツアーの子会社である「株式会社ハナツアージャパン（HANATOUR JAPAN CO.,LTD.）：以下、ハナツアージャパン」は2005年９月に設立された第一種旅行会社（旅行業は取り扱い可能な業務範囲によって登録が区分される。第一種は、国内・海外問わず全ての旅行業務が可能な会社）であり、東京新宿区に本社を置く東証マザーズの上場企業である。韓国をはじめとする海外エージェント向けの商品企画と開発業務を行うインバウンド専門のBtoB向けのランドオペレーター（旅行会社の依頼を受けて旅行目的地の旅行素材の予約手配を専門に行う会社）である。ハナツアージャパンのツアー参加者の約６割は、親会社であるハナツアーを通じて入国する韓国人旅行者である。したがって、ハナツアージャパンの主力は韓国事業であるが、その他にも韓国以外のインバウンド受け入れ、バス事業、ホテルマネジメント事業、旅行関連ソフトウェア開発事業を手掛けている。

第15章

❖ 第Ⅲ部　観光事業の展開モデル

Column15－1

多言語対応

　多言語対応は、インバウンド旅行者受け入れにおける課題の1つとなっている。多言語対応とは、外国人向けに様々な言語サービスを提供し、外国人に理解してもらうことである。訪日外国人の困りごととして「コミュニケーションの取りにくさ」や「多言語表示の少なさ・わかりにくさ」がよくあげられる。例えば、公共交通機関の利用方法がわかりにくい、バスの乗り方や運賃に関する案内が日本語のみで理解できない、多言語の案内表示に統一性がなく視認性が悪いことが指摘される。特に、緊急時や助けが必要な時に、意思疎通が十分にできないことは不安要素であろう。多言語対応がされていても表記が間違っていると誤解を招き、かえって不便をかけること、日本滞在での満足感や良い印象が薄れることがある。多言語対応は、日本人と訪日外国人がお互いマナーを守り、トラブルを未然に防止することにもつながる。

　さらに、多言語対応は、訪日外国人が日本の各地域の文化財の価値や歴史的意味を理解するためにも重要である。外国人旅行者は、旅を準備する段階で自ら情報を調べ、ポータルサイトやSNSを通じて多くの多言語情報に接する。文化的背景、翻訳される言語と日本語の表現の違い、外国人が持つ知識や感情など、言葉のその先に、彼らが真に望むものは何かを理解し、伝わるように配慮することが大事であろう。

　本名ら（2005）によると、「訳す」という行為は「言葉」だけの次元ではなく、異なる文化の橋渡しを意味し、異文化を超えて「メッセージ」を伝えることである。そういう意味で伝えたいメッセージを効果的に発信し、より良い関係を構築する多言語対応はどうあるべきかを考える必要がある。まずは、訪日外国人の目線で多言語対応の現状を検討してみよう。

参考文献：本名信行・ベイツホッファ・秋山高二・竹下裕子『異文化理解とコミュニ
　　　　　ケーション1─ことばと文化─』三修社、2005年

第15章　インバウンド事業の理解

3 アウトバウンド事業（親会社）と
インバウンド事業（子会社）の実際

❖ 商品と流通チャネルの多角化

　ハナツアーは、市場の変化と多様化するニーズに応えるために、どのような取り組みを行っているのか。既存パッケージ市場での競争優位を維持しながら、少人数パッケージ、旅行素材のパッケージのような新規商品開発に力を入れている。例えば、他者と交わることなく少数の同伴者だけで出発できるカスタマイズツアーや航空券、宿泊、体験の単品メニューを組み合わせて選択できるツアーがあげられる。

　コロナ禍以降は、中高価格帯のパッケージツアーである「ハナパック2.0（Hanapack2.0）」の販売が増える傾向にある。2023年の実績を基準にすると、短距離ツアー（日本を含むアジア圏のツアー）利用者の37％がハナパック2.0の利用者であった。従来型のパッケージツアーとハナパック2.0の違いは、顧客の不満足要因を除外し、高級化戦略をとった点である。団体でのショッピングセンター訪問や有料の選択メニューを排除し、宿泊施設、食事、体験をアップグレードした。中長距離ツアー（ヨーロッパやアメリカ圏のツアー）を選択する場合、ハナパック2.0の選択率はさらに高くなる。移動距離や日数が長くなると、費用が高くなっても旅を満喫したい意欲が高くなることが理由とされる。他にも、温泉ソムリエと同

【写真15－1（左）ハナパック2.0の広告】
【写真15－2（右）ハナOriginalのオンライン販売（温泉ソムリエと同行する北海道ツアーの例）】

写真提供：ハナツアー

写真提供：ハナツアー

❖ 第Ⅲ部　観光事業の展開モデル

行する北海道ツアー、香川県で行うデジタルデトックスツアー、専門ガイドが案内する淡路島サイクルツアーのような特別な体験を提供する「ハナOriginal」を企画・販売している。これらのツアーは、斬新なアイデアを発掘するために、社内公募や表彰制度を採用して企画・販売した商品である。

若年層向けのマーケティング活動としては、自社のオンライン販売チャネルの強化やモバイルアプリケーションの利用者獲得の取り組みがあげられる。モバイルアプリケーションは、若年層の顧客を確保し、自社との長期的な関係を構築するためのツールである。旅行に特化したオンラインコミュニティをハナツアーのプラットフォームの中に構築するように促すことを狙いとしている。AIチャットボットを使った旅行情報の探索と推奨、オープンチャットを用いたユーザー間情報共有・コミュニケーション、旅行計画の作成・保存、ライブコマースの機能を備えている。

❖ 日本ツアーの企画と販売

ハナツアー（韓国本社）とハナツアージャパン（日本子会社）は、ツアーの企画段階から終了後のフィードバックに至るまでの全プロセスを協力して行う。本社の

【写真15－3　モバイルアプリケーションのインターフェイス（2024年8月現在）】

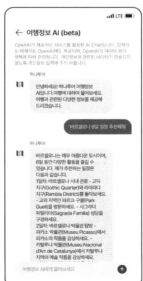
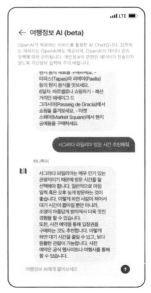

写真提供：ハナツアー

第15章　インバウンド事業の理解

日本関連業務は、商品企画本部の日本事業部が担当する。ハナツアーは、ハナツアージャパン以外にも日本国内に20社以上の協力事業者があり、各協力事業者に対して多様な指標によって評価を行っている。ハナツアーの日本パッケージツアーの業務は、次の流れで行われる（図15－1）。

① 本社のMD（マーチャンダイジングの略：市場動向を捉えて商品・サービスの企画・販売立案に役立てること）部門が、市場調査・情報収集を行う。現地情報に詳しい子会社でも各種情報収集を行う。
② 本社が商品企画案を作成し、子会社に見積の作成を依頼する。また、子会社からの提案による商品企画が行われる。
③ 企画・見積りに基づき、子会社にてツアーの動線を設定し、サプライヤーと協議し、詳細な見積りを作成する。
④ 本社と子会社が商品代金とプロモーションについて協議し、見積りを完成させる。完成見積りをもとに原価計算を行い、パッケージツアーの全体構成をセッティングする。
⑤ 商品料金、プロモーションに関する協議を行い、内容を確定する。
⑥ 商品関連の情報発信・一般募集を行う。

【図15－1　ハナツアーの日本パッケージツアー関連業務の流れ】

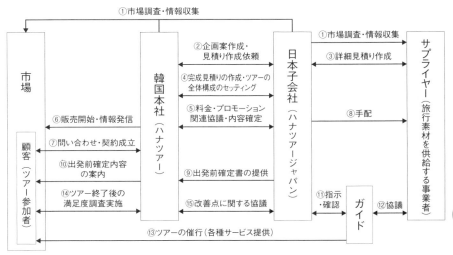

出所：ハナツアー日本事業部およびハナツアージャパンの担当者インタビュー（2024年6月実施）に基づき筆者作成

❖ 第Ⅲ部　観光事業の展開モデル

⑦　顧客による問い合わせに対する案内、情報提供を行う。顧客が購入を決めると契約が成立する。募集状況によってツアー催行の可否を決定する。

⑧　催行決定後は、子会社にてツアーに関わる各種手配を行う。

⑨　子会社にて出発前確定書を作成し、提供する。

⑩　本社が確定書の内容をツアー参加者に案内する（通常出発の3日から7日前）。

⑪　子会社で出発前の指示書を作成し、ガイドに伝える。

⑫　ガイドは現地にてツアーに関する協議を行う。

⑬　ツアーを催行する。ガイドによる添乗、各種案内などのサービスを提供する。

⑭　ツアー終了後は、本社で顧客満足度調査を実施する。

⑮　本社と子会社が問題点や改善点について協議し、修正作業をする。

　韓国側の本社と日本側の子会社、各種系列子会社間の業務上の連絡や意見交換は、社内メッセンジャーのハナトーク（Hana Talk）で行われる。意見交換を通して正式に商品化が決まると、ハナハブ（Hana Hub）を使ってオンライン見積りなどの登録が行われる。ハナハブは、業務プロセスの標準化や自動化のために構築されたシステムである。本社と子会社は、ハナハブ上に各種商品をセットし、仕入れや募集状況をリアルタイムでチェックする。旅行素材を供給するサプライヤーもシステムにアクセスできる。ハナハブは、顧客向けのハナツアーWebサイトとも連動するため、本社、子会社、サプライヤー間の業務と消費者への販売プロセスがハナハブ上で一括管理できる。

　日本ツアーは、ハナツアーの主力商品である。全海外パッケージツアーの販売実績の中で、日本ツアーは利用者の31％、受託金の21％を占める（2023年基準）。日本ツアーの販売は、代理店での対面販売が70.5％、オンラインおよび提携チャネルでの販売が29.5％であり、代理店を通してツアーを契約する顧客が多い。日本以外のツアーも同様である。全国に「公式認証予約センター」を約950カ所運営し、一般代理店や提携旅行会社を通した販売をしている。代理店を拠点とする従来の顧客管理や営業スタイルを維持する一方で、新たなチャネルの開発やオンライン販売の拡大も急いでいる。日本へのアウトバウンド市場は、国内での価格競争が激しく、類似したツアー商品が多いため、商品企画と販売の差別化が求められる。ハナツアーは、対面とオンラインチャネルのバランスのとれたサービス提供を市場での強みとしている。

第15章　インバウンド事業の理解

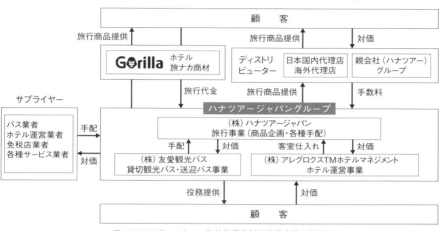

【図15－2　ハナツアージャパンのビジネスモデル】

・ディストリビューター：海外旅行素材を旅行会社に卸売り

出所：ハナツアージャパン「事業計画及び成長可能性に関する事項の開示（2024年2月）」の内容に基づき筆者作成

❖ ハナツアージャパンのインバウンド事業

　訪日インバウンド向けサービスの提供を専門とするハナツアージャパンは、旅行商品企画と各種手配、移動や宿泊のワンストップ提供をビジネスモデルとする。個人旅行の需要拡大への対応策として、ゴリラ（Gorilla）というBtoBシステムを構築し、宿泊、チケット、現地ツアーなどの旅行素材をオンラインで販売している。ゴリラは、世界のOTAとのAPI連携（アプリケーション・プログラミング・インターフェイスの略：異なるソフトウェアやプログラムを連携させること）によって販売チャネルを増やしている。

❖ インバウンドによる価値創出

　ここでは、ハナツアーが韓国人旅行者に販売する旅行商品を事例として取り上げ、日本ツアーによる価値創出に関わる事業者・団体を整理した。ここでいう価値とは、旅行者行動を可能にする一連の生産活動（直接・間接）によって生まれる付加価値（最終的な生産額から中間投入額を引いたもので、新たに付け加えられた価値）や

❖ 第Ⅲ部　観光事業の展開モデル

Column15-2

ツーリズムバリューチェーン（Tourism Value Chain）

　ここでは、ツーリズムバリューチェーンの概念を通して、旅行者の行動による価値創出について考えてみよう。バリューチェーンは、日本語で「価値連鎖」という。これは価値のすべてをあらわすものであり、価値をつくる活動とマージンのことを意味する。企業の活動が最終的な付加価値にどのように貢献するかを可視化する際に有用であり、企業活動を具体的に分解できるフレームワークとして使われる。

　バリューチェーンのモデルは、マイケル・ポーターによって考案された。ポーターは、1985年の著書「競争優位の戦略」のなかで企業活動とその相互関係を体系的に検討し、競争優位の源泉を分析するためのツールとして、バリューチェーンの概念を提唱した。事業の流れに沿って、主活動とそれをサポートする支援活動を分け、価値活動間の連結関係を知り、競争活動の幅を選択する戦略的な考え方である。

　旅行産業は、様々なセクターの企業や団体、利害関係者によって成り立っており、バリューチェーンが複雑に構成される。旅行産業では、旅行者の旅先での商品やサービスの消費によって多くの直接・間接的な価値が創造される。国連世界観光機関（2013年時点ではUNWTO、2024年1月よりUN Tourismに改称）はSustainable Tourism for Development Guidebook（2013）の中で、ツーリズムバリューチェーンを用いて、海外を旅する旅行者の動きに沿って、出発する前（アウトバウンド）から入国（インバウンド）後の行動を成立させる各種商品やサービスを提供する事業者や団体を細かく分解して示した。旅行者行動に直接にかかわる事業者を下に、ツーリズムを支援する間接的な分野に関わる事業者や団体を上に配置している。複雑な価値連鎖の段階を網羅的に可視化したモデルである。

雇用などを意味する。

　図15-3は、ハナツアーを利用する韓国からのインバウンドのツーリズムバリューチェーンである。旅行者行動に直接的に関わる事業者（下）と間接的に関わる事業者・団体（上）に分けて作成した。旅行者行動に関わる事業者・団体の経済的関わり（経済的活動の中で影響を与え合い、依存し合う関係）の複雑さや範囲の幅広さを示すものである。事業者・団体を分野別に分類することで、各分野の構成

第15章　インバウンド事業の理解 ❖

【図15－3　韓国からのインバウンドのツーリズムバリューチェーン】

間接的な関わり					
SNS・ウェブコミュニティ業者	ガソリンスタンド	建設・不動産	卸売り業者	運搬業者	
プロモーション関連備品生産者	税　関	洗濯・クリーニング	スーパーマーケット	倉　庫	人材派遣サービス
プロモーション企画関連業者	国土交通省	宿泊施設内のテナント	食品加工工場	土産物製造業者	印刷業者
旅行情報メディア	出入国管理局	宿泊施設の納入業者	農　家	工芸家	広告代理店

タビマエ（韓国での出発前の行動）	タビナカ（日本での旅行中の行動）				

直接的な関わり					
計画・予約	到着・移動	宿　泊	飲　食	買　物	レクリエーション・体験
旅行会社	バス会社	ホテル	バー&レストラン	免税店	牧　場
代理店	タクシー会社	旅　館	食　堂	百貨店	テーマパーク
テレビショッピング	レンタカー会社		カフェ	ショッピングセンター	水族館
航空会社			食品店	工芸品店	体験工房
				土産・記念品売り場	その他体験提供業者

出所：UNWTO（2013）『Sustainable Tourism for Development Guidebook』を参考にして筆者作成

要素と内外の関わり、影響について考えることができる。

　パッケージツアーの参加者は、個人旅行に比べ出発前の旅行準備の手間が少ない。旅行会社の手配によって現地で利用する商品やサービスを提供する事業者が決まる。旅行の準備段階において、旅行者は様々な情報の影響を受ける。モバイルアプリケーションやオンラインリソースを活用して情報を検索し、意思決定の参考にする。パッケージツアーの購入を考える人は、旅行会社や商品を比較し、オンライン販売、テレビショッピング、あるいは代理店を通して購入を決め、支払いをする。その後は、旅行会社が提供する資料を参考にして日本での滞在を準備する。ハナツアーは、代理店を通して販売されたツアーの売上げに応じて、代理店に販売手数料を支払う。出国前の段階では、ツアーを企画・販売する旅行会社や代理店など、韓国企業側で旅行者の行動を通じた価値創出が行われる。

　ツアー開始後は、韓国を出発し、LCCなどを利用して日本の空港に到着する。

237

❖ 第Ⅲ部　観光事業の展開モデル

　到着後は、ロビーでガイドや他の参加者との待ち合わせをし、人数や注意事項を確認する。日本に到着してからは、空港で専用観光バスに乗って、次の目的地に移動する。全日程を同じバス会社が担当することが多い。ハナツアージャパンは、自社ツアーに用いるバスの６割程度を子会社に依頼し、４割程度は全国の業務提携バス会社に手配する。全国の宿泊施設の手配も行う。

　韓国から随行するスルーガイド（Through Guide）は、韓国に居住する韓国人ガイドであり、旅程管理と現地観光案内を担当する。通常、韓国で企画・販売される日本パッケージツアーは、スルーガイドが担当することが多く、ハナツアーの場合、日本パッケージツアーのおよそ９割をスルーガイドが担当する。現地での交通便や宿泊施設の手配、ガイドによる人的サービスは、パッケージツアーの特徴である。ガイドの案内は、旅行者の消費行動に影響を与え、ガイドの引率スキルや接客態度はツアーの満足度に影響する。

　ハナツアーのパッケージツアーの参加者は、ハナツアージャパンが仕入れてツアーに組み込んだ移動手段（バス）、宿泊施設（ホテル、旅館）、食事（レストラン、カフェ）、体験（木場、体験工房、水族館、テーマパーク）、買物（ショッピングセンター、免税店）を利用する。ツアー参加者の移動・滞在は、各サプライヤーの収益につながる。仕入れた旅行素材への対価を支払った後の利益や各種手数料は、ハナツアー側の収益となる。ツアー参加者は自由時間を活かして、飲食や買物に行き、体験プログラムにも参加する。一方で、個人旅行者の場合、インターネット検索などで自ら情報を探して旅行素材の予約をとるため、サプライヤー側がOTAなどのプラットフォームや自社Webサイトを利用して、消費者に直接情報を発信し、消費を促すアプローチをしやすい。

　旅行者による消費は、地域の事業者とその関係者の直接・間接的な収益向上や雇用の創出につながる。このような収益や雇用の拡大をどのように進めるか考える必要があるだろう。

4　おわりに

　本章では、日本のインバウンド市場における韓国人旅行者の位置づけと特徴を把握した。地理的に日本に近い韓国からの旅行者は、日本までの移動距離の遠いヨーロッパやアメリカ大陸からの旅行者とは異なる特徴がある。訪問回数が多くなるに

第15章　インバウンド事業の理解 ❖

つれて、日本旅行に求めることや旅行形態が変化する傾向がある。年齢・同伴者・ライフスタイル・訪問回数などによって異なるニーズがあるため、旅行者ニーズを理解する必要がある。

　韓国の大手旅行会社であり、日本に子会社を有するハナツアーが既存のパッケージツアー部門での強みを活かしつつ、急変する市場環境の中で競争に負けないために、業務の効率化や商品の差別化を図っていることを確認した。また、ハナツアーを通して、韓国側のアウトバウンド業務と日本側のインバウンド業務の関わりを理解した。最後に、訪日韓国人旅行者の旅行行動の流れとそれによる価値創出について把握した。

　世界各国からのインバウンド旅行者の特徴は多種多様である。各市場の違いを理解することは、インバウンド業務の効率化や収益増大のために必要である。インバウンド誘致を進める上で大事なことは、海外から日本に訪れる旅行者の動きによって地域にどのような影響があるかを多角的な視点で理解することである。その上で、最適な事業化の方法論をみつけることが大切であろう。

❓考えてみよう

１．観光庁が公開しているインバウンド関連の観光統計の最新データを確認し、読み取れることについてディスカッションしよう。また、韓国以外の国のインバウンドの特徴について調べ、適切な受け入れ対応をどのようにするか考えよう。

２．パッケージツアーと個人旅行の長所と短所、それぞれの消費者ニーズについて整理し、競争力のある商品企画のために、必要な要素は何かについて考えよう。

３．インバウンド旅行者のタビアト（旅行が終わった後）の行動についても考えてみよう。また、観光によって創出される価値のリーケージ（Leakage：当該地域や国に留まらず、外部へ流出すること）の原因とその改善策について考えよう。

次に読んで欲しい本 ────────────────────●

小林祐和『地域旅行ビジネス論』晃洋書房、2024年

辻本法子『インバウンド観光のための観光土産マーケティング』同文舘出版、2020年

早稲田インバウンド・ビジネス戦略研究会『インバウンド・ビジネス戦略』日本経済新聞出版、2019年

索　引

〔数字・アルファベット〕

1次交通 ……………………………… 133
2次交通 ……………………………… 133
45/47体制 …………………………… 119
4 P ……………………………… 66・68
6次産業化 …………………………… 143
API連携 ……………………………… 235
BCP（Business Continuity Plan）…… 171
BPO ……………………………………… 30
Business to Business（B2B）………… 87
Business to Consumer（B2C）……… 87
Carrying capacity …………………… 197
CBD（Central Business District）… 107
CCD（Central Cultural District）…… 107
ChatGPT ……………………………… 72
CRM（Customer Relationship
　Management）……………………… 111
CSR ……………………………………… 86
DMO ………………………………… 56・62
DX ……………………………………… 199
FAST TRAVEL ……………………… 171
FC（Franchise）……………………… 103
Foreign Independent Travel（FIT）… 57
Group Inclusive Tour（GIT）………… 63
HANATOUR JAPAN CO., LTD. …… 229
HANATOUR SERVICE INC. ……… 226
IATA …………………………………… 171
Inbound ……………………………… 226
Incentive Travel …………………… 228
Independent Tour（IT）……………… 63
Integration-Responsiveness framework
　……………………………………… 47

IR（Investor Relations）…………… 86
IR（Integrated Resort）…………… 180
IRオペレーター ……………………… 182
I-Rフレームワーク ……………… 47・48
JTBアジア・パシフィックグループ
　……………………………………… 45
JTBタイランド ……………………… 41
LCC ………………………………… 124・227
Leakage ……………………………… 239
M&A …………………………………… 42
MaaS ………………………………… 134
MC（Management Contract）……… 103
MD …………………………………… 233
MGM ………………………………… 183
MICE（Meeting, Incentive Travel,
　Convention, Exhibition）… 14・30・182
MICE関連施設 ……………………… 185
NATS ………………………………… 142
OOH（Out of Home）………………… 74
OTA（Online Travel Agent）
　……………………………… 28・70・228
Outbound …………………………… 226
Perceived Risk ……………………… 75
PFI（Private Finance Initiative）… 174
Place …………………………………… 64
Positioning …………………………… 61
PPP（Public Private Partnership）… 174
Price …………………………………… 64
Product ……………………………… 64
Promotion …………………………… 64
Property Management System
　（PMS）……………………………… 201
Segmentation ……………………… 61

241

❖ 索　引

SPC ································· 108
STP ································· 61
Targeting ···························· 61
The Tourism Area Life Cycle
（TALC）························ 197
Through Guide ···················· 238
toto ······························· 180
UN Tourism ············· 14・33・39

〔あ　行〕

アウトバウンド ··············· 38・226
アセンブリー性 ··················· 13
アプリケーション・プログラミング・
　インターフェイス ·············· 235
アライアンス（航空連合）········· 128
安藤忠雄 ························· 214
慰安旅行 ·························· 93
イーストマン・コダック ··········· 29
イーペンランナー・ワットドイティ
　································· 44
イールド・マネジメント ·········· 126
家プロジェクト ········· 213・214・215
池田室町住宅地 ··················· 141
異質性 ··························· 12
イノベーション ··················· 30
イノベーションのジレンマ ·········· 22
インスピレーション ··············· 80
インセンティブ旅行 ·············· 228
インターナショナル型（調整を通じた
　連合）························· 50
インバウンド ··············· 38・226
ヴァンシ・エアポート ············· 167
運営委託方式 ····················· 103
運営権者 ························· 167
衛生要因 ·························· 91
エクスペディア・グループ ·········· 71
エンターテインメント事業 ········· 146

エンパワーメント ················· 26
大阪IR株式会社 ·················· 180
オープンスカイ ··················· 119
オープンスカイ協定 ··············· 119
屋外広告 ·························· 74
オフシーズン ····················· 15
オリックス ················· 167・183
オンシーズン ····················· 15
オンラインコミュニティ ··········· 228
オンライントラベルエージェント
　·························· 70・228
オンライン旅行販売 ··············· 25

〔か　行〕

会社管理空港 ····················· 165
開発利益の内部化 ················· 144
外部経済 ························· 140
外部性 ··························· 140
外部不経済 ······················· 140
価格 ···························· 64
カジノ ··························· 180
カジノ管理法 ····················· 181
カフェテリアプラン ··············· 91
株式会社エイチ・アイ・エス ········ 149
株式会社オリエンタルランド ········· 4
株式会社JTB ············ 25・41・86・88
株式会社日本旅行 ············· 86・89
株式会社ハナツアー ··············· 226
株式会社ハナツアージャパン ········ 229
株式会社福武書店 ················· 212
株式会社ベネッセホールディングス
　································· 212
株式会社星野リゾート ············· 102
神近義邦 ························· 157
観光DX基盤 ······················ 201
観光圏 ··························· 217
観光公害 ·························· 56

242

観光サービスに特徴的に現れる特性
　　……………………………………… 13
観光事業のマネジメントの特性 ……… 10
観光地のライフサイクル ………… 197
観光庁 ……………………………… 149
観光立国 …………………………… 183
観光立国宣言 ……………………… 149
関西エアポート株式会社 ………… 167
関西エアポート神戸株式会社 …… 168
関西国際空港株式会社 …………… 166
間接流通 …………………………… 66
企業の社会的責任 ………………… 86
季節性 ……………………………… 15
季節波動 …………………………… 15
機内プロダクト …………………… 124
城崎温泉（兵庫県豊岡市）………… 196
客室予約管理システム …………… 201
キャスト …………………………… 5
キュレーター ……………………… 215
共存共栄の精神 ……… 198・202・208
空港機能施設 ……………………… 165
空港建設施設 ……………………… 165
空港コンセッションの目的 ……… 176
空港整備法 ………………………… 164
クチコミ …………………………… 24
国管理空港 ………………………… 165
熊野古道 ……………………… 54・55
クリステンセン …………………… 22
グローバル型（中央集権型ハブ）…… 48
グローバル事業 …………………… 43
クロスチャネル …………………… 32
群馬県東部水道企業団 …………… 175
経験価値 ………………… 6・10・155
経験経済（エクスペリエンス・エコノ
　ミー）……………………………… 155
刑法185条 ………………………… 187
刑法186条1項 …………………… 187

ゲスト ……………………………… 5
権限移譲 …………………………… 45
小泉純一郎 ………………………… 149
公営ギャンブル …………………… 187
公共政策 …………………………… 187
航空規制緩和法 …………………… 123
航空土木施設 ……………………… 165
航空保安施設 ……………………… 165
公設公営 …………………………… 180
公的不動産活用事業 ……………… 174
購買後評価 ………………………… 79
コードシェア ……………………… 128
顧客関係管理 ……………………… 111
顧客ロイヤルティ ………… 109・110
国際収支 …………………………… 226
国連世界観光機関 …………… 14・33
個人旅行者 ………………………… 57
固定費 ……………… 121・125・150
古典化 ……………………………… 197
小林一三 …………………………… 132
コミッション・ワーク …………… 216
コミュニケーション ……………… 222
コモディティ化 …………… 102・115
コンセッション …………………… 167

〔さ　行〕

サービス …………………………… 113
サービス・プロフィット・チェーン
　……………………………………… 108
サービス・マネジメント ……… 102・115
サービス・マネジメントの特性 ……… 10
在庫管理 …………………………… 23
サイトスペシフィック・ワーク …… 216
サッカーくじ ……………………… 180
サプライヤー ……………………… 226
差別化戦略 ………………… 122・124
澤田秀雄 …………………………… 149

243

❖ 索　引

三店方式 ……………………… 188
シーザーズ・エンターテインメント
　…………………………………… 183
自衛隊大規模接種会場 ………… 91
事業継続計画 …………………… 171
事業ドメイン ……………………… 94
事業の定義 ………………………… 95
事前届出制 ……………………… 119
持続可能な観光（サステナブル・ツー
　リズム） ………………………… 33
持続的イノベーション …………… 31
指定管理者制度 ………………… 174
資本集約型産業 …………………… 17
資本集約性 ………………………… 17
収益最大化戦略 ………………… 120
上意下達（トップダウン）方式 …… 205
上下一体 ………………………… 166
上下分離方式 …………………… 165
消費者の意思決定プロセス ……… 72
情報 ………………………………… 11
情報交換の広場 …………………… 24
情報探索 …………………………… 74
情報利用権 ………………………… 11
消滅性 ……………………………… 12
将来ビジョン …………………… 204
職住分離型 ……………………… 141
ジョン・P．コッター …………… 202
新型コロナウイルス ………… 91・151
新関西国際空港株式会社 ……… 166
新市場型 …………………………… 31
心情訴求型の営業 ………………… 96
スマートレーン ………………… 171
スルーガイド …………………… 238
生成AI ……………………………… 70
製品 ………………………………… 64
世界観光機関 ……………………… 39

責任ある旅行者（レスポンシブル・ト
　ラベラー） ……………………… 33
セグメンテーション ……………… 61
瀬戸内国際芸術祭 ……………… 215
選択肢評価 ………………………… 76
全日本空輸株式会社 …………… 118
送客機能施設 …………………… 185
総合旅行会社 …………… 226・229
創造的適応 ……………………… 139
組織文化 ………………………… 109
ソリューション …………………… 96
ソリューションビジネス ………… 88
損益分岐点 ………… 121・150・151
孫正義 …………………………… 158

〔た　行〕

ターゲット市場の設定 …………… 61
第一種旅行会社 ………………… 229
ダイナミック・プライシング …… 129
代表交通機関別分担率 ………… 133
大立地条件 ………………………… 17
多角化経営 ……………………… 132
多言語対応 ……………………… 230
多国籍企業の「戦略と組織のモデル」
　…………………………………… 48
旅の窓口 …………………………… 25
田辺市熊野ツーリズムビューロー … 55
団体旅行市場 ……………………… 92
地域交流 …………………………… 30
地域団体商標制度 ……………… 220
地域内経済循環 ………………… 203
知覚品質 ………………………… 218
知覚リスク ………………………… 75
地方管理空港 …………………… 165
中心業務地区 …………………… 107
中心文化地区 …………………… 107
直営方式 ………………………… 103

244

索　引

直接流通 ……………………… 66
地理的表示（GI）保護制度 ……… 220
ツーリズムクラスター …………… 192
ツーリズムバリューチェーン ……… 236
提案型の営業 …………………… 97
ディズニークルーズ …………… 17
デービッド・アーカー ……… 218・222
テーマ・ブランディング ………… 217
テーマパーク事業 ……………… 146
デジタル・トランスフォーメーション
　………………………………… 199
デジタルデトックスツアー ……… 232
デスティネーションブランド ……… 216
鉄道事業法 ……………………… 134
鉄道まちづくり ………………… 138
デレク・F.エーベル ………………… 95
電子商取引 ……………………… 70
動機づけ要因 …………………… 91
東京ディズニーリゾート …………… 4
統合型リゾート ………………… 180
特定地方管理空港 ……………… 165
特定複合観光施設区域整備法（IR整備
　法）…………………………… 180
特定複合観光施設区域の整備の推進に
　関する法律（IR推進法）……… 180
トランスナショナル型（統合されたネッ
　トワーク）……………………… 50

〔な　行〕

直島（香川県直島町）…………… 210
内部相互補助 …………………… 174
南部靖之 ………………………… 158
認可制 …………………………… 119
ネットワーク型組織 …………… 205
ネットワーク戦略 ……………… 122
ノーショウ ……………………… 12
延べ宿泊者数 …………………… 197

ノンゲーミング（非カジノ）… 182・183

〔は　行〕

ハーズバーグの二要因理論 ………… 88
パーソナライズ ………………… 72
パイン＆ギルモア ……………… 155
ハウステンボス株式会社 ………… 146
破壊的イノベーション …………… 31
場所の感覚 ……………………… 219
派生需要 ………………………… 135
パッケージツアー ……………… 228
繁閑差 …………………………… 7
阪急電鉄株式会社 ……………… 132
阪急阪神ホールディングス株式会社
　………………………………… 135
バンドリング …………………… 175
ビジット・ジャパン・キャンペーン
　…………………………… 149・226
ビジネス・エコシステム ……… 202・203
ビジネスモデル ………………… 235
非対称的なスキル ………………… 32
非対称的な動機づけ ……………… 32
非補償型意思決定ルール ………… 76
ピラミッド型組織 ……………… 205
ファストトラベル ……………… 171
フィリップ・コトラー ………… 61・216
風適法 …………………………… 188
フォロワー ……………………… 207
付加価値 ………………………… 235
福武哲彦 ………………………… 212
藤田観光株式会社 ……………… 212
富士フイルム …………………… 29
プライシング …………………… 126
フランチャイズ方式 …………… 103
ブランディング ………………… 210
ブランド・アイデンティティ
　…………………………… 222・223

245

❖ 索　引

ブランド・アドボカシー ……… 219・223
ブランド・イメージ ………… 222・223
ブランド・エクイティ ……… 218・218
ブランド・コンセプト ……………… 223
ブランド資産 …………………………… 218
ブランド認知 …………………………… 218
ブランド連想 …………………………… 218
ブランドロイヤルティ ………………… 218
ブリージャー ……………………………… 14
フレックスタイム制 …………………… 91
プロダクト戦略 ………………………… 122
プロダクトアウト ……………………… 149
プロモーション ………………………… 64
ベンチマーク …………………………… 115
変動価格制 ……………………………… 15
変動費 …………………………………… 150
包括的民間委託 ………………………… 174
法人営業 ………………………………… 86
法定外福利費 …………………………… 93
ホールセラー …………………………… 229
ポジショニング ………… 61・64・98
星野佳路 ………………………………… 104
募集型企画旅行 ………………………… 63
補償型意思決定ルール ………………… 76
ホスピタリティ ………………… 6・113
北海道エアポート株式会社 ………… 175
ホテルの窓口 …………………………… 22
本源的需要 ……………………… 135・141

〔ま　行〕

マーケティング ………………………… 54
マーチャンダイジング ………………… 233
マイケル・ポーター ………… 155・236
マイトリップ・ネット ………………… 25
マイレージ戦略 ………………………… 122
マス・トランジット（大量輸送機関）
　………………………………………… 134

マルチタスク …………………………… 110
マルチナショナル型（権限分散型の統
　合）……………………………………… 50
三木谷浩史 ……………………………… 27
箕面有馬電気軌道 ……………………… 135
魅力増進施設 …………………………… 186
民設民営 ………………………………… 187
無形性 …………………………………… 10
問題認識 ………………………………… 74

〔や　行〕

有体財 …………………………………… 11
有体財利用権 …………………… 11・23
ユネスコ世界遺産 ……………………… 54
欲求認識 ………………………………… 74

〔ら　行〕

楽天グループ株式会社 ………………… 26
楽天経済圏 ……………………………… 26
楽天トラベル …………………… 22・26
楽天トラベルアワード ………………… 27
楽天ポイント …………………………… 26
ランドオペレーター …………… 38・226
リー・クアンユー ……………………… 181
リーケージ ……………………………… 239
リース方式 ……………………………… 103
リーダーシップ ………………… 196・202
リチャード・バトラー ………………… 197
リーマン・ショック …………………… 149
リゾート法（総合保養地域整備法）
　………………………………………… 104
立地性 …………………………………… 15
流通 ……………………………………… 64
旅行目的地マーケティング ………… 54
旅程管理 ………………………………… 93
レジャー需要 …………………………… 180
レピュテーション（風評）リスク … 191

246

レベニュー・マネジメント
　……118・121・122・123・126・129
ロイヤルティ ……………………… 210
ロイヤルティプログラム …………… 71
労働集約型 ………………………… 12
ローエンド型 ……………………… 31
ローカルマーケット ……………… 43

ローコストキャリア ………… 124・227
ロングトレイル ……………………… 55

〔わ　行〕

ワークショップ型の営業 …………… 97
ワーケーション …………………… 14

■編著者紹介

高橋　一夫（たかはし　かずお）

近畿大学経営学部 教授

2003年 大阪府立大学大学院経済学研究科博士前期課程修了

1983年 JTB入社、営業開発部長 コミュニケーション事業部長

2007年 流通科学大学サービス産業学部教授 2012年より現職

専攻は、観光マーケティング、観光産業分析（観光のビジネスモデル）

柏木　千春（かしわぎ　ちはる）

大正大学地域創生学部 教授

2010年 多摩大学大学院経営情報学研究科博士課程前期修了

2017年 神戸大学大学院経営学研究科博士課程後期修了 博士（経営学）

1992年 JTB入社 地域交流推進局チーフマネージャー

2013年 流通科学大学人間社会学部観光学科教授 2021年より現職

専攻は、観光まちづくり論、観光事業論

執筆者紹介 （担当章順）

高橋　一夫（たかはし　かずお）‥‥‥‥‥‥‥‥‥‥‥‥‥‥‥‥‥第1章
近畿大学経営学部　教授

室岡　祐司（むろおか　ゆうじ）‥‥‥‥‥‥‥‥‥‥‥‥‥‥‥‥‥第2章
九州産業大学地域共創学部　准教授

谷　　　光（たに　ひかる）‥‥‥‥‥‥‥‥‥‥‥‥‥‥‥‥‥‥‥第3章
桜美林大学ビジネスマネジメント学群　教授

藤田　　健（ふじた　たけし）‥‥‥‥‥‥‥‥‥‥‥‥‥‥‥‥‥‥第4章
山口大学経済学部　准教授

田中　祥司（たなか　しょうじ）‥‥‥‥‥‥‥‥‥‥‥‥‥‥‥‥‥第5章
摂南大学経営学部　准教授

小里　貴宏（こさと　たかひろ）‥‥‥‥‥‥‥‥‥‥‥‥‥‥‥‥‥第6章
地域創生ソリューション株式会社　執行役員（地域戦略担当）

稲田　賢次（いなだ　けんじ）‥‥‥‥‥‥‥‥‥‥‥‥‥‥‥‥‥‥第7章
大阪学院大学経営学部　教授

辛川　　敬（からかわ　たかし）‥‥‥‥‥‥‥‥‥‥‥‥‥‥‥‥‥第8章
大阪成蹊大学国際観光学部　副学部長　教授

米盛　安奈（よねもり　あんな）‥‥‥‥‥‥‥‥‥‥‥‥‥‥‥‥‥第9章
大阪商業大学公共学部　准教授

小林　裕和（こばやし　ひろかず）‥‥‥‥‥‥‥‥‥‥‥‥‥‥‥‥第10章
國學院大學観光まちづくり学部　教授

稲本　恵子（いなもと　けいこ）‥‥‥‥‥‥‥‥‥‥‥‥‥‥‥‥‥第11章
共栄大学国際経営学部　教授

高橋　一夫（たかはし　かずお）‥‥‥‥‥‥‥‥‥‥‥‥‥‥‥‥‥第12章
近畿大学経営学部　教授

柏木　千春（かしわぎ　ちはる）・髙橋　伸佳（たかはし　のぶよし）‥‥‥‥第13章
大正大学地域創生学部　教授・芸術文化観光専門職大学　准教授

柏木　千春（かしわぎ　ちはる）‥‥‥‥‥‥‥‥‥‥‥‥‥‥‥‥‥第14章
大正大学地域創生学部　教授

崔　　　瑛（ちぇ　よん）‥‥‥‥‥‥‥‥‥‥‥‥‥‥‥‥‥‥‥‥第15章
神奈川大学国際日本学部　准教授

1からの観光事業論 〈第2版〉

2016年3月5日　第1版第1刷発行
2024年3月1日　第1版第11刷発行
2025年3月30日　第2版第1刷発行

編著者　高橋一夫・柏木千春
発行者　石井淳蔵
発行所　㈱碩学舎
　　　　〒101-0052 東京都千代田区神田小川町2-1 木村ビル 10F
　　　　TEL 0120-778-079　FAX 03-5577-4624
　　　　E-mail info@sekigakusha.com
　　　　URL http://www.sekigakusha.com
発売元　㈱中央経済グループパブリッシング
　　　　〒101-0051 東京都千代田区神田神保町1-35
　　　　TEL 03-3293-3381　FAX 03-3291-4437
印　刷　東光整版印刷㈱
製　本　㈲井上製本所
Ⓒ 2025　Printed in Japan

＊落丁、乱丁本は、送料発売元負担にてお取り替えいたします。
ISBN978-4-502-52801-9　C3034

JCOPY〈出版者著作権管理機構委託出版物〉本書を無断で複写複製（コピー）することは，著作権法上の例外を除き，禁じられています。本書をコピーされる場合は事前に出版者著作権管理機構（JCOPY）の許諾を受けてください。
　JCOPY〈https://www.jcopy.or.jp　eメール：info@jcopy.or.jp〉